自　序

这个文集的设想已经拖了很久却难以成集。原因当然在于自己对学术论文之外的文字费心不够。时间长了，文章不见多起来，却在成集之前被掂量着给了几个书名。最初是想把它叫作“涤心集”。那是因为多年前陪几位国外的朋友在佛山祖庙闲荡，随手选得一方瓷章，上面有阴刻的“涤心”二字。这个词究竟起源于禅佛还是儒道，不得而知。只是因为喜喝绿茶，尤其龙井，也就想借它做个静水清茶涤心的念想。但这个名称里的禅意多于心意。

后来阅读佛教书籍多了，又想用“行舍”做书名。“云何行舍”？玄奘《成唯识论》答：“精进三根，令心平等正直无功用住为性，对治掉举，静住为业。”窥基《述记》中说：“言行舍者。此行蕴舍。别受舍故。”冯达庵的《佛法要论》则一言以蔽之：“行舍者，不住于相之义。”然而所有这些，都是极高的境界，虽心向往之，却难以承当。既未修行，亦无弃舍。云何行舍！

于是最后还是选了“观心”来命名这个集子。既可以与前面一本“会意”的类似文集相呼应，又可用它来标示自己近些年来在心性现象学方面的诉求与努力。

“观心”也是佛家的用语，意思是“观照己心，以明心之本性”。达摩说：“唯观心一法，总摄诸法，最为省要。”《坛经》对观心的解释是“自识本心，自见本性”。《心地观经》中更有教训：“汝等凡夫不观自心，是故漂流生死海中。诸佛菩萨能观心故。度生死海到于彼岸。”因而“三界之中，以心为主。能观心者，究竟解脱；不能观者，究竟沉沦”。观心被视作解脱之道！当然这也可以是儒家心学的工夫要旨，连同“正心”“尽心”“存心”“养心”等一起。同样也完全可以将“观心”视为近现代西方哲学中的笛卡尔—康德—胡塞尔动机。“观心论”翻译成现代哲学汉语大概就是“超越论哲学”了吧！超越论在康德和胡塞尔那里有强烈的反思、批判之意。曾有日本学者撰文讨论“现象学还原与无心”的关系，总觉得这要么是误解了“现象学还原”，要么是误解了“无心”。

“会意”带有较多的交互主体的指向，而“观心”则可以纳入胡塞尔所说的“严肃的唯我论的哲思”范畴。他说：“一门完善的超越论现象学还包含着由超越论的唯我论通向超越论的交互主体性的进一步途径。”笔者的两部文集便是行走在这个“进一步途径”上。只是从名称上看，方向是相反的：先会意，后观心。而从修行的角度来看，正当的顺序是先正心，后诚意。用王龙溪的说法：“先天是心，后天是意。”“正心，先天之学也；诚意，后天之学也。”

只此吐纳心语，权以为序。

2021 年 1 月 23 日修订

目　录

回顾与忆念

问题与思考

思想笔记

读书感受

序・跋

回顾与忆念

学术自述[1]

自述，即便是学术自述，经典现象学家们写得很少。像是一种默契。胡塞尔从未写过。海德格尔只写过《我进入现象学之路》，但那更多是为记录尼迈耶出版社之功绩而作的“他述”。舍勒和梅洛－庞蒂没有写过，虽然也有可能是没有来得及写。除非把萨特或伽达默尔算作现象学家，这个默契才会被打破。

无论如何，面对自己比面对他人要更困难些。所以老子才会说：“知人者智，自知者明。”现象学与唯识学的意向分析已经指明了这一点。历史上各种版本的忏悔录，表明的只是作者坦然无蔽的意愿，但未见得就是那段真实发生的历史本身。把所有关涉者最诚实的证词放在一起，恐怕也难以拼凑出一个不会自相矛盾的生命原貌。

或许现象学家们听从了胡塞尔的教诲：不要把过去的生活庸俗化！或许他们听从了叔本华的要求：生命是短暂的，真理是永

1　本文原刊于倪梁康：《现象学的始基——胡塞尔〈逻辑研究〉释要（内外编）》，当代中国人文大系，北京：中国人民大学出版社，2009。

恒的。让我们谈真理吧！

但在这里，按中国人民大学出版社的这个书系的体例规定，我下面还是要谈生命，只是我会尽可能集中在与学术真理相关的生命上，或者说，集中在求真问学的那部分生命上。

父母的职业都与书相关，这可能是我很早就开始读书并且喜欢读书的原因。但读书的结果至多让我有过文学青年的趋向，却并不是后来导致我以哲学为“业”的原因。——这里的“业”，可以理解为专业、职业、志业的“业”，也可以理解为佛教所说的身业、语业、意业的“业”（Karma）。许多人因为对生命有疑问而选择学习哲学、宗教。这种困惑可能是与生俱来的。我好像很少感受到这类困惑。我并没有选择哲学，而是哲学选择了我。

在农村插队两年之后，我很幸运地获得进入大学的机会，成为最后一批工农兵学员。那时觉得学什么都无所谓，只要能够在大学里学习就行。三年后在南京大学外文系德文专业毕业时，指导我们最多的刘鸿绅老师（1998 年辞世，享年 65 岁）告诉我，我属于定向分配，应该去北京四机部工作。但后来迟迟没有消息。等到其他同学都已拿到通知后，系里才终于找我谈话，告知我被分配到本校的哲学系做助教。这主要是因为我的德语知识背景。而那时大家都会认为，哲学是说德语的。于是我被分配到西方哲学教研室，在夏基松老师的手下工作。

在得知这个决定后我并未感到任何兴奋，至少在我的记忆中是如此。还是那句话，插队两年之后，会觉得做什么都好，都是命运的馈赠。而留在学校、留在家门口，比去其他地方又多了一层安定感，至少不必背着行李到北京去找住处。于是欣然而往。

这就是开始以哲学为业的前前后后。

留校后用了两年的时间，学完了哲学生所需的基本课程，包括马克思主义哲学。可以说我读了五年大学，三年德文，两年哲学。这足以让我安慰自己说，我不算半路出家。不过说实话，“半路出家”在哲学界常常会是个褒义词。

两年后考取夏基松老师的硕士生，重新过着学生的生活。在这之前，认识了当时在南京大学学习的瑞士现象学家耿宁。他那两年因申请了一个关于早期来华传教士的研究项目而来中国。实际上这只是他的副业，他的主要目的是来学习佛教唯识学和儒家心学的。由于之前发表了专著《胡塞尔与康德》并编辑出版了胡塞尔全集的《交互主体性现象学》三卷，他在国际现象学界乃至整个哲学界都已有很高的声望。但他方向一转，全身心扎入一个新的领域中。这个做法必定在国际学界引起过诧异。而我当时并不知道他的背景，所以也不觉异常，倒曾好奇他为何以这样的年纪来中国学习。记得他当时回答说：他想知道世界上的各种意识哲学或内向哲学之间究竟有哪些相同的地方和不同的地方。他从20世纪60年代就开始为此而学中文了。——这可能是亚里士多德“求知是人的本性”之命题的又一个佐证。

认识耿宁是因为系里的老师知道他是现象学家，为此想请他做一个讲演，讲一讲什么是现象学。他虽然汉语很好，但许多哲学术语的翻译他在当时还拿不准。于是系里让我给他做翻译。事实上，我只是在概念翻译上给他一些建议。最后的报告是他自己用中文做的：一个关于胡塞尔时间意识的报告。我还记得报告的内容：文字加图式。但我当时完全没有听懂。

我们第一次见面好像是周三，在南京大学的文苑餐厅一起吃中饭。从此就约定，以后每周三都是如此，以互请的方式，也就是你一周，我一周地相互请客。这或许不算是现今AA制的前身，但这无疑是耿宁成为我终身导师的开始。

那一年考上的研究生是有机会出国的，在西方哲学的五名研究生中选派两名公费生去法国攻读哲学博士学位，我是其中之一。当时我已经决定以胡塞尔现象学为研究方向，因此写信与那时已回国的耿宁商量，是否应当去法国。他认为我应该先读硕士，将哲学的理论基础打得更扎实一些，而后再设法先去德国，因为对法国现象学的研究必定会回溯到德国现象学上。他甚至考虑到设法帮助我申请一笔奖学金，让我在读完硕士后就去德国留学读博士。这和我放弃法国留学的想法不谋而合，虽然是出于不尽相同的考虑。

三年后，我完成了硕士学业。硕士论文《胡塞尔：通向先验纯粹现象学之路》是对胡塞尔现象学方法的一个总体介绍，说明先验（超越论）还原与本质还原之间的关系，以及到达先验而纯粹的主体性领域的不同进路。几年后，论文收录在甘阳主编的《文化：中国与世界》第二辑中。全文有五万多字，所以有人笑称它是史上最长的论文。

耿宁也在此期间为我争取到了一份奖学金。于是我毕业后便踏上赴欧洲的旅途，到达德国弗赖堡大学，在伯恩哈特·让克（1999年辞世，享年64岁）门下学习。与他的因缘，我在追忆他的文字中有过记述。他与耿宁相同的地方在于，二人都是从容的学者。这种从容，背后的支撑是生命领悟的大气度。没有了这种领悟，从容就不再是从容，而会沦为随意，乃至懈怠和麻木。

读胡塞尔、海德格尔和舍勒的书，难得会读出从容。特别要说一下海德格尔，虽然他使用 Gelassenheit 一词，从而使它成为一个哲学概念，而且我也曾一度想建议将它译作双字词的“从容”，以取代四字词的“泰然任之”，但感觉“从容”二字与海德格尔无缘。倒是“泰然任之”放在他的语境中还算融洽，至少并不碍眼。

我甚至偶尔会揣度一下，他是不是有意选择了这个词来回应那些对他与纳粹合作背景的批评。在此意义上应该说，海德格尔是泰然任之的或听之任之的，但不是从容的。

博士论文用了五年时间完成。耿宁为我申请的奖学金是两年，这给我机会做准备，交出几门功课的成绩，申请到随后三年的诺曼基金会的博士奖学金。论文以《胡塞尔现象学的存在信仰问题》为题，通过现象学意向分析的方式，反思各种意识（英文中的belief，德文中的Seinsbewusstsein或Seinsglaube）中的各种存在设定，以及对它们进行排除的可能性。这个研究得出一个主要结论：可以区分出意识活动中的第一、第二和第三层次的存在设定。任何一个存在设定都可以通过现象学还原的方式从方法上被排斥、被搁置。但我们在意识的进行中无法同时排除所有层次的存在设定，总会有某个存在设定伴随着意识活动的进行。例如，当我们搁置自己对世界的信仰时，我们会认为这种搁置行为本身是正在进行的并且确然存在的；要想排除对这个信仰的存在，同时又会出现另一个对此排除行为的存在信仰，如此类推。这个结论，胡塞尔本人并没有做出，但可以借助于他的意向分析的基本结论和方法而在进一步的反思中获得。因而博士论文加有一个副标题："与胡塞尔一同进行的尝试"。

德国的博士毕业，要求博士论文或者正式出版，或者提交120本印刷装订本。欧洲有专门的出版社提供博士论文出版。博士论文还未通过，出版社就会写信来邀请出版。出版当然要交纳费用，但并不多，与印刷装订120本差不了多少。但区别在于，一旦正式出版，论文就无法在其他出版社再出版了。我最后决定放弃出版，提交印刷装订本，因为心里想着日后可以修改，而后在更为合适的出版社正式出版。

这个计划在九年后得以实现。借着在伍珀塔尔以洪堡学者身份做客座研究之际，我对论文做了修改，而后由耿宁和黑尔德推荐，论文以《胡塞尔现象学中的存在信仰》（Dortrecht u.a.: Springer, 1999）为题收录在鲁汶胡塞尔文库主编的《现象学丛书》中。

这本书的销量大概不会超出600本，大都为图书馆所购。据说在国内图书馆中已经存有四五本。这书难得会有私人购买，因为太贵，每本140多欧元。但显然还有人在认真地读它。新近有比利时的戈德弗鲁瓦的一篇书评已经译出，收录在《中国现象学与哲学评论（第十辑）》（上海：上海译文出版社，2008）中。其中最主要的观点在于，评论者认为，这部“著作的主线更多地表现为一条以对胡塞尔的主要文本的解读（有时是就事论事的解读）为基础重建胡塞尔意图的路线”，虽然“成功地确定了存在信念在每一种情况下的位置和作用”，但却 “没有尝试进行任何说明”（或发挥），同时也没有“考虑到存在信念的实践性层面”。我想这位评论者的理解和评价没错。这的确是我写作时的本意。

关于这本书，这里写得已经太多，一方面是因为牵挂较多，另一方面是因为它还没有以汉语出版。当然，其中的一部分还是已经变成了汉语，收录在《现象学及其效应——胡塞尔与当代德国哲学》（北京：生活·读书·新知三联书店，1994年初版，2005年再版）中。这是我回国后出版的第一部专著。

《现象学及其效应》从标题看有些过大，两个部分完全可以分开单独出书。实际上我的原意就是如此。完成学业回国后，我计划写一本与现象学相关的著作。开始时并不想写胡塞尔的现象学，因为那时似乎并没有很多人想读胡塞尔。当时谈论得更多的是海德格尔、伽达默尔、哈贝马斯等，我想写胡塞尔对他们的影响。但这只是一方面的原因，另一方面的原因是在读博士期间准备了许多材料，也做了许多笔记，但在撰写论文时并未用上。这些材料不仅涉及胡塞尔同时代和后时代的思想家，同样也关系到胡塞尔前时代的思想家。于是便写了起来。成稿后的书名是《现象学的效应》，主要讨论胡塞尔同时代和后时代的思想家，这里当然是指与胡塞尔有关的那些思想家。而关于胡塞尔前时代的思想家的研究，如对胡塞尔影响甚大的休谟和康德等人的研究，后来是作为单篇论文发表的。

书拿到三联书店，那里当时正在出版《三联·哈佛燕京学术丛书》系列著作，负责的编辑是吕祥。书稿到他那里后，他便来信商量，是否加入胡塞尔现象学本身的介绍。后来的结果就是《现象学及其效应》。此后张慎在《读书》上写的书评是到位而在行的。她特别谈到该书采用的“范例性学习（examplarisches Lernen）方法”，这可能是在德国学习过的人的共同收获。张慎同时也指出该书在历史观点方面的不足。

事实上，胡塞尔将现象学构建为一门严格科学的意图，使得现象学诉诸历史的研究变得不再是必需的。就像数学家并不必须了解数学的历史，物理学家并不必须熟悉物理学史一样，现象学家的哲学史研究背景也应当是可有可无的。胡塞尔本人是个例子，他的老师布伦塔诺也是如此：即便他是一流的古代哲学史家，但那在其思想系统中不过是他用来训练自己理解力的业余爱好而已。在精确的自然科学的视角下，思辨的德国唯心主义体系只会被他看作一种退化堕落。事实上，分析哲学在此问题上的看法尤甚。奎因所说的“我讲授的是真理，而不是柏拉图”便是另一个例子。但是，胡塞尔本人在20世纪20年代就已经修正了以往被他视为某种历史主义的观点，自觉地加入哲学史思想家的行列中，即加入“将原初直观和前直观预感的价值看得远远高于逻辑方法和科学理论之价值的思想家”（胡塞尔语）的行列中，从而也将自己纳入欧洲大陆哲学的这一特有传统。而就我自己来说，哲学史研究方面的工作是在以后的著作中才逐渐补充进来的。

《现象学及其效应》的撰写和出版大致表明了回国后学术研究工作基本取向与风格的确立，即以在汉语领域对现象学的引入和介绍为主，以与国际现象学研究界的交流与对话为辅。实际上，要想将这两者做得完美出色，就必须择一而为之。前者是普及性的，面对的是尚不具有现象学基本知识的哲思者，需要翻译、介绍、解释等等，需要用中文写作；后者面对的是国际同行，需要了解他们的进展，发现他们的问题，参与到他们的讨论之中，需要用外文写作。我熟悉的日本、韩国学者，在这个选择上态度是比较分明的，而我走的算是折中路线。全然选择后者并非不可能，但受研究资料与文献的制约太大，尤其是在当时；而彻底抛弃后者，也会自我封闭，最终落入某种学术上的自娱自乐的境地。所以直至今日，自己的研究仍在沿这个折中路线行进。这个路线当然有其长处，而短处也自不待言：它把我自己变成了一个既非纯粹普及，也非纯粹专精的研究者。

前面提到曾在伍珀塔尔作为洪堡学者而进行的客座研究，这个为期两年的项目给我机会把博士论文修改出版。但这只是这个阶段工作的一个附带成果。洪堡项目的主要计划是将我积累多年的胡塞尔研究资料汇编成集，而后以类似熊十力《佛教名相通释》的形式付诸文字发表。这个计划更应当归于普及性路线的一边，后来作为《胡塞尔现象学概念通释》（北京：生活·读书·新知三联书店，1999年初版，2007年再版）的辞典性著作而得到实现。关于这本书的详细情况，它的第一版和第二版前言已经有交代，这里不再赘述。现在看来这项工作还远远没有结束。我已经开始准备它的第三版。还会有更多的条目和内容新增进来，只要对胡塞尔的继续研究，尤其是对他著作的继续翻译没有中止。

接下来完成的是一部与胡塞尔现象学有关的哲学史著作：《自识与反思——近现代西方哲学的基本问题》（北京：商务印书馆，2002 年初版，2006 年再版）。这是一个问题史和概念史的写作，其中处理的主要问题和概念就是意识中的“自身意识”（Selbstbewusstsein）以及对意识一般的“反思”。实际上关注自身意识的不只是胡塞尔现象学，整个近代欧洲哲学都在围绕它展开。而在此之前，佛教唯识学也讨论自身意识，即四分说中的“自证分”。但佛教似乎并未将“反思”问题作为专门的方法问题来处理。这可能是因为，胡塞尔现象学把反思视为哲学思考的最基本特征，但佛教则既不把自己视为宗教，也不视为哲学，所以看起来没有在方法上要特别区分于其他思考趋向的刻意诉求。

我撰写这部书的意向最初缘起于让克和耿宁的问题。让克的问题一直要回溯到我的博士论文答辩上。与国内的情况不同，德国的论文答辩——或者至少可以说，弗赖堡大学的论文答辩——要求答辩的内容与博士论文无关，即检验答辩人在博士论文以外的知识能力。让克要求我准备的博士答辩题目是从笛卡尔以来的超越论哲学发展线索。当时对这个问题的准备，为我以后的哲学史写作留下了一个动因。而耿宁先生对胡塞尔现象学中“自身意识”（或“原意识”“内意识”）的关注，启发我看到了近代以来超越论发展之“缆绳”中的那根忽隐忽现的红线。

剩下还要提到的就是面前的这部再版书：《现象学的始基——胡塞尔〈逻辑研究〉释要》。它成书于 2004 年。原先这是应一家出版社的邀请，为《逻辑研究》所作的一个导读性论著。作为译者，我的确认为自己对这本书负有某种阐述和诠释的责任，因此没有过多考虑便承担了下来。但后来我在写作过程中发现，自己实际上是不适于作导读性论述的。因为导读需要对整本书做系统性的重构和引导性的介绍，然而我写作时所关心的常常只是书中的某个部分。这样，在撰写的时候，其余并不特别感兴趣的部分，在写作中就会成为负担。简言之，导读文字的性质，妨碍了我的写作自由和思想展开。因此，该书写作的初衷是导读，完成时已经变了性质，成为某种对有选择的内容的理解和思考，成为某种择要的诠释和发挥。

这本书的写作使我感到，我可能并不是一个很好的哲学史家，不是原本词义上的学者，而有可能是一个思者，即按自己思路，去理解自己愿意理解和能够理解的东西的人。这是一个事态描述而不是一个价值判断，我丝毫没有贬低前者、抬高后者的意思。记得耿宁曾对我有过一次难得的褒奖。他没有说我理解力强，或记忆力好，或天资聪慧，或勤奋好学，或诸如此类，他只说我善于找到问题的要害。在这里想到这个评价，是因为本书的写作使我在二十多年的学术生涯中第一次真正留意到，我的学术研究的整个旨趣很可能始终都是偏重于对问题的讨论，而不是偏重于对思想的理解。这两者有时是合而为一的，但也常常彼此分离。之所以现在才看到自己的研究偏好，只是因为发现了在它们处在分离状态时自己的心之所选。消极地看，这对我就意味着，我做一个好的哲学史家的机会可能比做一个好的哲学家的机会还要小。此事当然也可以积极地看，但这里就不必去说它了。

至此的学术自述差不多都是回忆和反思，且大多与自己业已发表的论著及其出版的背景有关。形式上有些像尼采的《瞧，这个人》。当然只是形式相似而已，若是风格和口吻相似，那必定是我老得足以到了糊涂的地步。常常会在一些著述中看到各种类型的掩饰不住的老态，因此每每叮嘱自己，到那个地步，还是不写为好。

趁着如今还未老或不觉老，再说一下自己正在做和将要做的事情，也主要涉及正在撰写和计划撰写的论著。眼下正在进行的研究大致有四个方面。下面的介绍是按进展的程度，而非按重要性的程度来排列的。

首先是对伦理现象学或现象学伦理学可能性的探讨。这对我而言是一个新的尝试。记得在鲁汶大学胡塞尔文库访问时，曾与那里的学者和朋友谈到伦理学的问题。许多哲学家都是从知识论问题开始，逐渐转到伦理学问题。胡塞尔已有这个趋向，梅洛-庞蒂、古尔维奇等亦是如此。当时自己对此有些不屑，认为那是一条下行的道路，很有可能会跌得很蠢，譬如费希特。现在自己也加入了这个行列，其间思想必有很大变化，自己却并未留意此类变化究竟从何开始。至此对现象学伦理学可能性的思考已经基本完成大的构架，剩下的工作只是具体地予以充实。正在撰写的《心的秩序》一书，会提供这个阶段的工作成果。这方面的工作，一头系在中国哲学的传统上，另一头则可以连到现象学的道德意识分析。

事实上，道德意识的现象学的历史比意识一般之现象学本身的历史还要长。前不久德国费利克斯·迈纳出版社新出版了一个爱德华·封·哈特曼伦理现象学思想的一个节选本《感受的道德》（Hamburg: Felix Meiner，2006），随之才知道这是他早在胡塞尔《逻辑研究》出版之前多年就出版的大部头著作《道德意识的现象学——任何一门未来伦理学导引》（Berlin，1879 年初版，1886 年第二版）的一部分。那个时候，胡塞尔连《算术哲学》还没有写出来呢，遑论《逻辑研究》！只是哈特曼的这部书在 1922

年第三版后就未再重新出版，差不多已经遭受被思想史遗忘的命运。我委托外文图书进出口公司设法购买此书，最后意外惊喜得到了一个还是以古旧花体字印刷的第三版。可惜至此尚未来得及下功夫去看它。日后如果发现其中早已说过我如今想说的东西，我不会感到意外。思想史中的重复我已经遭遇了许多。听说索罗维约夫也有与我对道德意识来源之区分的类似思考，不禁暗喜吾道不孤。或许有人因此而质疑我的思考的原创性，但这对我不是一个问题。思想的价值并不在于它新不新，而在于它真不真。

其次是在唯识学—现象学方面的综合思考。这是思想史在不断重复自己的另一个实例。佛教可以说是典型的意识哲学或心学。所以有人说，如果从佛教剔除了“心”，那么就什么也不会剩下。在这个意义上，法相宗与法性宗的论辩，在现象学与存在论的互动中再次出现；三能变说与心王—心所说的成立，为胡塞尔静态现象学与发生现象学的融会提供了解释；如此等等。比较一下在意识分析方面的工作成果，唯识学可以说是佛教传统的意识现象学，胡塞尔现象学也差不多就是20世纪的唯识学（有相唯识）。

在这方面需要完成的工作当然不只是比较。比较只是手段，真正的目的在于互补，即通过两方面的合作来解决单方面无法解决的问题。关于现象学与唯识学互补的可能，我在其他文章中已经谈及，这里无需重复。近些年的缓慢研究，心得不少，成果不多。此前曾有在台湾三民书局出版的《玄奘〈八识规矩颂〉新译》（台北：2005），是对唯识学概念的一个解释尝试，带有现象学的理解背景。本学期客座台湾政治大学哲学系，主要课程便是“从现象学到唯识学”。实际上后者只占三分之一不到。但至此为止的初步研究已足以使我相信，借着现象学的分析眼光与描述方法，佛教的唯识学、量论，甚至阿毗达摩藏中的许多宝贵的思想资源，都有可能在新的视角中显露出来。

接下来还有时间意识现象学与历史意识现象学的研究：从时间形式到历史形式的展开分析。如何把胡塞尔早期的时间意识分析与后期的历史现实分析内在地联结在一起，这是一个尚未完全思考成熟的问题。虽然至此也已有几篇文章问世，但它们的作用类似于在一座峻岭的岩壁上钉上的几个桩，期待日后能沿着它们攀登上去。

在此之后或与此同时，还有语言现象学方面的研究，主要是对心智与语言之间关系的研究。一般说来，这个研究的意图在于构建意识哲学与语言哲学的联结桥梁，但从我自己的角度来看，这个研究仍然是意识哲学的一种，即对通过语言符号概念而得到外在标示的意识部分的研究。尽管近代哲学以意识论（知识论）哲学为纲领，当代哲学则循语言论哲学的主线运行，不过语言论哲学实际上只是知识论哲学展开的一个极。佛教知识论（量论）很早便指明了这一点。在佛教知识论的范围中，现量与为自比量都与语言无涉，直到最后的为他比量阶段才关系到语言，说到底它仍然是一种量：语言知识。——这里还是要感慨思想史的循环往复。

在所有这些之外，还有一个心愿是把一本计划已久的胡塞尔评传写出来。已经汇集和把握的资料是如此之多，现在还难以想象这本书写出来会有多厚重。

最后还想要说的是：虽然至此为止的学术翻译工作占据了学术研究一半以上的心力，但这里几乎没有来得及叙述它们。好在它们的作者在其著作中已经做了自我阐释。我在这里只提一下未来的翻译计划：心有所动的是哈特曼的那本《道德意识现象学》，还有耿宁刚刚完成的对阳明学的现象学研究。其余的就随缘了。

胡塞尔诞生于1859年4月8日，2019年正值他诞辰150周年。面前的这部书稿以及差不多会同时出版的他的两部著作的译稿——《内时间意识现象学》（北京：商务印书馆，2009）、《文章与讲演（1911—1921）》（北京：人民出版社，2009），构成我对这位伟人之诞辰的一个衷心的纪念仪式。他的出生，使得包括我在内的许多人的精神生命成为如此所是！

2008年11月

书的念想

自觉小时候属于喜欢读书的一类。也许是因为父母的职业都与书有关，得到书的机会很多。那时没有高考的负担，可以尽情尽兴地读。读的书多且杂。除了《红楼梦》《三国演义》等汉语古典名著之外，更多是一些西方的文学著作，现在想起来，大都是俄、法的小说，短篇、中篇、长篇都看。从巴尔扎克、司汤达、福楼拜、雨果，到屠格涅夫、莱蒙托夫、契诃夫、托尔斯泰等人的作品，都曾胡乱地读过。印象比较深刻的有车尔尼雪夫斯基的《怎么办》、屠格涅夫的《贵族之家》、莱蒙托夫的《当代英雄》、托尔斯泰的《复活》，还有罗曼·罗兰的《约翰·克利斯朵夫》，如此等等，想下去可以列出一长串。相比较而言，更喜欢的是俄罗斯作家而非法国作家，罗曼·罗兰和雨果是例外，而在俄罗斯作者中最喜欢的又是屠格涅夫。或许因为自己本性上是理想主义者而非现实主义者。

那时读书已经成瘾，至少可以说是爱不释手。拿到一本心仪已久的书，常常会舍不得看，就像拿到稀有的糖果舍不得吃。因而枕头下既会藏着几本小说，也会藏着几粒糖果。也许这就是理想主义者的一种怪癖：把期待的感觉看得比当下的享受更美好。

或许受小时候读书的影响，大了以后常看的小说也是俄罗斯的，如陀思妥耶夫斯基的《白痴》和《白夜》，外部是如此地现实，内心又是如此地理想。当然雨果的《悲惨世界》也属于此类，既是如此地真诚，又是如此地残酷。而所有这些归根到底还是理想。——对这些书只能说，全身心地喜欢！

较少喜欢传记——这也是理想主义者的毛病。但有一本除外：柳比歇夫的传记《奇特的一生》，是苏联作家格拉宁写的。记得当时很佩服作者的驾驭文字的能力，把本来是单调、机械的一生，写得如此“奇特”。之所以说“当时”，是因为现在读起来，常会感觉里面有造作的成分，也许是因为如今少了投入，也许是因为今天多了成熟。

当然，文笔的魅力只是一方面，打动人的还有那些数据，它们让你惊异地知道：一个人一生可以做那么多的事情！那段时间也曾读到资料，说一个人一生平均要消耗几百吨谷物、上千头牲畜，还不知多少鸡蛋、牛奶、咖啡等等，因此有过文学青年般的沮丧，甚至质疑人生究竟有何意义。看了《奇特的一生》之后忽然悟到，生命完全能够创造出比它所消耗的更多的东西。固然最主要的可能还是从这部书中看到了一种生活方式，那种追求最最朴实的人性的生活方式。那时便在书的内页上录下其中一段话：

> 需要好多年才能懂得，最好不是去震惊世界，而是像易卜生所说的那样，生活在这个世界上。
>
> 这样，对人、对那门科学，都要好一些。
>
> 柳比歇夫的长处首先在于他懂得这些道理要比其他人早一些。

无法知道这部书是否对自己日后的生活态度和生活方式产生过哪些具体的作用力。能够确定的只是，以后自己常常会想到这部书的内容。例如每当自认为或者被看作坐功特别好的人时，也会像柳比歇夫一样自嘲，认为自己属于那类照相时不该照脸，而该照臀部的学者。

这类坐功多半是有前提的,这是在许多年之后才悟出的道理。这个前提就是：你必须是个柳比歇夫意义上的“狄列坦特”。这个词的原意是“半瓶子醋”或“业余爱好者”，但柳比歇夫说它出自意大利文的“狄列托”，即“愉悦”，据此把它解释为一个做起事情来深得快感的人。我想，倘若一个学者坐功好，但却不是“狄列坦特”，那他便是一个需要怜悯的人了，因为他的坐功无异于自我折磨。

前年和一位大学同学见面，才知道自己那时对这部书竟然如此痴迷，还买了一本送给他，内页上也抄录了这段话，自己倒是全然忘了，他却一直还留着。

另一本无法忘怀的小说是《你到底要什么？》，也是那一时期的苏联作家柯切托夫写的。很喜欢里面伊娅的角色，至今也一直很欣赏她的态度：在物质利益方面要求不高，但也不是禁欲主义者。

而最主要的是书名所要说明的东西，每每会给人以触动，虽然其中的情节已经依稀模糊。在以后的日子里，每当做大的决定时，都会用这书名来自问。

人在江湖，有的时候并不知道，也无暇自问：你到底要的是什么？或许如书中所说，“只不过是不喝一百里拉一瓶而喝二千里拉一瓶的酒，不住一个小房间而住有十个大房间的公寓，不是只有一套衣服而是有十五套衣服罢了”。而为此付出的代价却可能是你的自由——精神的或肉体的自由。

我想，一旦一个人能够回答书名所提的问题，他便算是有了自己的世界观。就我自己而言，虽然不知自己何时有了世界观，但却知自己何时知道自己已经有了世界观。这话听来拗口，却是真实不妄的。

原先的那些书，大都是借来的。偶然有一些不必归还的，也因不经意而没能留存下来。《你到底要什么？》在 1972 年出版后似乎未曾再版，一直没有再见到。以后对这部书牵挂得多了，便借一篇文字征询：何处可以再得？后来果然有一位做编辑的朋友看到文章，给我送了一本他的藏书。于是像是得了一个天大的惊喜。——这也属于书的命运之故事中的另一个章节了。

关于这两本书已经说得太多，在这篇短文中所占篇幅已经不成比例。但既然是回忆，也就无法整齐划一和面面俱到。不敢说这两本书对我的影响最大，只能说它们至此给我留下的印象最深。

此外，读起来兴趣不算很大，但却仍有影响的是一些拉拉杂杂的《中华活页文选》。里面文史哲什么内容都有，读起来不成系统，读到哪算哪。但也很有意思。现在想起来，觉得那些书的编写水平实在是比较高的，竟可以让一个中小学生读起来不感到厌倦。近几年看到书店还在出着这个系列，便又买了一些，但终究没有时间再去细读。

写到这里便有些感慨。若计算一下，恐怕现在花在写书上的时间要比花在读书上的时间要多，而且还多出许多。虽然自己绝不属于那种想读一本书便可写出七本书来的角色，但读书更多带有功用的目的，这已经是无法否认的了。纯粹地读书，亦即只是为了读书而读书，这种情况似乎越来越少。

当然，话说回来，什么才叫纯粹地读书？如果将它定义为不带功利目的地读书，那么儿时的读书也不算纯粹，因为那时也有满足好奇和兴趣的基本意向，尽管是无意识的，却也是功用的一种。如果说纯粹，那时的读书可说是纯粹地审美。这样一来，现时的读书也就可以或多或少地称作纯粹地求真。这个时候，主观感性的满足退居于次席，客观理性的追求充当了主角。与历史的和现今的思想家们对话、论辩，其中也不乏深度的愉悦。这些恐怕都与儿时的读书有关，至少不能说，现时的读书与儿时的读书完全就是两码事。

费希特曾说，你是什么人，就选择什么样的哲学。我常想这是一个鸡生蛋、蛋生鸡的问题，因为反过来同样可以说，你选择什么样的哲学，你才成为什么样的人。

这个道理显然也可以用在读书上：你是什么样的人，就读什么书！反过来，你读什么书，你就成为什么样的人！

2004 年 9 月 4 日

附记：

两年前应《南方周末》编辑刘小磊约为《秘密书架》栏目所撰，后因自己不满意，主要因其过于私己，最终未发出，权作“手稿”存档。今再受约，情实难却，惴惴而端出，见笑于读者。

2007 年 5 月 22 日

流连台北[1]

文山的悠闲

台北的最南边是文山区，文山区的最南边是台湾政治大学所在的小区，差不多是最南边了，政大后面就是山，山后面便是新店市了。

这个小区很像个小村落——我是说，倘若没有政大的那些图书馆、行政楼、教学楼的话。小区里有一个小超市，而后便是给大学生们准备的各类小吃店、小化妆品店、小书店、小文具店，诸如此类。

政大背靠的是山，与台北文山区的热闹地段有一河之隔。那河实际上是溪。周末沿着溪流而行，会遇到许多骑车的人。那是台北的脚踏车出行路线。顺着这溪流走下去，可以走到台北最北

1　2008年9月30日至2009年1月20日，应邀客座台湾政治大学哲学系，为校内的学生开设一门“意识哲学：从现象学到唯识学”的课程，并为校外的听众开设题为“现象学：从知识论到伦理学”的系列讲座。这里记录的是逗留台北期间自己的一些感想。

端的淡水和渔人码头，也就可以一直走到东海里去。

平常的日子，溪边总有些白鹤或鹭鸶之类的鸟儿在悠闲地散步，漫不经心地守候经过的小鱼儿。它们之中有些是灰白色的，有些则是纯白的，白极了。逢到周末，溪边会来一些垂钓者，鸟儿便少了，走很远才能看到一只，迈着绅士的步子。要让小学生理解什么是“闲庭信步”，这或许是最好的图示。在河岸上用长焦镜捕捉到了它。但它还是很警觉，几秒钟后便优雅地飞走了，留下歉意满满的我。

临近傍晚，夕阳照在溪边的芦苇和狗尾巴草上，将它们的芒涂上金色。逆光照过来，金芒在风中飘摇。相机的镜头很难准确地定焦。一旦按下快门，刹那便被定格，成为可能的永恒。

现在还是秋天。等着冬天的来临，然后可以到台北去看雨。

2008 年 11 月 3 日

淘书记

（一）

恐怕很难再有像我这样熟悉台北的旧书店的大陆学者。我想我已经把台北的重要旧书店都跑遍了。按照我的地图，台北的旧书店有四十多家，我去过的差不多有三十多家。没有去的，或者是已经倒闭了，譬如龙泉街的猫头鹰旧书店，或者是地处僻远，位置孤单，不想费心去冒扫兴而归的风险。

常常会尝到扫兴的味道。因为有些旧书店卖的大多是大专用书和电脑二手书，偶尔有一两本西方哲学书，也是叔本华、尼采、罗素一类的通俗读物和介绍文选。但寻找并找到的那种满足，在大多数旧书店中都可以品尝到。

由于此次台北之行并不仅仅是为自己寻找专业书籍，而且还身负为自己主持的两个文献馆（西学东渐文献馆和现象学文献馆）搜集各类文献、资料和图书的使命，所以在各类旧书店搜索的范围要大得多，收获也容易，成就感也就愈加频繁而强烈。我的最初意向是用尽可能少的钱，把台湾在1949年后出版的西方哲学翻译著作全部买回去，尤其是在现象学方面的译著和专著。当然，如果能够找到在1949年前的此类翻译著作，则是更好。起初并未想到在这个范围里有多少书在等着我。后来越陷越深，方知自己财力和气力都远远不够。

最先是向听课的学生打听，得知在台湾大学和台北公馆附近有一些旧书店。于是利用空闲去跑了一趟。那里的公馆旧书坊和古今书廊有一些哲学书，先背回来一批。在那里偶得“公馆地图”，回来后仔细看过，知道还有几家。于是再去，这次找到了茉莉二手书店，局面由此改观。这不仅因为它是一家连锁店，在台湾大学、台湾师范大学、光华电脑商场开有分店，而且它还出版了一个“台湾旧书店地图”，花20元新台币就可以买到。其中不仅列出和标明台北各家旧书店的地址和位置，甚至台湾各个主要城市的旧书店的地址均有登载。接下来的时间，便是手持地图，肩负背囊，行走在台北的大街（如古原轩在建国南路上）与小巷（如木石文坊在泰顺街16巷）之中，攀爬于地下室（如华欣书店师大一店在地下室二层）与高楼（如阿维的书店在八层）上下。

茉莉二手书店经营得不错。地方够宽敞，让人可以安心地挑书，不必一再地避让和说“对不起”。在这里我得到了台湾的第一张旧书店“贵宾卡”，用它可以在茉莉的连锁店享受八五折优惠。它的网站自我介绍说，它的老板来自“金门的蔡家，刚到台湾时仅能靠着大哥和二哥（即茉莉二手书店老板蔡谟利）微薄的收入为生。后来在光华商场经营旧书店的舅舅，建议蔡母接下隔壁歇业的旧书摊店面，一起经营生意。初入行的二哥当时还在 7-11 便利店工作，只能利用上班之余的时间到资源回收站搜集旧书至店里销售；因为身兼二职无法全心投入经营，加上对市场不甚了解，所以初期的旧书店生意一直没有起色。后来二哥决定辞去统一超商的工作，专心做起旧书的生意，并用他在便利超商所受的训练，将书籍陈列得井然有序，店面亦整理得窗明几净。其后书店的规模慢慢建立起来，蔡老板亦立业成家，不但让弟妹都得以上大学念书，也娶了戴莉珍小姐。在二人结婚六年后，弟妹们都已经济独立，母亲便把整个店交给蔡老板夫妇俩经营”。这家书店的四个分部我都去过，应该是我购书最多的旧书店。

而书价最贵的旧书店可能是旧香居，因为那里有一些明清和民国的古旧书。仅一本《明清以来传教士译书目录》，就用了我 2800 元新台币。也是因为花费得多，老板免了我的大陆邮寄费用。这家书店也是全家人在经营。特点是古旧书很多，其中有蔡元培的《中国伦理学史》、罗素的《西方哲学史》的老版本等等。老板说还有许多堆在仓库里，尚未整理出来。它有可能是台北旧书店中收藏古旧书最多的一家。可惜财力不逮，无法如愿一一购回。

2008 年 12 月 7 日

（二）

台北旧书店的贵宾卡我一共有五张半，其中的半张是古今书廊的。这家书店并不发贵宾卡，而只用公交的“悠游卡”，输入顾客信息，购买时在机器上读出资料即可，所以只能算是半张。

这样，顾客可以省去带许多卡在身边的麻烦，书店当然也省了制卡的费用。不过我倒还是希望有张单独的卡，可以留作纪念。

古今书廊有两个，但其中一个由两位老人经管，贵宾卡不能用。在这两家书廊出入了多次，每次均有收获。前次去时，发现楼上还有外文书，一搜之下，居然发现几本安娜－特蕾莎·蒂米尼卡主编的现象学年刊《胡塞尔论集》，其中两本与东西方哲学的比较研究相关，价格是原价的两三折，所以购买时只有惊喜，并无犹豫。蒂米尼卡是英加尔登的学生。她自己组织了一个世界现象学研究所，召开会议，出版刊物。1994 年在南京召开第一届中国现象学年会时，她曾从美国赶来参与并作了报告。因此她是中国现象学学会成立的见证人之一。会后她曾建议将第一届中国现象学年会的文章译成英文，放在《胡塞尔论集》的现象学年刊中出版，并且愿意为每篇文章的翻译支付 50 美金。这是一个诱人的邀请。但蒂米尼卡要求，出了英文版后就不能再出中文版。而我们考虑，第一届中国现象学会议的文集不应当用英文而非中文出版，因此最终放弃了这个计划。这次在台北重又见到这个系列，勾连出了一段十多年前的回忆。倘若当时按照她的计划进行，可能在这个已达八十多卷的系列中会列出像 1979 年第八辑《日本现象学》那样的一辑《中国现象学》，但可能就会少了中文版的《中国现象学与哲学评论》的系列。祸兮，福兮？现在还难以估判，只是因为我们还身处其中。这段故事还没有成为历史。

木石文坊是我在台北见到的最雅的旧书店。与其说那是旧书店，不如说那是咖啡馆。装饰雅致，但其中的书并不多，大都是艺术类的，点缀着门前小晒台上的两张咖啡桌。或许像萨特那样的作家会喜欢在这样的咖啡桌上著书立说，但他也可能会嫌那里过于清静。

最乱的旧书店要算是松林书局了。第一次去的那天，台北下着小雨，我打着伞在冷清的街道上按图索骥，待终于找到时，发现这不像是一家旧书店，而更像是一家废纸收购站。小小的门面，有一条窄窄的过道通到光线昏暗的里面。通道两旁是堆放到顶的书，用绳子捆着。这通道是如此之窄，以至于我唯有侧着身子、放下背囊才能挤进去。一位长者躺在门前的长椅上打瞌睡，并不在意别人对这些书籍有无兴趣。所有这些，最终让我放弃了挤进去寻宝的意向。第二次去时风和日丽，阳光照进过道里，终于能够看得清楚堆放在那里的书名了。里面没有灯，也没有人，因为容不下。前次见到的长者，是看见我挤进书店才从外面某处冒出来的。看得出他的年纪已大，腿脚不太方便，但仍站在一旁热心地向我介绍，并且话语中显露出他的确是行内人。一本赖欣巴哈的《科学的哲学之兴起》要 350 元。“因为印数不多，”他说，“但不会错的。我这行做了六十年了。”虽然哲学书并不多，但最后还是买了可有可无的 6 本，权作道义性的支持，里面有台版本的贺麟《当代中国哲学》，台译本的罗素《西方哲学史》等。6 本书加起来整整一千“大洋”。书店没有发票，连收据也没有。长者拿出笔记本，撕下一张纸，给我手写了一个收据，字挺漂亮。而后盖上松林书局的章。我知道这是无法用作报销凭证的，但也收下了，留作以后的念想。

2008 年 12 月 8 日

（三）

火车站附近的阿维书店打出广告，号称自己是全台北最低价的旧书店。书店在楼上，要乘电梯到八楼方可达及。在知道我是从大陆来的学者之后，店老板（阿维？）特别要求与我握一下手。聊起来，我便率直对他说，他的书店不能算是最低价的，因为虽然都是五折，但其他旧书店除了五折以外还有贵宾卡，可以折上折。于是他辩解说他的书店最高五折，最低是一折呢。五折卖不动的，过些时候就放到一折的书架上了。我想这也是个理由。

其实公馆也有一家书价很低的旧书店，名字就叫低价书店。夹在闹市的弄堂中，像是一个违章建筑，十几个平方米而已，平时门上着锁，唯有周末才打开。里面吸引我的只有十几本零散的《大正藏》。第一次去时没在意，因为一直觉得《大正藏》必须是全的才对。回来后想想，觉得有几本对自己来说常用的放在家里随时备查也不错。于是找个理由再跑了一趟，逐本勘查，结果并未发现自己能常用的。

书价低的还有永康街上的地下阶。永康街是台北著名的美食街。傍晚到地下阶翻书，肚子饿了在隔壁找一家店美餐一下，真的不错。书都在地下室，还夹杂着许多艺术品、香水、唱片等，均有价格，没有标价的是陈列品。我想这里主要是做旧唱片生意的。旧书的生意，对他们是可有可无的。那里的许多旧书是论捆卖的，一捆 100 元。单本书反倒不标价，由店员随机定价。收款机前的一位漂亮女孩看了我拿的 8 本书，告诉我价格是 450 元。我不知道她是怎么算的。其中有 W.K. 威姆萨特和 C. 布鲁克斯的《西洋文学批评史》精装本、梁启超的《饮冰室文集》精装本、《新约圣经希腊文》精装本，还有斯宾格勒的《西方的没落》等，反正我是觉得捡了个便宜。（2012 年补记：是年 2 月于台北滞留期间再访地下阶，发现它已处在闭门歇业状态，大失所望。）

外文书最多的是颐韦文化。它不算是旧书店，因此不在台湾旧书店的地图上；说它是旧书店，是因为在那里有许多旧版的外文书，而且很多，简直让人抓狂。所谓旧版书，实际上是台湾早年的一些盗版书。盗版是个贬义词。按孔乙己的说法，读书人偷书不为偷，那么读书人盗版也就更不算盗了。这里可以找到英文版的《纯粹现象学与现象学哲学的观念》第一卷、《存在与时间》、《知觉现象学》、图根特哈特的《自身意识与自身认识》等书，甚至还有《希—英辞典》，在德国读书时曾想买过它的正版，却始终因囊中羞涩而无法下手。

在这里还可以找到仰哲出版社的一些旧哲学出版物。很多年前便从辅仁大学的一位朋友那里听说，这家出版社的主人偶尔得了一笔遗产，便用来出版哲学书。可惜它现在已经倒闭，唯有它出版的各类哲学书还可以时时看见，在一些书店的角落，如海德格尔的《什么是形而上学》《形而上学导论》、珀格勒的《海德格尔的思想之路》、奎因的《语词与对象》，还有《德国唯心论资料选编》《英国经验论资料选编》，如此等等。这些书，我都尽可能收集买下，放到西学东渐文献馆中，作为一段思想转渡的历史标本。

2008 年 12 月 13 日

乐学书店

乐学书店值得专门记上一笔。它不是旧书店，而是经营新书的书店。但书店设在一座大厦的十楼。硕大的一层楼，满屋子的书。没有门市的书店，做的只可能是熟人的生意。这里的业主黄小姐已年近七旬，却能像年轻人一样忙忙碌碌地把书搬来搬去。她销售的书长年打八折，所以有人建议我到台湾最大的诚品书店去看书，到乐学去买书。黄小姐则告诉我，可以在三民书店的网站上查书，然后发给她订购。我前后发去了四批书目，加上在她那里挑选的，有五六万新台币。

乐学书店有许多新老朋友。黄小姐生性乐观，好客乐助。好像全台湾的人文学者都认识她。来台北的远方学者，大都会到这里走一走。在这里可以见到一些老朋友，也会有意想不到的新结识。久而久之，这里差不多成了台北的一道风景线，当然这只是对那些爱书的学者而言。

在乐学买书的另一个好处是他们帮助邮寄，无论到世界的哪个角落。与黄小姐熟悉了，我就让旧书店的店主把购买了的书也发到乐学书店，请黄小姐再寄回大陆。零散的书，则自己背回，放在家里，聚得多了，就请乐学的职员张先生帮忙开车上门来取。如此这般，几个月下来，我把两百多公斤的书从台北书店的书架上移到了中山大学的西学东渐文献馆和现象学研究所的书架上。——怎么会没有成就感？这些书，至少会对学生们有好多益处。而我的进一步想法是，它们日后会是全国最有特色的西学东渐文献中心和全国最为整全的现象学文献中心的基石。

2008 年 12 月 11 日

2014 年弗赖堡大学“海德格尔教椅之争”的媒体现象学与去蔽存在论

2014 年在德国现象学界接连发生两起吸引世界现象学界目光的事件。其一是伍珀塔尔大学哲学教椅的拥有者、克劳斯·黑尔德的继任者、匈牙利裔的哲学家拉兹洛·腾格义于 2014 年 7 月 19 日突发心脏病去世。他空下的哲学教席的传承引起全世界现象学家的担忧。在我的弗赖堡大学学长、美国现象学家托马斯·奈农的邀请下，我也像世界各地许多现象学家一样致函伍珀塔尔大学哲学系主任，请他向北莱茵－威斯特法伦州教育部和伍珀塔尔大学校方转达我们对伍珀塔尔大学由克劳斯·黑尔德开启的现象学研究传统和与此密切相关的国际现象学交流中心的支持和声援，以及对此教授席位继承人选的关心。我曾作为洪堡学者在这个传统中学习和研究过两年，在此精神土壤中得到过丰润的栽培，因而尤其自觉有责任表达我的关切。此事后来得到伍珀塔尔大学哲学系的积极回应。目前招聘教授的事宜正在进行之中。

另一个更为轰动的事件是关于弗赖堡大学的“海德格尔教椅

之争”。与伍珀塔尔事件不同，弗赖堡事件从一开始便是由媒体制作的，因而影响远大于前者，超出了哲学界的范围。这里一再提到的教椅（Lehrstuhl），或可比作我们今天所说的学科负责人或学术带头人。弗赖堡大学哲学系一直设有两个哲学教椅。其中哲学教椅 I 的思想史传统十分醒目，甚至可以说是十分辉煌：从文德尔班（1877—1882 年在任）到里尔（1882—1896 年在任），再到李凯尔特（1896—1915 年在任），随后是胡塞尔（1916—1928 年在任），再后是海德格尔（1928—1945 年在任）——这里出现的每一个名字都是德国当代哲学史的重要组成部分。尤其是在胡塞尔和海德格尔执掌期间，弗赖堡因为这把教椅而一跃成为德国的哲学思想中心。20 世纪各种思潮的代表人物大都在这里受到过精神的洗礼。但由于海德格尔在纳粹统治期间对纳粹的道义支持以及对纳粹运动的积极参与，二战结束后，由他战前的挚友雅斯贝尔斯领导的战后大学审查委员会将他的哲学思想以及政治立场评定为专制的、不自由的，因而他被剥夺了这个教椅并一度被禁止在弗赖堡大学授课。他的教椅后来由匈牙利裔的哲学家威廉·斯基拉奇代理（1947—1957），后来还空缺了几年。直至 1964 年，这个由海德格尔空下的教椅才由维尔纳·马克思正式接任（1964—1984），随后是格罗尔德·普劳斯再接任（1984—2001），直至今天（2001—2017）的君特·菲加尔。这个教椅从一开始便是为德国观念论的传统而设。此外，哲学系还设有另一个教椅，即哲学教椅Ⅱ，那是为中世纪哲学而设的。

我于 1985 年 10 月来到弗赖堡大学攻读博士学位。当时的邀请函是由维尔纳·马克思签发的。但他已经处在退休状态，我只与他在胡塞尔文库面谈过一次。在我近六年的弗赖堡学习期间，这两个教椅的执掌者是普劳斯和雅可比两位教授。为我入学定级的就是当时的系主任、刚刚于一年前接任维尔纳·马克思教椅的普劳斯。他是康德哲学专家，其任教资格论文是《康德的“现象”：〈纯粹理性批判〉的一个问题》。事实上他也是一位柏拉图专家，他的博士论文是《柏拉图与逻辑埃利亚学派》。这两本书现在已经属于德语哲学史研究的经典。我曾听过普劳斯的“柏拉图引论”课程，虽然他的工作并不算是对胡塞尔—海德格尔的现象学—解释学传统的直接继承，但仍被视作处在德国观念论的大血脉中。因此，由他接任维尔纳·马克思教椅在当时并未引起争议。

普劳斯于 2001 年退休后，这个教椅由海德格尔专家菲加尔接任。在早期的现象学海德格尔与后期的解释学海德格尔之间，他的研究方向偏重于后者。这与他 20 世纪七八十年代在海德堡大学所受思想传统之浸染有关。他师从伽达默尔、图伊尼森、亨利希、图根特哈特等人，在那里完成了以阿多诺审美思想为论题的博士论文和以海德格尔的自由现象学为论题的任教资格论文。此后他的研究与教学也主要在这个具有浓厚浪漫派解释学色彩的方向上展开。

菲加尔是 1949 年生人，于 2015 年满 65 岁后进入法定退休程序。但在巴登 – 符腾堡州，他有权提出延长其工作年限的申请。只是这一申请在 2014 年并未得到学校批准，因为学校对这一教椅的设置另有安排。菲加尔不服这一决定，为此状告巴登 – 符腾堡州的教育部，要求教育部修正对他延长工作申请的否定性批复。随后，媒体对此事进行了报道，将此事定义为“海德格尔教椅的废除”，由此引发了所谓“海德格尔教椅之争”，它成为这年世界哲学界的一个轰动新闻。

但如果了解这个教椅的传承史，那么从一开始就很容易看出，这个教椅最不可能被称作“海德格尔教椅”，除非是为了媒体宣传引人注目的需要。的确，如果这里关系的仅仅是“菲加尔教椅”，那么它就难以成为一个如此轰动的媒体事件。

我首先是在德国《法兰克福汇报》以及《时代报》等网站上看到相关的报道和评论。它们通常会把几件事情联系在一起讨论：其一，海德格尔《黑皮本》的出版，以及由此导致的他的纳粹思想的真实暴露；其二，德国大学中教椅制度的不复存在以及取而代之的国际通行的教授分级制度；其三，菲加尔的退休以及由此导致的弗赖堡大学现有哲学教椅Ⅰ的正式结束。这三件事之间实际上并无内在关联，但却被媒体放到了一起。从媒体的报道和评论中可以得出这样的结论：海德格尔《黑皮本》的发表，表明他在政治上犯有致命性错误，因此，为了避嫌和政治正确，在菲加尔达到退休年龄之后，他所继承的“海德格尔教椅”以及由它所代表的现象学—解释学传统便被弗赖堡大学取消。媒体进一步透露：接任这一教授位置的将会是一位分析的语言哲学家。这意味着，由于海德格尔的政治错误，不仅他的解释学传统，而且胡塞尔的现象学传统以及此前的新康德主义西南德意志学派传统也“像一顶旧帽子一般”被扔到了一旁。倘若这些都属实，那么法兰克福社会研究所的所长阿克塞尔·霍耐特就的确有理由将弗赖堡大学的这个决定称作“愚蠢的”和“荒谬的”，《海德格尔传》的作者萨弗兰斯基也的确有权利将它称作“狭隘的”。

确实，这里讲述的故事曾一度让我感到愕然和不解。这也在全世界的哲学界和海德格尔粉丝群中引起轩然大波。同样是根据媒体报道：从美国到韩国，从挪威到秘鲁，从西班牙到澳大利亚，到处都在讨论弗赖堡大学哲学系的人事安排。几乎有3000名学者签名呼吁拯救弗赖堡的现象学与解释学传统，其中不乏像朱迪斯·巴特勒、让–卢克·南希、汉斯·乌尔里奇·贡布雷希特、亨利希、萨弗兰斯基这样的重要学者和作家。

前不久因一篇即将发表在《胡塞尔研究》上的文章，我与主编史蒂文·克罗韦尔有多次书信来往。他在一封信中顺便询问我是否知道在弗赖堡发生的“可怕事情”，以及现象学在德国是否真的走到了尽头。我回答说，作为弗赖堡大学校友，我的确无法理解此事,但我不久就要去那里,应该很快会了解那里的真实情况。

2015 年 5 月 2 日，我来到弗赖堡，住在一个遍布思想精灵的环境中：哥德街 33 号。就在前后左右相邻的街道上，甚至是在同一条街上，曾经居住过瓦尔特·奥伊肯、胡塞尔、海德格尔、马克斯·韦伯、埃迪·施泰因、阿伦特、本雅明、马尔库塞、卡尔·列维特、英加尔登、伽达默尔等一批耳熟能详的现当代重要思想家。[1]——这就是在弗赖堡触手可及且难以抹消的思想传统。

几天后的中午，在学校附近的一家咖啡馆里与我的学长、哲学系主任汉斯－赫尔穆特·甘德教授交谈了两个小时之后，我基本了解了这里的实际状况。作为曾经的弗赖堡大学哲学生，尤其是深受胡塞尔—海德格尔思想传统熏染的现象学生，我决定为弗赖堡大学围绕“海德格尔教椅”所做决定做一个大致的说明，一个独立于媒体的陈述或辩护。事实上，如果我们可以将德语媒体视作一个共同体的话，那么它在近期已经做了自我反省。《时代报》《新苏黎世报》《巴登报》的一些采访和评论已经给出了一些较为客观中立的报道，取代了此前揶揄弗赖堡大学校长和鼓动社会公众的总体风格和取向。

1　在克劳迪娅·魏泽所著的《有学识的弗赖堡及其周边》（Berlin: Verlag Jena 1800, 2003）一书中，这些故居的位置都在地图上被逐一标出，犹如星空中繁星遍布。当然还有缺失，例如我很想知道捷克哲学家帕托契卡和法国哲学家列维纳斯当时住在哪里。

2014年所谓“海德格尔教椅之争”的直接思想背景是海德格尔三卷本日记《黑皮本》于当年年初的出版。他在其中表达了他的反犹主义和亲纳粹立场。这当然不是新闻。真正的新闻在于，如该书的编者彼得·特拉夫尼所说，海德格尔自己在其中明确地表达出这个立场与他的哲学思想是不可分割的，而且后者构成前者的理论基础。他的反犹主义不仅仅是纳粹式的种族和血统的反犹主义，而且更是从存在历史本身中生成的哲学的和历史的反犹主义。关于海德格尔《黑皮本》的具体内容以及在它们出版前后国际学界的种种反应，听说靳希平已经有了更为详细的介绍，我在这里就不再赘述。弗赖堡大学哲学系将在今年（2015）年底举办专门的研讨会来集中讨论《黑皮本》中的问题。它还会是国际哲学界今后几年的重要论题之一。

媒体曾批评弗赖堡大学至此为止对《黑皮本》噤若寒蝉，不愿招惹。但如弗赖堡大学校长在回应《巴登报》记者采访时所言：按理说这应当是哲学教椅当下持有者需要主动应对的事情，但菲加尔至此为止的确对《黑皮本》退避三舍。他在2013年便看过《黑皮本》的清样，因此也早已了解其中的内容。《黑皮本》出版后不久，他便辞去了国际海德格尔协会主席的职务。他为此给出的一个理由是：“海德格尔的复杂纠结要比我们至此为止所能知道的大得多。”除此之外，导致他辞职的另一原因也与他对海德格尔家族的不满有关。即使作为海德格尔协会主席和德国海德格尔研究的至关重要人物，他也同样因为海德格尔遗嘱执行人的封锁而无法接触海德格尔的遗稿。海德格尔遗稿的管理和出版全然不同于作为天下之公器的胡塞尔遗稿。在这点上，海德格尔本人在其遗嘱中表露出的“算计精神”要远甚于他批评的犹太人胡塞尔。他的遗稿和书信的出版常常会使他的研究者们和追随者们感到措手不及，他们不得不一再面对好像已经抓住，但很快又滑脱的海德格尔，一再地觉得自己以往的研究都与海德格尔的真实思想相隔有距。

然而饱受诟病的所谓“取消海德格尔教椅”事件实际上发生在《黑皮本》出版并引发学界讨论之前。还在 2013 年，弗赖堡大学便已经决定，就像在全德国的大学中已经通行的一样，不再维持大学中的传统“教椅”体制。这属于全球化过程中的一个步骤。甚至连德国、奥地利、捷克等国的大学所特有的任教资格考试（Habilitation）制度也会在不久的将来消失殆尽。我们可以思考和讨论这种为适应大学的国际发展的改革究竟是好是坏，是福是祸，但这都与海德格尔的纳粹立场无关，也与所谓“海德格尔教椅”的取消无关。

眼下德国的所有哲学教椅在其当下的持有者退休之后都会被取消，或迟或早。现行的大学教授等级由此前的 C3、C4 教授被改为今天的 W1、W2、W3 教授。它们有些类似于我们现在还在使用的讲师、副教授、教授的等级制度，或者在名称上更接近在台湾的大学中使用的助理教授、副教授、教授的等级制度。弗赖堡大学在 2013 年便已通过方案：菲加尔退休之后，他的教椅，即这个 W3 教授的位置，将由一至两名 W1 教授取而代之。这种 W1 教授往往被俗称为青年教授（Juniorprofessor），因为他们任职时的年龄大都在 35 岁以下。各州的情况不一，在巴登 – 符腾堡州，W1 教授在六年后通过考核便可以直接成为 W3 教授。弗赖堡大学将这两个教授位置的研究方向定为近现代哲学。学校规定其中的一个方向偏重逻辑哲学，即顾及从康德、黑格尔到胡塞尔的逻辑思想发展路线；另一个方向偏重语言哲学，即顾及从赫尔德、威廉・冯・洪堡到海德格尔的语言哲学发展脉络。后一个方向被媒体误解为分析的语言哲学方向，而且很可能是有意的误解。甘德曾提到，在电话采访中，他向媒体明确强调这是语言哲学的方向而非仅仅分析的语言哲学方向，但次日的报纸仍然登出：哲学系主任确认这是分析的语言哲学方向。于是从一开始便有现象学—解释学在弗赖堡被分析哲学取代的媒体谣传。真实的情况应当是，这个规划从长远看不会削弱反会增强弗赖堡的现象学—解释学思想传统。因此校方给出的媒体通告明确以《胡塞尔和海德格尔会留在弗赖堡》为标题。

尽管菲加尔并不赞同以一两位 W1 教授来取代 W3 教授的做法，但他的起诉并不是针对这一校方的规划，而是针对校方驳回自己延长工作年限申请的做法。按照菲加尔的年龄，他应当在今年（2015）3 月 31 日退休。对此他提出起诉，要求自己能够被延聘至 2017 年。他在第二轮庭审中已经获得初步成功：在审理其诉讼期间，他的工作被暂时延长到今年 9 月 30 日。如果在此期间他的起诉仍未能完成审理和判决，他的工作很可能还会再延长半年。目前这个诉讼案受到大学教师们的广泛关注，因为它在德国是第一起教师因退休问题而起诉教育部的案例。它的判决对日后的类似案例具有示范性的作用。但如前所述，它与所谓“海德格尔教椅的取消”不是一回事，也无内在关联。简言之，菲加尔起诉的不是这个教椅被取消，而是它没有被延长。

可是，所谓“海德格尔教椅之争”在 2014 年何以会成为一个标题新闻呢？我想它应当被视作由海德格尔《黑皮本》出版所掀起浪潮的余波。媒体似乎希望借此来进一步展开对海德格尔的思考和讨论。而这很可能是在海德格尔本人筹划之中的：《黑皮本》按照他的遗嘱被放在其全集的最后一部分出版。明年（2016）就是他去世的第四十个年头，他的公众形象却并未被淡忘，而是历久弥新。

这里可以留意到一个事实：“海德格尔事件”在近几十年里一而再、再而三地成为新闻标题和媒体关注焦点。早在 1985 年，德国现象学学会主席奥托·珀格勒就撰文抱怨“没完没了的海德格尔”。三十年之后，情况依然如故。几乎每隔几年，就会有与海德格尔相关的新闻旧闻成为媒体的大标题，从而使得海德格尔成为死而不朽的公众人物，他的种种“事件”也成为经久不衰的公众话题。究竟是谁在折腾他，使他一再成为绯闻明星？我一直怀疑，这是否与海德格尔本人的自我策划有关？抑或是他的遗嘱执行者，或某些赞成或反对他的媒体人，或一些想借他出名的业内外人士，在其中各有所图？现在看来，这里的答案并不一定是非此即彼的选择。虽然屡屡发酵的“海德格尔事件”不一定是这几个方面的共谋，但确有可能是各方合力的结果。

所谓“海德格尔教椅之争”，现在看起来很像是一场莎士比亚名下的喜剧：无事生非。令人感慨的是，我们今天过多依赖于媒体。我们看到的是经过媒体选择和加工的材料。即使对事实的澄清，也往往还是通过媒体。媒体有些像今天的科技：引发了许多问题，但问题的解决似乎也还是要借助于它。不过，无论我们将来是否还能有其他的选择，有一件事无论如何是我们现在就可以做到的：对媒体保持警惕！对过分利用媒体的人保持警惕！

2015 年 5 月 10 日

二十忆念

——写在第二十届中国现象学年会召开之际

今年（2015）是第二十届现象学年会，也是中国现象学专业委员会成立的第二十二个年头。此刻的心态有些复杂：有些伤感，有些释然，但主打的还是沧桑感、幸福感、成就感……虽难言百感交集。

在中山大学召开第二十届现象学年会并非刻意。这一届原先差不多商定了是在山东大学召开，后来我们计划成立中山大学法国哲学研究中心，所以临时与山东大学张祥龙商定，由我们先举办这届现象学会，并将题目定为“德法现象学”，起初只是想在会上为我们的法国哲学研究中心剪彩，以成全我们学科的法国哲学研究者。但这个愿望由于学校的审批程序问题在今年的会议上难以实现。而随着会议的临近，我越来越多地留意到这已经是我们的第二十届年会，历史意识油然而生，我也越来越想在开会之前说几句与二十多年的忆念相关的话语。

我于 1991 年 3 月回国，此时，靳希平在北京大学已经执教现象学多年。最早抱有成立中国现象学学会之想法的应当是他，最早提出的很可能也是他。回国时我先落脚北京，去北京大学与他和王炜商讨。应当说我们是不谋而合或一拍即合，于是决定公开提出并加以具体实施。具体的实施在很大程度上依靠王炜。我还记得他如何带着我到社科院去见贾则林、涂纪亮、姚介厚、叶秀山等老师，最终获得社科院的支持和民政部的批准，学会的公章也一直在他那里保存。当然，最终成立的并非我们希望的“中国现象学学会”，而是退而求其次，成立了全国现代外国哲学学会下属的“中国现象学专业委员会”。这不仅是在全国现代外国哲学学会下设立的第一个专业委员会，甚至可能是全国第一个哲学学科的专业委员会。

1994 年 10 月的第一届现象学年会是在东南大学举办的。当时我随几位师兄刚调到那里，一起成立了东南大学中西文化交流中心。很遗憾，因为种种缘故，它的存在时间很短。但幸运的是，它在冥冥之中完成了两个使命：举办第一届全国现象学大会，并在会上成立了中国现象学专业委员会。

诸多在座的元老们参加了在东南大学举办的第一届全国现象学会议。刚才说到伤感，是因为还有几位元老级人物已经离我们而去，国内如各位所知的有王炜（1948—2005）和萌萌（1949—2006），我为他们二人写过两篇追忆文章。此外去世的参会者还有涂纪亮（1926—2012）、宋祖良（1946—1995）。这里的提示也是对他们的忆念和悼念！

还有两位当年来参会、如今已过世的国外学者：亨里利・奥特（1929—2013）和安娜 – 特蕾莎・蒂米尼卡（1923—2014）。亨利希・奥特是刘小枫的老师，神学家卡尔・巴尔特的巴塞尔大学教椅继承人。我根据小枫的建议邀请他从瑞士来参会。他提交的文章与信仰现象学有关，后来刊载在《中国现象学与哲学评论》的第一辑上。他的生活质量基金会先后为我们的现象学学会提供了三次经费方面的资助。蒂米尼卡则是根据张庆熊的建议邀请来的。她原先是波兰裔的美国人，也是英加尔登的学生，长年担任国际现象学运动的组织者和现象学年刊《胡塞尔论集》的主编。她曾建议将我们的第一辑现象学评论纳入她主编的《胡塞尔论集》，并愿意提供中译英的翻译费用。但我们考虑要在现象学上冠以中国的名字，并主要以中文出版，因此最后不得不拒绝了她的好心建议。这里的提示也是对他们的感谢和悼念！

另外两位元老级的参会者是黑尔德和德赖弗斯。他们年事已高，这次没有邀请他们来参会。但我在撰写这篇文字时不断地惦念他们，尤其是黑尔德。他是第一届现象学会议以及随之成立的现象学专业委员会的幕后组织者和幕前支持者。这里要衷心感谢他们！

还要提到首届会议和中国现象学学会的另外两个幕后组织者和赞助者。其一是耿宁，他与马爱德、霍抱石为第一届会议提供了瑞士现象学家族的经费支持。此后不久，耿宁还在《现象学百科全书》（Dordrecht：Kluwer Academic Publishers，1997）上撰写了“中国现象学”的条目，介绍了汉语文化圈中的现象学研究状况。其二是塞普，他是我和张灿辉、靳希平共同的好朋友，始终关心和支持中国现象学学会的成立和建设。这里也要再次衷心感谢他们！

在首届现象学年会之后，我们出版了第一辑《中国现象学与哲学评论》。这个连续出版物至今已经出版了正刊十七卷和特辑三卷，一共是二十卷。原先的计划是每年召开一次年会，每年出版一辑年刊。但我们在刊名上没有使用“年刊”一词，而是使用了“评论”的名称，为的是在后来的发展中可以随时做变通。至此为止的发展也表明这个选择是正确的：我们此前并未完全做到一年一刊，现在则开始按一年两刊的节奏出版。

这里特别要提出的是，《评论》的第二至四辑是在张灿辉以香港现象学学会名义提供的资助下出版的。直至2001年我来到中山大学之后，《评论》才得以借助中山大学现象学研究所的经费支持而继续出版至今。衷心感谢张灿辉！同时也感谢中山大学对我们现象学研究所的长期支持！

但这并不是说，评论的出版仅靠这些资金就够了。事实上，上海译文出版社要为这些学术刊物的出版花费另外一半的精力和财力。这里特别要感谢赵月瑟！她从第一辑开始就一直支持《中国现象学与哲学评论》的出版，直到她退休！现在是王巧贞编辑在继续这项工作。衷心感谢赵月瑟和王巧贞！

我们的年会仍然配得上“年会”的称号，即基本上按照每年一次的频率进行。但其间有许多次也召开了小型的现象学工作坊。在二十届次的现象学年会以及各种小型现象学工作会议中，除了做过学会秘书（长）的我、靳希平、孙周兴、陈小文以外，承担会议组织者工作最多的要数张志扬、庞学铨、张廷国和陈春文。这里要衷心感谢他们！

现象学学会可以端出的另一个成果是我们在商务印书馆出版的《中国现象学文库》丛书系列。这个系列在陈小文的支持与主持下，目前已经（据不完全统计）出版了二十三部（另有在此名义下于人民出版社出版的三部、生活·读书·新知三联书店出版的两部）。《中国现象学文库》的一部分是译著——“现象学原典译丛”；一部分是原著——“现象学研究丛书”。至此，我们基本上实现了一个心愿：除了有一个自己的刊物之外，还有一个自已的现象学丛书系列。虽然它与胡塞尔文库主编的《现象学丛书》系列还不能同日而语，但我们已经有了一个不错的开端。看起来这套书基本上是由关群德在负责编辑。这里要衷心感谢陈小文和关群德！

最后还要提到的是我们的中国现象学网站。它也有了不短的历史。最初还在南京时，也就是说，还在 20 世纪，柴子文便来找我，提出他想建这样一个网站，希望我能够支持与配合。我答应了。于是他一做就是许多年，全然是没有任何酬劳且自带干粮的义工。现在这个网站由柴子文交接给张伟，继续在网络上宣传中国的现象学研究的最新工作和最新成果。这里也要再提一下张伟（张任之）。他自第十二辑起就承担了《评论》即便不是全部，也是最主要的编辑工作。目前中国现象学网站的建设维护以及《中国现象学评论》的组织编辑都属于他的工作范围。衷心感谢柴子文和张伟！

还要特别感谢张灿辉！他从第一届全国现象学年会开始就一直积极参与我们的各项活动。他于 1996 年在香港倡导成立的香港现象学学会，也是至此为止与我们合作最多的一个现象学组织。目前我们的许多现象学机构和刊物使用的标识都是出自他本人之手的杰作，如“现象学文库”“中山大学现象学研究所”“心性现象学基金会”，如此等等。

这里提到的心性现象学基金会是由北京粉笔蓝天科技有限公司的 CEO 张小龙建立的，计划长期支持心性现象学方面的学习、研究和发展。此次的会议和与此会议相关的纪念活动也得到了他的基金会的支持。衷心感谢张小龙！

记得陈家琪在许多年前便曾感慨（大意）：看起来要进入历史是很容易的，就这些年，猛回头一看，中国现象学的历史就这么写出来了。

历史是有了。但我们这些第二期的现象学研究者也如舒茨所说的那样在共同老去（gemeinsam altern）。不远的将来，甚至现在的情况就已经是年轻的学者、我们的学生和我们学生的学生唱起了主角。刚才提到的王巧贞、关群德、柴子文、张伟、张小龙等，都属于我们的学生辈。现在各地还有许多年轻的现象学家们在努力地工作着；还有许多现象学的硕士论文、博士论文在构思和撰写之中；还有许多青年现象学论坛在各地自发地进行着，例如华东地区、岭南地区的青年现象学论坛；还有一些专门的现象学研究方向在彰显自身，例如中国美院的艺术现象学、我们的心性现象学、西南政法大学的历史现象学、建筑学界的建筑现象学，如此等等。

有人说现象学在德国已经死了，但在中国还是活的。现象学在德国死了吗？可能的。就像康德、黑格尔在德国死了一样，就像柏拉图、亚里士多德在希腊死了一样。他们已经进入历史，成为思想史的组成部分。现象学在中国还活着吗？可能的。就像玄奘、窥基，或者惠能、神会以他们的方式作用于当下一样，现象学也会作为一种基本的思维方式作用于我们今天与未来的哲学思考和哲学活动。我的理解是，现象学作为一种基本的思维方式就意味着：在本质直观中尽可能真诚地反思和反省自己，同时尽可能透彻地审视本己与他者的关系，以及尽可能切身地理解精神共同体以及它的历史性。从胡塞尔、舍勒、海德格尔、英加尔登、芬克、耿宁、黑尔德、瓦尔登费尔斯、霍抱石等德语现象学家，到梅洛-庞蒂、萨特、列维纳斯、德里达、利科、马里翁等法语现象学家，再到当代还在任的丹·扎哈维、史蒂文·克罗韦尔、娜塔莉·德普拉、迪特·洛玛、安东尼·施泰因博克、李南麟、谷徹、山口一郎、榊原哲也、田口茂等一大批各国现象学学者，其中的大多数人都会认可我对现象学的这个最基本理解。

明年（2016）是海德格尔逝世40周年，2018年则是舍勒逝世90周年和胡塞尔逝世80周年。我们还会以一系列的活动来纪念他们。

谢谢以上提到的所有人！也谢谢在座的所有人！

2015年11月30日

“生而为人”与“学以成人”

——世界哲学大会北大西哲联谊会发言

今年（2018）的世界哲学大会是第24届。从1900年开始，至今已有118年的历史。今年也是胡塞尔（1959—1938）逝世的第80个年头。我今天要借此机会说一说发生在今年的这两个哲学事件的联系。

世界哲学联合会主席莫兰教授在致辞中已经提到世界哲学大会的思想史地位，其中也涉及它与胡塞尔的关系：“埃德蒙德·胡塞尔尽管未能出席1934年布拉格的大会，但他为这届大会撰写了一篇演讲词（address）。”

这个说法不完全准确。莫兰所说的是1934年9月在当时胡塞尔的“老祖国”捷克斯洛伐克首都布拉格召开的第8届大会。胡塞尔并未给大会撰写“演讲词”，而只是在会前给邀请他参会的大会主席埃马努埃尔·拉德尔回复了一封长信。它后来于1989年被收入《胡塞尔全集》第27卷《文章与讲演（1922—1937）》出版。编者给它加的标题为“论当前的哲学任务”，胡塞尔自己则将它称作“布拉格书信”。它的一个部分在大会的第一次全体会议上由捷克斯洛伐克哲学家扬·帕托契卡宣读。信的全文后来未经胡塞尔允许就刊登在《布拉格日报》上。之所以说“未经允许”，是因为胡塞尔在寄出信后便发现其中有一些“与原意有出入的”错误,因此随即又致函帕托契卡,让他“不要让信落入任何人手中”。但当时的通信是通过投递速度相对较慢的国际邮政系统，因此并未及时起到作用。

胡塞尔在审读助手芬克为他誊写这封信时便开始对信的内容做修改，后来形成了他称为“布拉格论文”的长文。它实际上是后来的《欧洲科学的危机与超越论的现象学》一书的前身。帕托契卡在回忆中也说：“胡塞尔在致大会的信中暗示了现象学的世界使命——这显然是对‘危机’问题域的一个预先说明。”这个现象学的使命还可以借用帕托契卡的睿智比喻来刻画：“将一个伟大的哲学使命，也是人类的使命感受为一种始终活跃的工作冲动，同时不得不为此工作去期待一个被丢入海中的瓶子的命运。”这应当也是对今天大多数有责任感和使命感的哲学家的心态写照。

帕托契卡在他的回忆录中还对这次在两次世界大战之间举办的哲学大会的政治背景和政治因素做了反思。此外，他回忆说：“当时也有重要人物从波兰来到布拉格：英加尔登在大会上与新实证主义者进行了交锋。而我当时是初次能够听到这位极其细腻的分析学家及胡塞尔超越论的批评者的讲话，并与之进行交谈。”

这里所说的是波兰哲学家罗曼·英加尔登,他是胡塞尔的学生。他于 1934 年 9 月参加布拉格大会之后再到弗赖堡拜访胡塞尔，并在后来的回忆录中回忆了他与胡塞尔的会面以及他与胡塞尔关于这次世界哲学大会的谈话：“我是唯一抗拒新实证主义的波兰人。我的报告的题目是‘一种对哲学新构建的逻辑学尝试’，主要反对新实证主义的语义观。胡塞尔对所有这一切都饶有兴趣。有一刻我在胡塞尔面前对此表示遗憾：现象学家们——与‘维也纳人’相反——根本没有被组织起来，因而他们没有作为群组出场，尽管有一批现象学的报告。对此胡塞尔父亲般地拍拍我的肩膀说：‘亲爱的英加尔登，哲学是不用组织起来做的。’于是我羞愧无言。”

这两份回忆录现在都已经由我翻译成中文发表，并且已经收入我编辑的《回忆埃德蒙德·胡塞尔》文集，交由商务印书馆出版，以纪念胡塞尔今年（2018）逝世 80 周年和明年（2019）诞生 160 周年。我的发言这个部分，可视作对今年一并发生的两个哲学事件之念想的表达。

除此之外，我还想对本届大会的主题“学以成人”做一个判题与补题。

“学以成人”这个题目非常有特色，既有中国传统思想内涵，尤其是杜维明先生倡导的儒家传统思想内涵，同时也体现了莫兰先生关注和阐发的胡塞尔“习性现象学”的思路。

“学以成人”强调的是哲学人文学对学习、修养与教化的文化—习性诉求：教化主义的诉求，包括自身教化与社会教化。儒家也将它称作“后天之学”。佛家所说的“熏习”也是处在这个思考维度上。

当然，不可忽略的是人性或人格所具有的另一个方面。我们可以用“生而为人”来标示它。它既是佛教所说的“种子”的向度，也是儒家所说的“先天之学”的向度。今天的科学哲学家也在“基因伦理学”的标题下讨论它。胡塞尔则在“本性现象学”或“本能现象学”的标题下来讨论它。它属于哲学人文学的自然—本性诉求，即自然主义诉求：自性与本然。

这两个诉求——文化诉求和自然诉求——构成人性或人格的

两个方面。在儒家那里，“学以成人”（Learn to Be Human）主要为孔子所主张。《论语》第一句就是“学而时习之，不亦说乎”；而“生而为人”（Born as Human）则主要为孟子所主张：“无恻隐之心，非人也；无羞恶之心，非人也；无辞让之心，非人也；无是非之心，非人也。”“人之有是四端也，犹其有四体也。”当然我并不是说，孔子认为不学习的就不是人，但很可能在他看来，不学习只能成为小人而非君子——这是要补充说明的第一点。此外，我在这里也并不想说孟子倡导成人是无须学习的，而只是相信，他认为人心在出生时就有了德性的萌芽，就已经是人了，日后要做的更多是存心、养心、涤心等意义上的保存与维护：修身养性——这是要补充说明的第二点。

它们是我的大会报告“探寻自我：从自身意识到人格生成”所要展开讨论的几个基本想法之一。由于我明天只能报告全部内容的三分之一，主要讨论“点性自我”与“线性自我”以及与此相关的“纵—横意向性”与“纵—横本质直观”等范畴，无法涉及今天的这个问题，因此我要对这个想法做一个扼要的概述。

本性与习性的问题，或可尝试运用康德在认识论领域中提出的核心概念“先天综合判断”来解答。康德本人便曾赋予“先天综合判断”以最高的哲学地位，将它视为“科学的形而上学的目标”，并建议所有形而上学家都暂时放下手头的工作来思考“先天综合判断”的可能性。胡塞尔指导的第一位现象学博士威廉·沙普也认为，现象学方法就在于“在所有知识领域中都追踪先天综合命题”，而且现象学方法“最终取决于能否发展出一门先天综合命题的理论”。

在我看来，对人性或人格的研究应当或必须以一种先天综合命题的理论为基础。“生而为人”与“学以成人”是人格现象学的两个部分，分别是本性现象学和习性现象学探讨的问题。本性是先天形式，要么天生有，要么天生没有，例如同情的本能、羞恶的本能等等。习性是综合内容，可以通过后天经验和学习获得，例如同情的对象可以是人，也可以是动物；羞愧所针对的是自己不会做饭，也可以是自己不会打扮；厌恶所指向的可以是别人的粗俗，也可以是别人的虚荣，如此等等。

我的报告在一定程度上是用“生而为人”来为“学以成人”补题。我也将它看作一只扔到大海中的瓶子，期待有一天会有人在某个海滩上将它捡起。

2018 年 8 月 13 日

“孑然弗伦，洗然无尘”

——处士张祥龙七七四十九日追思

祥龙6月8日去世，至此正好七七四十九日。一直想写些文字来悼念他，却迟迟没有动笔。或许是因为与祥龙的关系过于亲熟，对他的思想过于了解，要写的内容太多，不知从何处着墨；也或许是因为与他的思想分歧过于明显，下意识地要为逝者讳；又或许是因为长久没有写过这类文字，前次为朋友去世撰写的文字还在十五六年前，在此期间早已习惯了论文和论著的写作，此次便忽然觉得关于祥龙的悼文尤其难以下笔。

这里还是从十五六年前的追忆文字说起！那是我为国内现象学活动的最早参与者王炜、鲁萌分别撰写的悼念文字。他们二人都参加了1994年在南京举办的第一届现象学年会，而后在2005年和2006年便先后罹病辞世而去，生命均同王阳明，止于57岁！祥龙虽然属于中国现象学运动的最早参与者，却并未参加首届年会。我在1994年前后还不认识他，甚至至今也回想不起与他初识于何时何地。但我清楚记得，知道他的名字是在1994年的南京会议之后，更具体地说是我在编辑出版会议论文《中国现象学与哲学评论》第一卷期间。当时我在阅读王炜寄来的北京方面提交的会议论文的过程中突然发现有一位叫张祥龙的作者，他提交的论文题为《现象学的构成观与中国哲学》。该文开篇第一句就是：“‘中国’的‘哲学’要获得真实的思想生机，离不开中国古代思想这个源头以及与西方哲学的对话。”接下来全文共两章，分别讨论“现象学的构成本性”与“中国哲学中的构成识度”。细读之下，大为诧异。随即致函王炜询问：这是何方神圣？而后从王炜处得到答复，这位张祥龙刚从美国完成学业，回到北大外哲所任职不久，本来已准备前来南京参会，但他的博士导师恰好在此期间到访中国，他需要留在北京陪同，故而未能前来赴会，仅提交了这篇会议论文。

但要认识一个人，有时一篇文章就足够了！我与祥龙的缘分，便始于这样一篇文章。尚不知这是否是祥龙回国后撰写和提交发表的第一篇论文。但无论如何，我从此开始便希望和期待祥龙能参与每一次的现象学活动。而当年的《中国现象学与哲学评论》之所以没有将祥龙纳入第一届的学术委员会，皆因北大方面已经有了三位先驱代表：靳希平、陈嘉映、王炜。后来祥龙与他们一起，在北大讲授现象学与海德格尔，有时在一学期里可以同时开设三门讲授现象学与海德格尔的课程，一时蔚为风气。但祥龙并不仅仅关注海德格尔的现象学，而是与另一位来自北大的现象学家靳希平一样，从一开始就将胡塞尔的现象学视作需要重点关注的西方哲学之一。他们二人在随后几十年里于北大培养出的学生分散在全国各地，其中不仅有以海德格尔哲学为研究重点的学者，也有以胡塞尔哲学为研究重点的学者，这些学生现在已经成为中国现象学研究界的主力成员。

不过，也正是在祥龙这篇极具分量的论文中，我从一开始就看到了我与他的思想的基本分歧所在，主要是在思想取向和思维风格方面。一方面，就“现象学的构成本性”而言，胡塞尔虽然一再地将自己的现象学称作“构造的现象学”（或“构成的现象学”），但他以此想要表达的是：现象学是对意识构造活动的研究，是对意识的静态结构和发生结构的研究，而这并不意味着现象学的思维方式本身是构造性的。胡塞尔的现象学不应当是康德意义上的“建筑术”，即对一种思想体系与规范系统的建构，而只能是胡塞尔意义上的“考古学”，即对深秘的先天心灵本性和彰显的后天心灵习性之构造的发掘与发现、直观与描述、分析与把握。这个意义在早期的现象学海德格尔那里仍然维续着，只是在后期的解释学海德格尔那里才逐渐消散。而另一方面，就“中国哲学中的构成识度”而言，即使在儒家哲学中，能够谈得上“构成”的也只有孔子思想中的某个向度，在我看来是规范伦理学或“礼学”的向度，而到了思孟学派那里就已经被淡化，被另一种描述伦理学的或“心学”的思维方式所取代。它可以被概括为：礼是由心构成的。这是一种原先在孔子那里若隐若现存在的思维方式。祥龙很可能看到了这一点，因而他在其文章中有意地撇开了孟子，只谈古代思想中“孔子、老庄学说的构成本性”。事实上，在儒家内部从一开始起就在礼学与心学、文化与自然、习性与本性、礼序伦理与良知伦理，或构成伦理学与描述伦理学等两个向度之间存在一种张力。而如前所述，儒家自身中的这种张力也存在于现象学自身之中。我和祥龙实际上分处在这个张力的两端，并在各自的一端上用力，且同样依仗了各自理解的“现象学”眼光和手段。

这个由各执一端引起的立场、方法、风格的分歧，贯穿在我与祥龙思想交往的始终，引发了我与祥龙在后来岁月里的一再讨论和争辩。我想我们都默默地在心中将对方视作潜在的论辩反方。我们十分熟悉并尊重对方的想法，但这并不妨碍我们坚持和维续自己的立场。我与他日后在其他方面的思想交流和学术讨论，基本上都是以这种方式展开的。现在回顾我们两人之间这段长达二十五年以上的思想交往史，或许可以总结说，我们之间的个人友谊和思想联系，是在一种陈寅恪所说的“了解之同情”中展开的。

陈寅恪使用的这个概念，在我看来是源于他在欧洲留学期间接受的一个流行的同感心理学和理解心理学的概念：“了解之同情”（verstehend einfühlen）。但这里的 einfühlen，并不应当被误解为通常意义上的“同情”（希腊文的 συμπάθεια 或德文的 mitfühlen），而是应当对应于当时利普斯等一批心理学家（铁钦纳、弗洛伊德、施特恩）以及胡塞尔等一批现象学家（舍勒、雅斯贝尔斯、施泰因）都讨论过的“同感”（铁钦纳译作 empathy，中译此前被误译作“移情”，如今在心理学、教育学和经济学中多被译作“共情”或“同理心”等等）。对于胡塞尔来说，对自己的理解奠基于反思之中，对他人的理解奠基于同感之中，尽管他认为“同感”不是一个好的概念。而他自己更愿意用 einverstehen（同理解）来表达类似陈寅恪所说“了解之同感”的意思，即：我感受到你的感受，我体验到你的体验，我理解了你的理解；而且从这里并不能推导出：我认同和分有你的感受、体验和理解。后者是通常意义上的“同情”的意思：看到别人痛苦，我也被痛苦感染并因此而分担痛苦；看到别人快乐，我也被快乐感染并因此而分享快乐。但“同感”的情况与之不同，甚至有可能正好相反。例如我们现在听一个人的发言，可以完全理解他所说的东西，但不一定赞同他，甚至可能不赞同他。再如，看见小孩在井边开心地玩耍，在我心中升起的“恻隐之心”并不完全是“同情”，即与孩子的同快乐，而更多是耿宁所说的“同感”的一种：“为他感”（Gefühl für andere），因为自己并没有被孩子的快乐所感染，而只是理解孩子的快乐，同时又更多地抱有对孩子落到井里的担忧和紧张。

我想，我与祥龙的交情，是这个意义上的“了解之同感”，是“知音”，也可以说是严格意义上的“知己”——知彼如己，但非严格意义上的“同志”——同一志向。就像孔子与孟子的志向并不完全相同，胡塞尔与海德格尔的志向并不完全相同一样。可以说，祥龙提出的每一个想法和主张，我都可以了解地同感，虽然不一定会附和地赞同。

总的说来，祥龙是一位“处士”，即古人所说的有德才却隐居不仕的人，或没有做过官的读书人；但他又不能算是“隐士”，因为他仍然在过问世事，做着处江湖之远仍忧其民的思考和主张，且在这方面投入甚多。可以将此视作祥龙个人性格之间的潜在矛盾冲突，但更可以视作他先后接纳的儒道佛思想在他内心中形成的某种张力。这种张力，在思想史上的诸多大儒那里都可以发现。追根究底，这就是儒家倡导的内圣外王之道，或者说，在内圣与外王之间的张力。依我的理解，在儒家主张的“格物、致知、诚意、正心、修身、齐家、治国、平天下”八目中，祥龙止步于第六目。也正因为此，他才不是“隐士”而是“处士”——儒生中的处士。

这里借用范仲淹《唐异诗序》结尾的文字来赞美祥龙的道德文章：

> 观乎处士之作也，孑然弗伦，洗然无尘。意必以淳，语必以真。乐则歌之，忧则怀之。无虚美，无苟怨。

以上是我在7月27日北大外哲所举办的祥龙追思会上发言的全文。在交代了上述思想背景之后现在可以接着说明：我与祥龙的思想分歧为何几乎贯穿在我与他的思想交往的始终。这里先以他极力倡导的儒家孝道伦理学为例。我与他在20世纪末或21世纪初就有过这方面的长谈。对我来说，这恰恰代表了祥龙指出的中国哲学的“构成本性”的一个典型例子。孝道与母爱不同，后者是先天存在的本能或本性，不需要人为地构成；而前者是后天培育起来的习惯或习性。因此，孝道是构成的，这是儒家礼学的一个重要向度，这一向度在孟子那里也可以发现，例如他说的“不孝有三”或“五不孝”等等。但在孟子那里，最重要的主张在于心学意义上的“孝悌之心”或“孝子之心”。可以将它视作孟子“四端说”中“恭敬之心”或“辞让之心”的一种形式，即礼之端。按照儒家的传统解释，“四端”还不是“四德”，但构成“四德”的发端。换一个角度来看还可以说，“四端”是“四德”的先天基础，“四德”是“四端”的后天构成。这也就是我前面所说的礼学与心学、文化与自然、习性与本性的儒学两端。后儒倡导的先天之学和后天之学，实际上是对孔子和孟子那里各自偏重的一端的展开与落实。

我在这里并不想再作一篇论述先天后天之说的文章，而只是想说，这里概述的这个看似简单的结论，并不是我在与儒学相关的研究中从一开始就得出的，而是在与祥龙和耿宁等人的思想交流中经历了几次的纠正和充实。与祥龙的第一次深入讨论应当是在首都师范大学陈嘉映组织的一次研讨会的会上会下进行的。我当时认为，孝道属于家庭伦理意义上的社会伦理，会随时代、民族和文化的差异与变化而有不同和变化，不具有普遍有效性，无法应对相对主义的指责，而同情或母爱则是先天的，是人皆有之、不习而能的情感伦理学的第一原则，因而究竟将伦理学建立在孝的社会美德还是同情的自然美德基础上，乃是有本质区别的。而祥龙则针对我的主张提出质疑，他认为将一门伦理学的基础建立在人类进化过程中偶然形成并保留下来的某种生理机制上，这本身就已经表明了某种进化论相对主义的趋向。

相信那一次的讨论对我们二人都有触动。至少就我这方面而言，此后在有关这个问题的思考中我会一再地将自己置身于祥龙的质疑中。我后来在学习与思考的过程中逐渐修正了自己的观念，或者借用胡塞尔在《逻辑研究》第二版中的说法，“在此期间我已经学会发现”：所谓自然美德和社会美德并不一定意味着两种截然不同的道德类型，无论这种不同是指先天和后天的差异，还是本能和习得的差异，又或是自然与人为的差异，又或是禀赋与约定的差异，而是可以意味着在同一个道德类型中的两个基本因素。具体说来，我们不能简单说：同情心是先天的或本能的，忠孝之道是后天的；良心是自然的，正义是约定的，如此等等。因为一方面我们在同情心和羞恶心那里可以发现：它们都是不习而能的良能，即意识本能，而同情与羞恶所涉及的对象则是后天的习俗、文化、教育等社会环境的影响。易言之，同情、羞恶的能力是先天的禀赋，实际上是无法习得的，同情和羞恶所针对的人与事等则是由后天的文化、教育、社会环境的影响决定的。另一方面，例如我们在公正或正义的案例中可以发现，如果没有作为本能的正义感或是非心的支持，它会成为无法建造、即使建造了也无法落地的空中楼阁，更有可能会成为伪善的庇护所。最后，在孝悌之道那里可以发现，它同样也在某种程度上奠基于本能之中，例如奠基于“四端”中的恭敬之心中。我们完全可以从这个角度来重新审视一下人类目前共同拥有的所有道德范畴。

现在回想起来，我与祥龙就此问题的另一次对谈还是在马里翁的参与和见证下进行的。2017 年我促成了马里翁的访华，在他巡回演讲回到广州时，方向红、黄作便邀请我作为邀请方代表与马里翁作一次对谈。经验告诉我这种通过翻译进行的哲学交流难以成功，因而我一开始就拒绝了。但我最后还是做了一个有条件的让步，条件就是当时还在珠海执教的祥龙也参加对谈。而随后祥龙应邀欣然而至，于是有了在“心性与天性，天命与天道”这个标题下的一次所谓“中法现象学的新世代对话”。

这次对话与我预想的一样收效甚微。我们三人基本上是各说各的，也只能如此，远不如我与祥龙以往私下里的讨论交流那样每每可起到彼此触动的作用。但我在交谈中还是表达了我的一个基本想法：祥龙的孝敬现象学和马里翁的宗教现象学都可以纳入恭敬心现象学的区域本体论范畴。恭敬心是良知良能、本性的潜能，人人生而有之，而指向具体对象的（对象化了的）孝敬和虔敬则分别代表了从恭敬本能中生发出来的文化、历史、社会习得的向度。当时我并没有说，但现在觉得似乎可以借用牟宗三式的说法来表达：一心开二门。在我这里可以说是一本性（恭敬心）开出二习性（对神祇的虔敬之礼与对长辈的孝敬之礼）。可以看出，我并没有放弃心学的基本立场，坚持在道德本能和道德判断的二元中，前者构成后者的基础。但我承认道德生活需要有二元的依据，尽管这个二元常常会引起道德冲突，无论它们是在情感道德和理性道德（爱德华·封·哈特曼）的名义下，还是在自然美德与社会美德（休谟）的名义下，或是在个体道德与群体道德（尼布尔）的名义下，诸如此类。

这个观点的修正，从现象学的视角来看仍然是在道德意识现象学领域中进行的，也是在描述现象学的方法中进行的，修正则意味着一次从个体良知端向社会正义端的伸展和过渡。胡塞尔在早期受狄尔泰的影响而将描述现象学的方法运用在伦理领域。他始终在思考狄尔泰与约克伯爵提出的“理解历史性”的主张。这里的“历史性”，是指人的自身意识的历史或人的心灵生活史。而理解的手段在狄尔泰和胡塞尔看来都要通过以自身思义（Selbstbesinnung）方式进行的直观和描述。胡塞尔本人在与未竟之作《欧洲科学的危机与超越论的现象学》相关的1934年手稿中也曾流露出其伦理学观点方面的修正意向。他区分“第一历史性”和“第二历史性”，并主张用第二历史性来改造人的第一历史性。或者也可以说，第一历史性是“理解历史性”的问题，第二历史性是“创造历史性”的问题。而在伦理学角度，这意味着从描述伦理学立场向规范伦理学立场的挪移。而现象学的另一位重要代表海德格尔在其1936—1938年期间的手稿中所一再论述的“第一开端”和“另一开端”，也可以视作在这个对狄尔泰的理解历史性问题上的某种修正动机。

祥龙是否理解和接受了或是否可以理解和接受我的这个修正的观点，可惜现在已无从得知。在我因照顾家中老人之需离开中山大学转到浙江大学，而祥龙也结束在中大珠海分校的工作回京后，我曾几次尝试邀请祥龙到浙江大学讲学一段时间，可惜均因各种缘故，主要是他的身体原因而未果。最后的一次尝试是在去年11月邀请祥龙夫妇到浙大来访问一周，以期具体商讨日后可能的来杭长期执教计划。祥龙到达后的最初两天，我们还借浙江大学与中山大学两个哲学系的联谊活动之机去了天台和临海游览。一路奔波，未及与祥龙讨论学问。到旅行结束之晚，还在饭桌上便传来上海迪斯尼乐园突发疫情的消息，短时间内又有各地应对的反应措施接踵而至。到晚餐结束时，大家就已经作出决定：姑且作鸟兽散，各回各家。原本计划的祥龙在杭讲学于是又一次不了了之，未料这是最后的一次。

不过我相信祥龙或多或少地会理解和接受我的观点，但同样不会以放弃自己的立场为代价。我们之间的分歧并不是因为我们完全不认可或拒绝对方所持守的一端，而更多在于对各自持守的一端的权重衡量上的差异，也可以说是对两种立场的奠基秩序的理解不同。而我们的讨论交流至少相互表明和澄清了各自立场，并以此拉近了相互的距离。我虽还未细读过祥龙的刚出版的《儒家哲学史讲演录》第四卷《儒家心学及其意识依据》，但相信祥龙在这方面至少已经有了若干关注和思考心得。

在这次与马里翁的对谈中，我还有一个附带的收获：我发现马里翁在饱满的虔敬情怀之外也抱有不弱的怀疑和批评精神。撇开他对胡塞尔的执守和出离不论，他对梅洛－庞蒂的直言不讳让我吃惊：他认为梅洛－庞蒂的原创性不够，因为梅洛－庞蒂没有像列维纳斯、德里达那样创造出打上了自己烙印的概念——对此我并不相信；他还认为梅洛－庞蒂的许多重要建树都依仗了当时自己率先在比利时鲁汶大学胡塞尔文库阅读和研究的胡塞尔未刊手稿——对此我将信将疑。不过，在这里之所以会提到马里翁，主要是因为我在这里联想到当时作为对谈成员之一的祥龙。与马里翁相比，祥龙在信念以及对信念抱有的真诚方面要远超马里翁，但在怀疑与批判精神方面则偏弱一些。可以这样说，祥龙在哲学史研究和思考中所处的心态语境似乎更多是偏向笃信而非存疑。这也被我用来解释他的思想风格中的神秘主义偏好。

关于祥龙对神秘主义的兴趣，我此前略有所知，但并未专门关注。偶尔见到他参与编辑和翻译的一些现代和古代的神秘主义论丛，以为那是他的某种思想爱好，类似像罗素也会在“神秘主义与逻辑”的关系中讨论两种不同的思维方式。直到 2017 年参加成都华德福学校组织的一次会议，会上会下与祥龙的相聚和讨论让我对祥龙的神秘主义倾向产生更深的印象，而且还在此印象上得出了上面已经提到的一个判断，即祥龙思想或意识中的信念因子要强于怀疑因子。

我们在此次会议的会上会下讨论了施坦纳、施泰因和胡塞尔各自思想中包含的神秘论因素。我的会议发言内容与胡塞尔和普凡德尔的女学生格尔达·瓦尔特有关，她曾担任首任弗赖堡现象学学会的召集人，在胡塞尔、海德格尔、施泰因等人都参加的学会成立会议上作了讨论和批评“胡塞尔的自我问题”的报告；后来于 1923 年在胡塞尔主编的《哲学与现象学研究年刊》第六辑上发表了她在慕尼黑大学普凡德尔指导下通过的博士论文《论社会共同体的本体论》；同年她也在尼迈耶出版了《神秘体验的现象学》，而且最后她也发展成为超心理学（Parapsychologie）的代表人物。因而她的思想历程可以说是一个从心理现象学到神秘体验现象学再到超心理学的发展过程。这个过程究竟应当被评价为上升还是下降，这就要看评价者对待神秘论的态度如何。而这成为在我与祥龙讨论中出现的一个分歧点。

格尔达的神秘体验现象学或神秘论思想主要受到人智学创始人鲁道夫·施坦纳的影响。她使用的“精神直觉”（geistige Intuition）的概念与方法主要来自施坦纳，而施坦纳在发现和倡导“精神直观”（geistige Anschauung）的过程中与舍勒的相关思考有相互影响，就像舍勒在初见胡塞尔时，两人在“本质直观”问题上心心相印一样。因此我有理由认为，这个“精神直观”是联结胡塞尔、舍勒、施坦纳、格尔达的一条思想线索，也可以说是联结现象学、人类学、人智学、神秘体验现象学的一条思想线索。

当然，理清这条概念史的发展线索固然有其意义，但随之而带出的方法论问题才成为逐步逼近的问题之要害：精神直觉与本质直观之间的界限究竟在哪里？胡塞尔的加拿大学生贝尔便曾提出过这方面的问题：“一旦将智性直觉用于‘含有实事的’（sachhaltig）问题，那么为什么任何一个唯灵论者和耽于幻想的人就不可以随意引述一个‘直觉’的明见性呢？”胡塞尔的这位哥廷根学生贝尔好像预见到了胡塞尔后来的学生格尔达在弗赖堡的出现以及她带来的问题。

如果说精神直觉和本质直观的共同点在于它们都指向超感性的、超经验的或超自然的事物并且声张它们的实在性，那么它们之间的差异又在哪里？或者说，神秘事物与本质之物的区别在哪里？我们可以从胡塞尔致格尔达的一封回信中找到区分这两者的大致标准，即意向性与公共性：本质直观是指向具体的观念对象的，能够明见地拥有自己的对象，而且是这种拥有不是个体的，观念对象是可以为人们所共识的。不言而喻，这里的问题并不是通过这两个原则标准的提出就可以得到总体解决的，为此还需要对“含有实事的”大量个别案例进行具体的分析鉴别。但由此至少可以理解，胡塞尔对格尔达的《神秘体验的现象学》虽然抱以相对宽容的态度，但本底里并不认同。格尔达在自传中回忆说：“即便是我如此尊敬的埃德蒙德·胡塞尔，也并不将这些事情视作例如对实在性的叙述，而是至多视作‘观念的可能性’。胡塞尔认为，这里唯一真实的是神秘论者的体验活动，是他们的爱的炽热，但不是他们的‘客体’。而另一位非常著名的哲学家则对我提出异议说：圣女特蕾莎‘只不过是歇斯底里而已’……”

格尔达在这里所说的“另一位非常著名的哲学家”，根据我的考证无疑是指海德格尔。从现有的资料来看，他对这位女学生或女同学抱有极度的不满和怨气，而这在很大程度上与格尔达的神秘论倾向有关。海德格尔认为这已经不是哲学，而格尔达最终也在书信中向他宣告自己会“带着喜悦放弃哲学”。

事实上，尽管海德格尔本人以各种方式讨论“无对象之思”或“前意向之思”，也讨论现象学意义上的“非显现之物”或“不可显现者”，但他原则上拒斥格尔达式的“神秘主义”（Mystizismus）或“隐匿主义”（Okkultismus），在这点上，海德格尔甚至在私下里批评胡塞尔对格尔达的宽容或纵容。在这个问题上可以看出，胡塞尔还在一定程度上承认神秘体验作为只有意向活动（noesis）而无意向相关项（noema）的意识行为的真实性——这也是佛教中无分别智的特点，但海德格尔则根本不承认这类体验属于正常的心理活动。

但我在与祥龙的这次交流中发现他这次没有跟随海德格尔，而是仍然持守对各种类型的神秘主义与隐匿主义的某种偏好。在格尔达那里出现的超感性、超自然的知识或智慧、神智学与人智学的观点、各种类型的心灵感应（Telepathie），例如与他人、死者、上帝的心灵感应，瑜伽体验、慧眼现象（Hellsehen）、鬼魂现象（Spukphänomen）等等，直至“灵媒天赋”的说法，对于祥龙来说都是极具吸引力的积极概念，而是实际上也曾是他编译的神秘论文献中出现过的话题。它们的范围已经超出了通常的宗教经验，扩展到了与作为个人经验的高级形式的信念一般的领域。也正因为此，我要回到前面提到的一个印象上来，即祥龙的本底思想或原本意识中的信念因子要强于怀疑因子。我在后面还会为论证这个印象提供更多的案例分析。这里只需说，这个回溯得来的印象与贯穿在我与祥龙的思想交往始终的基本经验是相符的，它们多少表明了一点：即使在他的两个或两个以上信念之间发生冲突时，祥龙也宁可持守和维护自己的基本信念，而不愿提出对其他与此相悖的信念的怀疑，也不愿在两种矛盾的信念之间做出取舍的抉择。

无论如何，在这点上我与祥龙的性情或秉好的差异是比较大的。这种差异很难用分析描述的方式来阐释，但用文学艺术的比喻可以说，它有点像是宫崎骏电影与哈利波特电影之间的差异。祥龙偏好后者，我偏好前者。不过这个说法已经不够严谨了，因为在看哈利波特并写下与孝道相关的电影评论之前，他还没有看过宫崎骏的电影，所以难言偏好。而我之前曾看过哈利波特的片段，而之所以说“片段”，是因为我从一开始就没有将第一集看完。我并不是厌恶它，而只能说无法被它吸引；相反，宫崎骏的电影我每部都能从头看到尾。在北大召开的一次会议上，我在听完祥龙的报告后与他聊到我的这个感觉。他十分好奇宫崎骏对我的吸引力，因此后来去广州时还特意带了硬盘，让我为他拷贝了我收藏的所有宫崎骏的高清动画片。

我不知道祥龙的观感如何，他此后也未对我说起过。好像间接通过他的学生，可能是朱刚，听说他看了之后也很喜欢宫崎骏。而我这方面，依稀记得祥龙好像还喜欢《指环王》，那时我没有在意，因为还没有看过，但后来看了，也觉得很好，甚至也捎带着看了《霍比特人》。这可能算是我们之间的相互影响的一个结果吧。

写到这里，我突然发现，在祥龙思想中的几个基本要素之间的联系十分复杂，也十分有趣：天道、人伦、神秘、中国文化、知识、孔子、老庄、龙树、胡塞尔、海德格尔、舍勒、列维纳斯……这个关系显然不是一条可以推演的单线发展逻辑脉络，而是由几颗星星构成的并在变化和运动中相互作用和反作用的星座。

与祥龙的另一次思想交流或冲突涉及他提出的儒家文化保护区的想法。我是在认识他之后才渐渐了解到，祥龙留学美国的目的实际上主要不是为了学习西方哲学，或者说，留学美国只是他的手段，他的真正目的是通过西方哲学来获得引发中国哲学真实思想生机的方法与途径。他骨子里是一个中国思想家，而且首先是虔信的道家，后来也是一定程度的佛家，但他的责任感使他最后成为了儒家。这个思想发展路程与王阳明相比有相似之处，也许因此祥龙对儒家心学也始终念兹在兹。而正是祥龙的这种责任感，促使他提出儒家文化保护区的主张与倡议。我曾在一次会议期间与祥龙就此长谈过一次，应当是 1998 年岁末在海南召开的现象学年会的会上会下。后来我在随笔《一个人的海滩》中还写下这样一段文字："记得是在读《牛虻》的时候曾读到：倘若一个人能够独自面对自然而长久不厌，必定可以得知他拥有一个充实的内心世界。猜测来开会的文人学者中，设想在附近村落中找间房子住下、面对大海来测探自己内心世界之丰富程度的人绝不只我一个（这里首先想到的是张祥龙兄）。当然我也知道这只是一时兴发的感叹而已，没有必要大做文章，末了我还是会默默地回到我的蜗居，融入日常生活的汇流之中，无论我现在做何思想。"

还在与祥龙认识之初，我就可以清晰地感受到在他身上始终保留着的某种意义的文学青年的气质，而且更难能可贵的是他始终还以自己的方式尽可能地坚持知行合一。我自觉与祥龙意气相投，是因为自己也始终还有这方面的倾向。但与他相比，我具有的现实感显然要更多些。例如对于他的儒家文化保护区设想，我当时的总体看法就是不现实，也无必要。不现实，是因为儒家文化即使在当时改革开放盛行时也未衰弱到需要保护的程度；无必要，是因为若一种文化真的衰落到了需要保护的程度，它也就没有被保护的必要了——这听起来像是一个悖论，但我认为是真实不虚的。我曾向祥龙举例说明文化的生命力不是通过人为的保护来维系或激发的。捷克民族的文字语言文化发展至今已经通过昆德拉等一批文人学者的努力而得到世界范围的认可，但此前的第一部捷克历史《波西米亚史》（1836）还是用德文写成的，捷克语那时还不能成为书面语言。而德国文化本身的发展史更是一个例证，虽然已经有了路德的《圣经》德语翻译和对德语的规整在前，德语到拿破仑时代在欧洲仍不能登大雅之堂，这个局面到康德、黑格尔、歌德、席勒之后便根本改观。在此之后，说德语粗鄙的人只会反证自己的粗鄙。叔本华、尼采虽然对德语乃至整个德国文化和民族还偶有微词，但他们却恰恰通过自己的德语写作而为德语注入了勃勃的生机与活力。由此看来，文化的命运并不需要依仗外在的“保护神”，而更多是掌握在内心“创造神”的手中。

不过反过来想，我与祥龙在这个问题上的讨论最终还是在一定程度上再次导致了各自想法的改变，或至少是将各自想法拉近了。就我这方面而言，我本人最终认为，类似于祥龙的理想和动机之来源的阿米什人（Amish people）村落的文化保护区，有总比没有好。我不知如今在国家层面推行的“国家级文化生态保护区”是否受到过祥龙设想的启发和影响，但这个计划至少也是有益于包括儒家在内的多元文化的保护与发展的。

最后还要提到的是在我与祥龙之间可能最大的、至少延续时间最长的分歧，这就是我们对待海德格尔的态度差异。还记得他在许多年前就曾对我抱怨过：“梁康，我与你交往这么多年。每次见面你都会不冷不热地挖苦、讽刺海德格尔几句。”这也引起我对自己心态的一再反思。尽管我们曾认真地讨论过几次，也未能消除他为此对我抱有的一定的怨气。在最后这次天台行的回程路上，我与他此生的最后一次对话也与此有关。那时我在车上与坐在身边的同行者聊天，不知怎么就谈到研究海德格尔的学者中，我知道有两三位都以自杀的方式辞世。坐在前一排一直沉默不语的祥龙好像突然醒来，孩子赌气般地插入一个问句："难道研究胡塞尔的就没有自杀的吗？"我只能用一句"真的没有"来回复。我随后也举出例子来说明哲学界自杀身亡的学者也包括研究王阳明的和研究荀子的等等，说明在研究者和研究对象之间形成的或紧张或平和的对应关系往往不是实质性的。祥龙未再言语。但实际上，我在祥龙这里经历的这种插入质疑已经不是第一次，至少前面有一次是在成都会后讨论所谓社会主义核心价值观的问题时。它们都包含了一定程度的误解，但说到底并非无缘无故的误解。误解可以通过进一步的解释而得到化解，但这个误解背后的"缘故"则不一定也会随之消逝。

的确，我对海德格尔的不满和批评的历史应当比我与祥龙交往的历史还要长。最初在 1994 年发表于《读书》上的文章《一时与永恒——海德格尔事件感悟》中，我便借对当时的法里亚斯的畅销书《海德格尔与纳粹》的评论表达了我对海德格尔的看法。那时我并没有把握像雅斯贝尔斯和哈贝马斯那样确定，在海德格尔的政治感觉和实践与他的哲学思想之间存在着内在的联系。我对他的批评主要涉及他对其老师胡塞尔的态度以及由此表现出的晦暗人格。此后我对海德格尔的批评断断续续，直至 2016 年，我在撰写胡塞尔思想传记期间，为了纪念海德格尔去世四十周年而将胡塞尔哲学生命中最重要的一段思想关系，即他与海德格尔的私人关系和思想联系，提前完成，以《胡塞尔与海德格尔——弗莱堡的相遇与背离》为题从胡塞尔思想传记中取出，另册出版，以此而作为"以某种方式对此长期萦绕在心头的关系思考的一个总结或清算"。

之所以说"总结或清算"，是因为在我的学术道路上，海德格尔是我最早接触和喜欢的哲学家，硕士阶段也曾动心以他为题写论文。但结识耿宁后，我便打消了研究“后胡塞尔现象学”的想法，直接开始专攻胡塞尔本人的现象学，对其他的后胡塞尔哲学家的研究陆续退居二三线。但后来在弗赖堡完成学业回国后出版的第一部专著是《现象学及其效应——胡塞尔与当代德国哲学》。在这部书里，除了胡塞尔研究之外，关于他的思想效应的研究也占据了大半篇幅，而海德格尔构成其中的首要部分。该书于 1994 年出版并收录在三联书店的“三联・哈佛燕京学术丛书”中。出版后我才在书的封底上读到出版社此前请叶秀山先生提供的审核意见或推荐意见。当时和现在都让我感到不解的是，他提出的一个主要推荐意见与海德格尔有关：“本书亦从现象学总体来研究海德格尔，对我国学界有很好的参考作用，对国内有些学者用‘东方圣人’的模式来理解海德格尔，实际上可以起到纠偏作用。”我不知叶先生所说“有些学者”指的是谁，现在我可能会联想到祥龙，因为他两年后也在这个丛书中出版了他的博士论文《海德格尔思想与中国天道——终级视域的开启与交融》。不过当时叶先生应当还没有读过祥龙的稿本，很有可能只是对当时国内的海德格尔研究的一般状况有感而发而已。

但在我这里可以确定的是，之所以联想到祥龙是因为我感觉到，如前所述，他的海德格尔研究——当然也包括他的儒、道、佛的研究——包含了很强的信念因素，而且这个信念与地缘文化的信念是相互关联的。祥龙所说的终极视域，主要是指东方文化中儒、道、佛开启的视域。海德格尔之所以也处在这个视域中，主要是因为他在西方哲学家中属于对东亚思想持有明显开放和积极态度的一位。但海德格尔主要关注的是道家和禅宗，并未特别留意儒家和佛家的其他各宗。他对老庄的兴趣与在弗赖堡学习神学的萧师毅有关，并因此也曾引发学界的广泛讨论；而海德格尔对禅宗的兴趣则与 20 世纪 20 年代至 50 年代在欧洲出版了多部禅宗著作并产生重大影响的铃木大拙有关。祥龙在他的博士论文中讨论东方思想的部分涉及佛、儒、道三家，而在论及海德格尔与中国思想的视域交融部分则主要围绕老庄进行。

祥龙在这个时期或在此之后的哲学研究应当在不小的程度上受到曹街京的影响。后者是祥龙的指导老师之一，韩裔美国人，时任布法罗大学东西方比较哲学教授，今年 1 月 25 日去世，享年 95 岁。我此前记得与曹街京教授是于 2000 年在胡塞尔家乡奥洛穆茨举办的纪念《逻辑研究》发表一百周年国际会议上认识的，但根据手中存有的他赠送的他的代表作《意识与自然——现象学的东西方论文集》则可以推测，我与他的相识显然更早，至迟是于 1997 年香港现象学学会举办的首届香港现象学国际会议上，因为他在该书上写下的漂亮中文“倪梁康学友惠存”后面的落款是“一九九七年七月，著者曹街京”。

记不得是在此之前还是之后，祥龙曾向我转述过曹街京对他所说：日本学者十分强调海德格尔所受的禅宗影响，让世人感觉海德格尔与东亚思想的联系主要借助于日本禅宗；但实际上海德格尔更多关注的也更为熟悉的是老庄，因此中国学者负有将海德格尔的这一面展示给世人的重要责任。祥龙在他自己的文字中也可以找到相应的说法：“与这个问题有关的是海德格尔与日本学者及日本思想（特别是日本禅宗）的关系。力图否认萧师毅讲话的人往往还怀有另一个动机，即淡化海德格尔与中国天道的特殊关系，最后达到突出他与日本禅宗思想及日本学者的关系目的。”

不过，曹街京在 2001 年于北大讲学期间曾在祥龙做翻译的报告中，一方面客观地说明海德格尔后人或家族（即所谓“海德格尔黑手党”）在掩饰和篡改海德格尔所受的东方思想的影响，另一方面也中立地告诫中国学生不要因为海德格尔喜欢中国才喜欢海德格尔。说到底，曹街京本人在他指出的这个中日学者的竞争关系中基本上站在中国的立场上，并且在他的东西方哲学研究中也偏重于老庄思想。我了解他对海德格尔政治立场的态度位于他的两个老师之间：洛维特和伽达默尔。或者也可以说，曹街京的态度与他的好友珀格勒基本一致。

可以发现在祥龙与他的老师曹街京的海德格尔理解之间存在的差异，这个差异在祥龙那里后来表现为一种在儒家的伦理学人道主义与道家的形而上学本体主义之间的张力。而这个张力在曹街京和海德格尔那里并不存在。尤其是在海德格尔那里，他在理论上和实践上都无意成为也无法成为一个儒者：理论上他甚至会反对各种形式的人本主义，而实践中他与儒家的伦常要求更是相距甚远。因此，在与海德格尔相关的语境中，祥龙的中国天道的说法只能专指道家之天道，难以扩展到儒家的人伦之道。从海德格尔的存在论中找不到可以连接人类学、人格论、伦理学、价值论的坚实桥梁。我自己觉得，祥龙在他后来倡导的家与孝的伦理学中已经无法从海德格尔那里获得理论方面和实践方面的支持；甚至可以说，祥龙后期在知行方面与海德格尔恰恰是相对立的。

这就是我前面提到的祥龙的另一个思想案例。我在前面已经指出，海德格尔在对待格尔达及其思想的案例上，以及在对待胡塞尔及其思想的案例上，都展示出与祥龙持守的本底信念以及价值观和伦理学立场并不相应，甚至背道而驰的想法与个性。

在其他人那里，海德格尔的这些个性与品行的问题常常会被忽略不计或遭遇缄默不语，尤其是在海德格尔追随者那里，通常的理由是瑕不掩瑜，小迷误无碍大思想，即海德格尔自己所说的：“运伟大之思者，必持伟大之迷误。”但这原则上只能针对海德格尔的政治感觉和政治实践而言。而我对此并不在意，我关注的是海德格尔个性与品行上的问题。

而让我百思不得其解，或者甚至可以说，让我唯一无法同感地理解的是，在最强调和执守知性合一的祥龙这里，为什么海德格尔就可以成为例外，就有权得到特赦？为什么知行合一的要求在海德格尔这里就不应或无法得到贯彻？这实际上也是我最想问而最终还没来得及问的问题：如果你最终发现海德格尔不孝、不敬、不忠、不诚、不仁、不义，你会怎么办？

当然，海德格尔的Fall（可以译作“案例”或“堕落”）还不至于如此不堪。我只是想将提问升至极端，以达到逼问或拷问的效果。在提出以上这些问题时，我几乎已经完全沉浸在与祥龙的直接对话的想象中。祥龙在给我的最后一封可以说是诀别信中已经写道：“草草收笔，一切只能隐于不言之中。……我患病以来，对现象学与佛学的内在关联有更深体会，只是多半没有机会，甚至没有必要以通常方式‘说出来’了。”而我在给他最后一封回信中仍不甘心且期待奇迹：“我很想等你痊愈之后找机会与你长谈一次。不仅要喝茶谈学问，也要煮酒论英雄。”

以上的回忆与想象中的对话与提问，权当是以通常方式再说一次的努力吧！

一路回想下来，在我与祥龙的二十多年交往中，似乎分歧和论辩占据了大部分。但实际上，在这个对似水年华的追忆中还是有统领性的东西显露出来：我在我们之间的思想联系中发现了与雅斯贝尔斯与他的海德堡哲学教席的前任、也是他的内弟恩斯特·迈耶的关系十分相似的东西：他们两人在许多问题上的各执一端。早年在学生时期对李凯尔特及其著作的评价方面，两人便曾发生过激烈的冲突；而后来在雅斯贝尔斯成为哲学教授之后，围绕着如何解释尼采，他俩之间展开了几乎导致他们友谊破裂的争论。与此相比，我与祥龙的分歧已经算是一种非常温和的版本了。但上述分歧与冲突并未妨碍雅斯贝尔斯在谈及与他的内弟恩斯特·迈耶关系时谈到一种“令人难忘的认同”或“绝无仅有的认同”。我也可以用这句话来表达我对祥龙的思念。如果像雅斯贝尔斯的学生和传记作者汉斯·萨尼尔所说的那样，“也许雅斯贝尔斯一生中只找到一个与他合拍的思想家：恩斯特·迈耶”，那么我也可以说，祥龙也许是我一生中找到的唯一合拍的同道，或者至少可以说，在哲学自身本质中的朋友。而且，即使有如上所述的种种分歧，在其他许多哲学问题上，例如在谈及孔子的“仁”及其“相对主义”问题时，在讨论对佛教唯识宗的阿赖耶识的理解时，在谈及各种类型的普遍主义问题时，以及如此等等，可能因为不涉及或较少涉及信念问题，我与祥龙之间虽有几次公开的论辩，但说到底并无原则性的分歧；或者更严格地说，不是完全没有分歧，而是没有不可消解的分歧。

祥龙在他给我的最后的诀别信中写道：“虽然从主 / 客体化角度，我们可能会较快地永别，但我相信并知道，‘先验的’（超越论的）主体性不限于主体，而是通向一个更完整、丰富和美好的存在方式的渠道。追究到底，这渠道就是天道（或超觉的意识流），所以我们还会再相见。这里相比于那里，是残缺和局促的。”

这立即让我想到普罗提诺！而自从读了普罗提诺，我就始终愿意希望和相信：挣脱了肉体的心灵是完美无缺和自由自在的。因而在我此刻对祥龙的忆念中，不甘与无奈共在，伤感与慰藉并存！

唯愿祥龙在天之灵安息！

2022 年 7 月 27 日

问题与思考

以哲学为业

引　论

系里分管本科教学的领导朱刚老师希望我来给新生在入学时讲一些事关其所学专业的一般问题。我已经推辞过几次，因为外在的境况和内在的氛围都无法让我打起精神来做这样的讲话。我总觉得，如今不是一个哲学的时代，真正有志于哲学的人少之又少，因此在这些事情上多说无益。

不过后来我发现，在人类历史上似乎从来就没有过哲学的时代。还在康德那个时代，他在其《纯粹理性批判》序言中便已抱怨说：

> 形而上学固然曾有过被尊崇为一切科学之女王的时代；而如果人们具有行动的意志，那么她仍会因其对象的杰出重要性而无愧于这个荣誉称号。今日时代的时尚音调所带来的是对她表明的种种蔑视；这位尊贵的老妇

> 遭到驱逐和遗弃，她像赫卡柏[1]一样哀叹：昔我为人中之最有权力者，因有无数之子婿儿女而占支配者之地位，而今则为流离颠沛之身矣。

如果通常理解的哲学时代在康德看来就是哲学作为一切科学之女王的时代，那么那个时代在整个人类历史上本来就是占地很小、占时很短的一个段落，而且自古希腊之后就再也没有出现过。纵然是在那个时代，泰勒斯也遭婢女嘲笑，苏格拉底也被雅典人处死，柏拉图也在西西里被当作奴隶拍卖。也就是说，即便是在哲学的时代，哲学家的处境也不比赫卡柏或李尔王[2]更好。再退一步说，即使日后还会有这样的时代，也未必是好事。哲学最好还是不要成为群众运动。

因此，哲学从来就未曾流行过，它注定不是大众的事业。以哲学为业者，要甘于寂寞。用尼采的充满诗意的话来说："智慧就意味着孤独地沉思。"而用哈贝马斯的话来说："哲学家与外在事件联系不多，而外在事件更多见于大众传媒。"我常常自嘲："要好好写，小心出名。"

十多年前我曾做过一个统计：当时我们国家每年招收的哲学专业的人数是占全部入学人数的 0.2%，每 500 人中有一人以哲学为业，姑且不论这一个人是否会将哲学当作他的第一志愿。今年（2019）的情况估计也与此相差无几。我还不知道在这 0.2% 的人里学成后有多少是以哲学为职业的。更早的时候，我在南京与德国哲学家希波姆谈到这个问题。他告诉我，在德国，最初的哲学

1　赫卡柏（Hecuba），希腊神话中的人物，特洛伊王后，特洛伊国王普里阿摩斯的妻子，与他生有 19 个子女，其中包括勇士赫克托。

2　李尔王，莎士比亚悲剧中的人物，年迈退位后被大女儿和二女儿赶到荒郊野外。

生与后来的哲学家（哲学教授）之比是 100 ∶ 1。哲学作为职业是十分稀有的。假如来一次全民公投，选出最应当被淘汰的职业的话，那么结果有可能是税务员或警察，或者是各类管理员，例如城市管理员、物业管理员、博物馆管理员、图书馆管理员等等，但不会是哲学家，因为他们的人数太少了，根本无法引起人们的注意，人们在投票时根本想不到他们。

但前不久在微信中读到一则消息说，在今年的 30 多位所谓“高考状元”中，有 3 人选择了哲学为自己的专业，比例占了 10%，同时没有任何一个状元选择医学为业，而与此相反，香港的“高考状元”则全部选择了医学，诸如此类。不知此消息是否可信。但即使如此，太聪明的人可能也不太容易学好哲学。我的终身老师耿宁曾说，哲学只能慢慢地思考；聪明人思考得太快，就不适合做哲学。我的博士生导师让克也告诫我，写作时要悠着点，切忌让思想一滑而过。在我熟悉的现象学家中，胡塞尔是在追逐思想，海德格尔是在等待思想的来临，唯有舍勒是被思想驱赶着，应接不暇，因此他后来也被人视作“精神的挥霍者”。

不知不觉地，我已经在“以哲学为业”的标题下开始谈论我所理解的哲学专业了。接下来我就继续谈下去。之所以接受这次的报告的任务，是因为受到了马克斯·韦伯在一百年前所作的一个报告的触动。我的这个报告在很大程度上是与韦伯的那个报告相衔接的。

马克斯·韦伯的“以学为业”或“学之为业”

1919 年 11 月 7 日，德国社会学家和经济学家马克斯·韦伯在慕尼黑的施泰尼克书店的艺术厅里，在巴伐利亚的自由学生联盟组织的“以精神工作为业”演讲系列中作了一个报告，题目是

“以科学为业”（Wissenschaft als Beruf）。实际上这是一个命题作文，而且他在大学生们面前所作的这个讲话，至今已经发生了将近一百年，尽管如此，这个报告现在读来仍然真切、恳切、亲切。这是一篇文章或报告的所能达到的近乎理想的境界。

韦伯报告的标题很容易就译成了英文：Science as a Vocation；但要将它译成中文却不容易。他所说的“业”，德文是Beruf，主要是指“职业”。但它的基本含义来自动词berufen，即“召唤”。因此，在转变了的意义上，它有“天命之职”，即“天职”的意思，也被中文译者虽勉强但合理地译作“志业”。

韦伯所说的“学”，德文是Wissenschaft，通常被译作“科学”，源自希腊文 ἐπιστήμη，与意见或信念相对立，是知识之总和的意思，中文也可译作“学术”。“科学”是日本学者西周（1829—1897）于1874年生造的一个词。如今它大都是指近代以来以观察、实验的实证方法为主的自然科学。但韦伯在这里的确是在说“科学”，只是并非如今通常所理解的自然科学，而是他心目中的精神科学、人文科学，恰好应和了“以精神工作为业”的演讲系列的题目。

我在这里所说的“以哲学为业”的标题中，“哲学”一词也是西周创造的，它的含义我在后面会讨论。而“业”一词，除了“专业”之外，还有“职业”“志业”“业绩”的意思，而且可以包含佛教哲学概念的意义，即梵语音译为“羯磨”（Karma）、意译为“造作”的东西：行为、行动、作用及其结果，即有所作为的“作为”，以及它们的结果——“所作所为”。

这是用中文的单字词来翻译外文的语词概念的特点：含义模糊、边界不明，因而内涵丰富，不会割舍原义；弱点当然是会无可避免地、有意无意地掺入原先没有的含义。——不过这里还是要说明一点：“作为”和“所作所为”的含义虽然没有包含在德文词 Beruf 的含义中，但明确地包含在韦伯的报告内容中。

韦伯在他的报告开篇就提出一个问题：“我想坚持一下我们这些国民经济学家具有的某种学究气，即我们总是以外部的状况为出发点，而在这里是以这样一个问题为出发点：科学作为在物质词义上的职业，究竟是怎样的一种形态？而今天实际上这就意味着这样一个根本性的问题：一个完成中学学业的大学生决定在学术生涯内在职业上献身于科学，他的情况究竟是怎样的？”

我虽然不是经济学家和社会学家，但也准备如此办理。因为我在后面会提到，哲学是一种后思，即反思，因而更需要先说哲学的外部环境，而后再回返自身，来讨论我们所处的哲学的内部环境。这里的问题是：“若以哲学为业，即在物质和精神双重意义上的职业，我们所面临的将会是何种局面？”

哲学的外部环境

如前所述，眼下不是一个哲学的时代，这是由来已久的，不言而喻的；但眼下也不是一个人文科学（或者不如说“人文学”）的时代，即不是一个狄尔泰意义上的“精神科学”的时代，这却是一个十分严峻而且令人担忧的局面。我们或许可以说，如今是一个“社会科学”的时代。但今天的社会科学全然有别于我们通常所说的人文科学和精神科学，这里的差异主要在于，社会科学是以自然科学的方式，即以研究自然的方式来研究人文精神的，而人文科学则不应当是，即人文科学不应当用自然科学的方法来研究人文现象和精神现象。自然科学所要把握的规律主要是因果律；而只要人文科学还是一种“科学”，就也必须要把握规律，但这个规律主要是动机律。休谟说，因果律归根到底只是动机律（如太阳晒，石头热）；康德说，人为自然界立法。他们所要表达的意思都在于：人文科学的研究原则上构成自然科学研究的基础。

爱因斯坦或许还相信这一点，他对休谟、康德思考过的东西曾做过认真的思考。而今天的自然科学家几乎不会去考虑人文科学家、精神科学家的看法，例如霍金便认为：哲学家的时代已经过去，决定未来的是科学家。他们已经无需再去顾忌哲学家的思考。

你们可以注意到，“科学家”这个词，今天甚至更早就已经专属于自然科学家了。社会科学家实际上不再被视作科学家，遑论人文学者和精神科学家。狄尔泰提出的“精神科学”在完成了与自然科学的“短命配对”（普莱斯纳语）之后，如今也已成为历史，被归入辞典。当社会科学家被称作“科学家”时，在“科学家”前面还需要特别加上限定词，如“社会科学家”，或者他们干脆被称作“政治学家”“经济学家”“法学家”“管理学家”“考古学家”“历史学家”等等。而当人们仅仅说“科学家”时，心里想的肯定不是他们。

在哲学家中还有一些被称作“科学哲学家”的人，但今天的科学哲学家对于科学家来说，犹如文学艺术批评家对于文学艺术家，甚至更糟糕。他们对自然科学家的理论做出解释、评论和批评，但他们自己不提出理论与定律，这与文学艺术批评家与文学艺术家的关系相似：文学艺术的批评家通常自己不写文学作品；而自然科学家们根本不在乎科学哲学家们的意见，这与文学艺术批评家与文学艺术家的关系又完全不同：文学艺术家们十分在意文学艺术批评家的评价，无论出于何种考虑。而在 20 世纪上半叶，例如在希尔伯特、爱因斯坦、奥本海默、哥德尔的时代，自然科学家与科学哲学家之间的关系还并非如此，他们之中的许多人甚至是二者合一的。

尽管霍金不是科学家兼科学哲学家，但他的话还是有一定道理的：意识、无意识、认识、思维、判断、推理、情感、伦理、道德、存在、物质、生成、时间、空间、生命、死亡，所有这些传统的哲学问题最终都可以通过自然科学的方式来处理、解决和完成，或是通过心理学，或是通过神经科学、脑科学、数学、计算机科学、医学科学、电子科学、物理学、天文学、生理学、生物学、生物化学和有机化学等等，而且可以通过各种自然科学的合力；倘若基因研究还没有解决死亡问题，那么用电子人脑来置换自然人脑、用电子器官来置换人体器官，也能够让人达到永生。所以霍金可以预言，2050 年人可以达到永生。自然科学家的自信，从未像今天这样强大。纳米技术、人工智能、合成干细胞、基因工程、3D 打印、因互联网的全面普及而实现的即时信息传递，如此等等。哲学家在这些方面已经插不上话了，哪怕是科学哲学家。

哲学家或许可以考虑由科学技术发展而带来或造成的伦理问题，例如：一个没有死亡的世界将会遵循何种道德法则，如此等等。但这已经无关痛痒，无足轻重，就像我们今天讨论的克隆人、安乐死、变性人、同性恋等问题一样。

维特根斯坦在其《逻辑哲学论》的结尾处有一个著名说法，它通常被认为是思考哲学与科学的关系问题的：“我们感受到，即使所有可能的科学问题都得到了回答，我们的生活难题也还根本没有被触及呢。”然而什么是生活的难题呢？从接下来的命题中可以看出，维特根斯坦指的是生活意义的问题，即生活的意义何在的问题。科学家可以回答生命和生活的问题，但对生命和生活的意义问题的回答与说明，看起来应当是哲学家的使命。

于是，当哲学家在科学问题上插不上话时，他们似乎可以在生命与生活意义的问题上说些什么。科学家回答了生命如何产生的问题，哲学家现在要回答生命为何产生的问题，否则生命的意义问题就难以解释。但如此一来，留给哲学家的，实际上只是双重的形而上学的领域了：一方面是认知的形而上学，另一方面是道德的形而上学。

在前一个形而上学领域中，绝大部分的区域是属于宽泛意义上的"神学"的。可以说，最原初也是最通常意义上的"形而上学"（metaphysics）实际上不含有"学"（-logy）的意思，无论外文还是中文的都无"学"的含义，因为形而上学的特点是不指向对象，不提供规律。在外文中，它的意思是对物理学后面的东西的思考（"后物理学"）；在中文中，它的意思是在器（物体）上面的东西（"形而上者谓之道"）。

我曾应邀在中山大学参与组织过一次"中外优秀文化讲座生命系列——透析生命存在与心灵境界"。我为这个系列讲座写了如下的解说词：

> 人有生命，而生命是有意义的。——这本来不是问题，却可能成为问题。生命是什么？——这是生物学回答的问题。生命的意义是什么？——这是哲学，也是宗教试图回答的问题。
>
> 生命是宝贵的。没了生命，星球毫无意义可言，只是一片死寂。太阳从四十五万公里的地方放出热量，那又怎样？只不过是浪费天然资源罢了。太阳会思考吗？有认识吗？没有，但你有。——这是卓别林在《舞台生涯》中对企图自杀的泰莉所说。它是一个哲学式的回答，但说到底还是一个文学的、浪漫的回答。

> 可是，如果生命仅仅被理解为地球上的生物组织世界，那么它就是有限的，因为它被自然法则设定了一个终结。地球上的生命，连同所有产生于它的事业，在宇宙史中几乎维续不到一秒钟。这样的话，我们促进生命的行动会有多大意义呢？——这是现象学家舍勒的一个宗教式的发问。他在这个问题上最后也归于信仰。他相信上帝从一开始就赋予我们看似无意义的、偶然的生命以绝对的、必然的意义。

而对于这些问题，哲学似乎是有心而无力的。

那么后一个意义上的形而上学情况如何呢？这就是康德所说的“道德形而上学”。在这里我们讨论的不是“实然”的问题，不是本体论的问题，而是“应然论”的问题，这在中国哲学中被视作本体论：道德本体。中国哲学中的本体论和工夫论，就是围绕它来展开的。如果我们不相信生命的意义是某些超越的、隐秘的东西所赋予的，同时我们也不愿意承认生命只是自然过程中的一个偶然的、有限的产物，不具有绝对的意义，那么我们就会试图赋予它以这样的意义。这就是“应然的”形而上学。我们自己来制定“应然的”规则。哲学最终被归结为对伦理问题的思考，例如对道德本能与道德判断的思考。虽然我们不再是野兽，但也还不是天使。——这是帕斯卡尔的说法。道德形而上学会研究我们如何成为天使。这有可能会赋予我们原先没有绝对意义的生活以绝对的意义。

一百多年前，西班牙哲学家加赛特在马德里大学担任的讲席是形而上学：他是一位形而上学教授。今后的哲学，真的会被这两种意义的形而上学所取代吗？类似海德格尔的本体形而上学和康德的道德形而上学?

哲学的内部环境

不过，既然哲学作为一个学科、一个专业维系到现在，身后有了两千多年的历史，那么它必定有自己存在的理由，无论它是否有过自己的时代。

如果哲学在与宗教或本体形而上学切割之后已经还原为某种道德哲学，那么这里所说的“以哲学为业”也就意味着我们的职业所要从事的“专业”或“事业”或“职业”，基本上可以分作三种：身业，即道德行为哲学；语业，即道德语言哲学；意业，即道德意识哲学。佛教哲学强调意业、语业、身业的奠基顺序，最初的基础是“意”，其次是“语”，再次是“身”。儒家的情况也是如此：正心、诚意、修身；当然接下来还有：齐家、治国、平天下。在儒家这里，有一个用道德哲学为政治哲学奠基的要求。

但今天的哲学趋向是与这些传统思想相反的。这个趋向具体表现在两个方面。

1. 当代政治哲学及其批判

当代西方的哲学家和哲学史家如哈贝马斯和图根特哈特等曾将西方哲学史大略地分为四块：古希腊的存在哲学、中世纪的神本哲学、近代的知识（意识）哲学和现代的语言哲学。但现在看来，最后的定义下得过早了。现代分明是一个政治哲学的时代。

海德格尔的《黑皮本》于2014年出版。此后的各种反应充分表明了眼下是一个政治哲学的时代，无论就国际学界还是就国内学界而言，而在后者这里尤甚。以往的所谓语言哲学的时代看起来已经过去了，遑论本体论哲学或现象学哲学的时代。似乎没有人去注意或还没有来得及去注意海德格尔在这些笔记中记录下的哲学思想，没有人去讨论或还没有来得及去讨论他在其中可能流露的现象学、存在论和形而上学，甚至连它们与海德格尔的政治哲学有无关联的问题也被置而不论。位于注意力中心的始终是他的政治思想和政治行动：反犹主义和纳粹问题。虽然编者特拉夫尼总算还提到海德格尔的"存在史"概念，但却主要是作为定语——"存在史的反犹主义"。尽管海德格尔在笔记中记载的绝大部分内容是关系其存在哲学的，但至此为止受到解读、评价和批评的还是他的政治感觉和政治立场。

上述局面的产生当然与海德格尔本人的所作所为不无关联。这个局面在欧美思想界的形成还算是一个可以理解的常态。日常的和政治方面的讨论总比哲学问题的思考要来得迅速，且传播得广泛。

但在中国，可能情况略有不同，事情也显得更为复杂。海德格尔以及早先的尼采和晚后的列奥・施特劳斯等，共同促成了对权力意志的弘扬、对古典政治思想的发掘。它们目前在中国都是显学。

而处于中国意识形态指导地位的马克思的思想体系本来就是历史哲学和政治哲学（经济哲学），它有其自己的生成脉络和效果史，也从未被纳入西方哲学史的范畴，它本来就身处政治哲学的合唱团中，自当别论，自不待言。

至于中国哲学，陈寅恪先生在论述中国学术的非理论型特征时说："中国古人惟重实用，不究虚理，其长处短处均在此。长处乃擅长政治及实践伦理学，短处则是对实事之利害得失观察过明，而乏精深远大之思。"

就中国学术思想的总体特征而言，这个思想史上的魏晋玄学、隋唐佛学、宋明理学都带有明显的务虚趋向。但中国哲学，尤其是儒学的政治化倾向则是在近些年才表现得相当明显。问题的讨论从亲亲互隐的道德哲学和法哲学问题转向制度儒学的政治哲学问题。而在儒学内部，这差不多就意味着从心学到礼学的转向。在我看来，如果儒家的“仁”首先不是被理解为本己的身心关系（上身下心），而是被理解为人与人之间的关系（左人右二），那么这个从心学到礼学的转向就或多或少已经完成了。这在如今的儒家哲学讨论中代表了在心性儒学和制度儒学之间的张力，代表着究竟是少谈制度、多谈心性，还是多谈制度、少谈心性的基本走向。

这种张力在中国思想史上也出现过。宋明时代的陆王心学，尤其是明末的阳明良知学，代表了儒学思想史上的一个高峰。明朝灭亡之后，许多人会将其归咎于明末讲学风气导致的清谈误国。

尽管政治哲学如今还在哲学舞台上唱主角，但它的主旋律已经不再是哲学的，而是政治的，不是向着真理（Wahrheit）的，而是向着多数（Mehrheit）的。它的盛衰与哲学已经没有直接的关系，从历史上看也是如此：好的哲学家大都不是好的政治哲学家，如柏拉图；反过来，好的政治哲学家大都不是好的哲学家，如马克思。政治与哲学之间有一个张力，甚至可以说，政治哲学是一个语词矛盾。或许应该像社会理论、文学理论、艺术理论一样，我们应当说政治理论而不要说政治哲学。

这是我对“政治哲学热”而非对政治哲学的批评；也可以说，是我对政治学主义而非对政治学的批评。

事实上，政治理论可以被纳入哲学人类学的范畴中，成为后者的一个分支：从哲学上思考人类这种政治的动物。

2. 当代哲学人类学及其批判

哲学人类学最初起源于康德的问题：人是什么？他将这个问题分为三个：人应该认识什么（认识到自己的有限和无意义）？人应该做什么（为自己制定应然的法则并遵守它）？人应该希望什么（希望自己的无限和有意义，成为天使）？这三个重大问题又合并成一个更重要的问题：人是什么？

胡塞尔批评康德的人类主义观点。即使作为反思，作为德尔菲神庙箴言的“认识你自己”的要求，哲学所关涉的也必定不应是限于人类自身的东西，而更应当是高于人类、超越人类的东西。这个路向是一个与黑格尔同行的路向。但与胡塞尔同时，舍勒、普莱斯纳、阿诺德·盖伦就已经开始动手，将康德的“人是什么”的问题发展成为哲学人类学的学科。他们三人被视作哲学人类学的开创者。如今各国的社会科学发展的大趋势是人类学（不同于我们学科体制内的“人类学”，它作为二级学科与民族学等属于社会学这个一级学科），人类学落实到哲学领域便是哲学人类学。

普莱斯纳原先是胡塞尔的学生，后来成为20世纪德国重要的哲学人类学家和社会学家。尽管他在哲学界的影响并不很大，但眼下世界哲学的发展路线的确与他多年前就采纳的发展方向是一致的：哲学越来越多地从形而上学走向哲学人类学。这个走向在接下来的进一步发展过程中是否会干脆丢掉“哲学的”定语累赘，成为纯粹的人类学，目前还不得而知。实际上，当“哲学”不再是名词，而已成为一个修饰词时，它就已经是可有可无的了。因而海德格尔所做的以下断言几乎就是针对普莱斯纳的：

> 在业已终结的形而上学之时代中的哲学就是人类学。无论是否特意地说“哲学的”人类学，都是差不多的。

> 在此期间哲学已经成了人类学，并以这种方式成为形而上学之衍生物的战利品。形而上学在这里是最宽泛意义上的物理学，它将生活的和人的物理学、生物学与心理学都包含在内。一旦成为人类学，哲学本身便在形而上学方面走向毁灭。

当然，哲学的“毁灭”或“形而上学之克服”在海德格尔那里并非完全的贬义词，它同时也意味着新的开端的可能性：海德格尔在此期间一再谈论的“第一开端”和“另一开端”以及在此之后谈论的“哲学的终结和思的任务”，都是在不同名义下的“哲学”之重生的可能性。

属于哲学人类学领域的今天还有大量的“情感哲学”方面的研究成果。这与舍勒的思考方向是一致的，他的一个重要研究领域就是情感现象学，讨论怨恨、同情、爱恨、羞耻等情感行为。尼采的权力意志的思想、弗洛伊德的爱欲、马克思的物欲、荣格的荣誉欲等，都是在讨论人类心灵中的欲望、本能的部分，以及它们对于人类发展所起的作用。如果我们按照古人的划分，将人类的心灵分为理智、情感和意欲三个部分，那么哲学人类学所要面对、讨论和处理的也是这样三个部分。康德将它们称作知、情、意。

笛卡尔在《论灵魂的激情》开篇便抱怨古人说：“没有什么比古人所写的关于激情的著作更能显示出，有多少我们所拥有的从古人那里得来的学问的不完善了。”但我们读完他的关于激情思考的著作后又能获益多少呢？一半是在生理学上过时的关于身体机能的思辨猜想，另一半是基于他自己的主观经验的个人激情感受。他也不幸沦为他所感叹的古人！为什么笛卡尔式的古人们关于理性的思考可以历久弥新，而且现在还在令我们激动着，而他们关于激情、意志等的想法却具有如此有限的时效性，以至于我们几乎没有兴致或激情将它们读完呢？是不是因为情感、意欲这一类人类经验，文学家、艺术家对它们的表达要远比哲学家出色得多、深刻得多、丰富得多？

这里我们暂且不去讨论神经科学、脑科学、心理科学、生物化学对这个领域的侵入性研究，因为，毕竟像镜像神经元这类神经科学的发现只能为人类的同情心提供因果解释和验证，却无法提供真正的描述说明和动机理解。与此同理，一对恋爱中的伴侣不会去在意生物学家的分析结果——爱情或情爱都可以还原为荷尔蒙与肾上腺素等分泌物的合力作用。

但对于人类心灵的另一个部分，即理性或知的部分，哲学人类学几乎已无法有所作为。人工智能可以解决人类智能不能解决的问题。2016 年围棋人机大战中 AlphaGo 的胜利不过是对此的又一次宣示——用于商业炒作的宣示。而 2014 年华纳兄弟影片公司制作的电影《超越》（*Transcendence*，如今的译名“超验骇客”是错误的），实际上早已表明了更多的东西。它设想了这样的未来：首先，意识与语言的界限被彻底打破，语言哲学与意识哲学（或心智哲学）的争论也可以结束了；接下来，对精神科学与自然科学的划分也可以被消除了；最后，意识与物质的界限也被彻底突破，因为精神与物质的差异已经不复存在。剩余下来的只有一门科学：生命学。它是有机的，也是无机的；是精神的，也是物质的。或者说，它既不是有机的，也不是无机的；既不是精神的，也不是物质的。这个文学的设想与前面所说霍金的用电脑置换人脑的设想是一致的，不过更为彻底。《超越》还设想，情感和意愿同样可以被数码化，成为“人工意识”或“人工灵魂”的一个部分。因而“人工智能”在未来将会是一个过于狭窄，因而有待突破的概念。

当然还有其他的学科会超出哲学人类学的狭窄领域，例如在逻辑人类学方面有列维－布留尔的《原始思维》，在文化人类学方面有弗雷泽的《金枝》和马林诺夫斯基的《科学的文化理论》（包括他的中国学生费孝通在该方面的研究）、列维·施特劳斯的《结构人类学》（地质学的地层构造、马克思的社会构造、弗洛伊德的潜意识构造）等等。他们的特点，包括优点和缺点，或长处和短处，都在于它们是经验学科。而在总体上，哲学人类学也正越来越具有经验科学的意味，它变得越来越实证化。这也意味着，哲学人类学，即**关于人的哲学**，越来越可能会被**关于人的科学**所取代。

批评之后，接下来的问题便是，哲学应该是什么？

哲学不应该是什么？应该是什么？

在回答这个问题之前，我在这里首先要说的是：哲学不应该是什么？

哲学不是世界观或人生观，不是一个现成的真理体系；哲学不是道德法典，不是终极关怀；哲学也不像普莱斯纳所说是政治的工具。这同时也意味着，哲学老师应当是老师，不应当是精神领袖，不应当是思想明星；哲学学生应当是学生，不应当是随从，不应当是拥趸，不应当是走卒。这些要求，对于所有人文科学的学科而言都有效，但对于哲学则尤为有效，因为哲学尤以其怀疑、批判、论证的传统而独立孤行。

韦伯曾在上述报告中与此相应地说了这样的话：

各位同学！你们带着对领袖素质的要求来到我们这里，参加我们的讲座，而且你们事先没有告诉自己：在100位教授中至少有99位不仅不要求和不允许要求成为生活赛场上的足球冠军，而且也不要求和不允许要求成为生活事务领域中的“领袖”。你们考虑一下：人的价值根本并不取决于他是否具有领袖素质。无论如何，使人成为杰出学者或学院教师的素质，并不是使他在实际生活方位的领域里，或更专门地说，使他在政治领域里成为领袖的素质。具备这种素质是一种纯粹的偶然。如若站在讲台上的某个人觉得自己被要求具有这种素质，那么这是令人担忧的。而如若始终听任学院的老师在讲堂里扮演领袖的角色，那么这就更为令人担忧了。因为那些最拿自己当领袖的人往往最不是领袖，而且最为要紧的是，无论他们是不是领袖，讲坛上的情况都绝不会提供对此的证明可能性。一位感到自己有职责为年轻人提供咨询并享受他们信任的教授，完全可以在人与人的私人交往中助他们一臂之力。而如果他觉得自己有职责去干预各种世界观和党派意见的斗争，那么他可以在外面的生活市场上去做这件事：在报纸上，在集会时，在社团中，随他所愿。但在一个在场的听众和持不同看法者注定只能保持沉默的地方来展示其信奉者的勇气，这也未免太舒适轻松了。

胡塞尔在1919年9月4日的一封信中就哲学与精神领袖的关系写道：

我没有受到召唤去做追求“极乐生活”的人类的领

> 袖——我在战争年代的苦难冲动中不得不认识到了这一点，我的守护神告诫了我。我会完全有意识地并且决然而然地纯粹作为科学的哲学家而生活（因此我没有撰写战争论文，我的确可以将此视为一种对哲学的自命不凡的忠诚）。

哲学应该是什么？哲学家应该是什么？还是普莱斯纳，他曾提到在人类精神史上为希腊哲学所特有的，而后被西方哲学并不完全成功地继承下来的双重方向："人类精神向着哲学的独立做了三次腾飞：在中国、在印度和在希腊。但唯有希腊人才因为他们生活于其中的特殊宗教和政治境域而成功地赋予关于总体世界的思想以一个双重的方向：其一是朝向对象之物的方向，其二是朝向起源之物的方向。"前者也被他称作**"对象性的世界观察"**的方向，后者则被他称之为**"起源性的生活观察"**的方向。在这里，普莱斯纳已经看到了上述从希腊哲学开始直至胡塞尔与海德格尔的当代西方哲学传统遗产，并以此方式对其加以维续和传递。普莱斯纳曾在哥廷根听过胡塞尔的"自然与精神"的讲座，他的这个想法如果不是来源于胡塞尔，就是来源于狄尔泰或马克斯·韦伯。

普莱斯纳在这个说法中表达出的哲学理解十分精辟，实际上相当于至此为止对人类在精神哲学和自然哲学（"精神科学"与"自然科学"）方面双重努力的概括。古希腊思想中"起源性的生活观察"与"对象性的世界观察"之双重方向，在古希腊哲学家那里是通过赫拉克利特和巴门尼德的双重哲学立场而得到宣示的，在近代西方哲学中则是通过笛卡尔—康德—胡塞尔与黑格尔—狄尔泰—海德格尔的双重动机而得到体现的。它们也曾以自然哲学和精神哲学的名义出现过。

然而普莱斯纳认为，哲学的独立无论在中国还是在印度的两次腾飞中都没有“成功地赋予关于总体世界的思想以一个双重的方向”，这个论断应当是出于他对古代中国和古代印度思想的无知或不解。在古代中国的《易经》《老子》与《论语》《孟子》中已经可以找到这两个方向上的丰富思考。而在古代印度，仅在佛教思想中，缘起论和实相论的相关思想就已经可以代表这两个方向上的成熟思考。

不过我们要注意，这也是我们在这里提及普莱斯纳的这个说法的目的：在普莱斯纳的这个思考中已经表露出他对哲学的一个基本理解，即哲学是人类精神的一次关键腾飞的产物。它是超越地域、时代、民族与文化的。

哲学就是反思，但应该是本底的、终极的反思。它可以是黑格尔式的反思，即哲学家作为主体对客观精神之发生、发展的反思（它更应当称作“认识”）；也可以是布迪厄式的反思（它更应当称作“理解”），即哲学家作为个体主体对交互主体或对社会主体、作为共同体的主体的反思；也可以是胡塞尔式的反思，即哲学家作为主体对自身以及在自身中体现的纯粹意识及其本质结构和本质发生的反思（最严格意义上的“反思”）。爱智慧的主要途径就是多作反思。不是反思别人，也不是观察外物，而是反思自己。他人是要通过理解来达到的，外物是要通过认识来达到的，唯有自己是要通过反思来达到的。这是两种方式的思考。

儒家传统中有“格物致知”的核心命题。如果我们将这里的“知”理解为爱智慧（φιλοσοφία）中的“智”（σοφία），那么在朱熹那里，“格物”是对事物的观察；在王阳明这里，“格物”是对行为的纠正。它们是两种爱智慧的方式。这也就是普莱斯纳所说的“双重方向”。

我想哲学本身最终还是要询问这样的一个问题：是否可能具有一个跨政治（即跨城邦）、跨民族、跨区域、跨文化之眼，或是否可能立足于一个超区域政治的、超民族伦理的位置？哲学与政治的区别在于，它还是要讨论对错、真假、好坏的问题，而不是仅仅关注敌我、胜负、自他的问题。

结　语

我在这里最后还是要引韦伯的话来做结尾，同时只是将他讲话中的“科学”（即人文学）改作“哲学”（即人文学中最高的或最深的那个部分）：

> 你们最后会提出这样的问题：如果情况是这样的，那么哲学究竟能为实际的和个人的“生活”提供哪些积极的东西呢？这样我们重又回到哲学的“职业”的问题上这里。首先的一点当然是：关于技术的知识，即人们如何通过算计来掌控生活，掌控外部事物和人的行为。——但你们会说，这些是美洲孩子的卖菜妇也能做的呀。我完全赞同。其次的一点是卖菜妇不去做的：思考的方法、手工工具以及为此而进行的训练。你们也许会说：这虽然不再是菜，但也只是弄菜的手段。好吧，我们今天先将它置而不论。但幸运的是，科学的成就尚未被穷尽，我们还能够帮助你们获得第三点：清晰性。前提当然在于，我们自己就拥有它。

获得并保持头脑的清晰，是对我们这些以哲学为业者的一个最基本要求。它类似于中国哲学中的工夫论要求。论博学洽闻，我们不如历史学家；而论想象创造，我们不如文学家和艺术家。

或许我们还可以说自己是理思缜密，但目前这样的定义对于哲学家已经不再适用。学习哲学，如果最初就不是出自深刻的信念，最后也没有在其中找到最终的归宿，那么至少还可以通过哲学难题的辨析和思考来锻炼思维，使其达到某种程度的清晰性。

这些难题在哲学史上比比皆是。它们会被有心者在哲学史的学习过程中注意到。如果了解了整个哲学史，哲学生就会知道应当在哪里迈出自己的步子。哲学作为反思有纵（历史的）、横（截面的）两个方向。对它们的研究和思考讨论要诉诸我们的分析能力与记忆能力。这两者都曾被柏拉图和亚里士多德视作哲学思考的前提。

就反思的纵向方面而言，黑格尔试图通过对哲学史意义的思考来思考哲学的意义，即作为整体的和历史的真理。自从黑格尔声言“哲学史就是哲学”以来，偏爱历史性理解的哲学思考者与有意无意地以康德为据而偏爱意义创造的哲学思考者组成不同的阵营。而就反思的横向方面而言，如果把哲学系里康德式的体系建构与创作和黑格尔的历史梳理与追踪加以大幅度扩展，那么差不多就可以将文学系和历史系的工作纳入囊中了。这也是德国许多大学设立的大哲学学院（或精神科学学院）的理论背景支持。但上述两个阵营的界限实际上是流动的。就像艺术家很少会仅仅徜徉和滞留于美术博物馆里而完全放弃美术工作室里的创作，或者反之；同样，完全学而不思或思而不学的哲学家也少之又少。坚定的康德阵营成员如文德尔班、胡塞尔都有非同寻常的哲学史著作或讲稿问世；而本质上隶属黑格尔阵营的狄尔泰、海德格尔，包括黑格尔本人，也各有划时代的哲学体系著作留给人类的哲学史。

如果说柏拉图与亚里士多德开启了观念本体论与经验本体论

的对立，那么康德与黑格尔就可以说是开启了区域本体论与河流本体论的对立。狄尔泰首先在历史理性批判的标题下将康德与黑格尔结合为一。胡塞尔则首先在本质直观或观念直观的标题下将柏拉图与亚里士多德结合为一。

学习哲学史，意味着埋头于汗牛充栋的文化历史材料之中，漂泊于烟波浩渺的思想海洋之上，培养记忆，学会游泳。在这点上，哲学与历史靠得更近些。这也就是狄尔泰既是历史哲学家，也是生命哲学家和精神科学家的原因所在。

最后举一个例子来说明哲学之业。20 世纪初，德国哥廷根大学包含自然科学和精神科学在内的大哲学系需要被一分为二，即区分为一个数学—自然科学部和一个语言学—历史学部。（这是现代的学科分化的一个实例。欧洲最早的大学中，除了神学院和医学院之外所有学科都属于哲学院，这个传统现在只能在欧洲大学的“PhD”即“哲学博士”的头衔中还能看得一些影子。这个头衔的含义远比我们今天所说的“哲学博士”即哲学专业的博士的含义要宽泛得多。）而当时的广义上的哲学家们（哲学系里的“教授”）必须决定，他们想要从属于哪个学部。当时的哲学系教授如数学家希尔伯特、现象学家胡塞尔都需要做出选择，自己究竟愿意归属于精神科学的一边，还是自然科学的一边。尽管胡塞尔自己有一个数学的过去，并且尽管曾为他应聘哥廷根而付诸努力的许多数学家们会感到不快，胡塞尔还是选择了语言学—历史学部，“出于实事的信念：哲学与精神科学有更多的内在共属性”（埃迪·施泰因语）。

哲学应该是一切精神科学之王。这就是我理解的哲学之为业。

谢谢大家！

附论：

哲学的终结：何为哲学？如何终结？

刚完成上面给新生的报告“以哲学为业”后不久，就在微信上看到有被冠以如下标题的文章：“哲学家孙周兴言：哲学已经终结了”。顿感很受刺激，似乎我前面的文章刚写出就已经遭到否定，眼见是白忙了一场。心里不服，于是急忙打起精神应对。

在大致看过周兴的文章之后，知道该文原是属于他的《后哲学的哲学问题》的内容范围，只是被“标题党”冠上了一顶醒目的帽子。不过没错，周兴的确在文章中劈头便指出，20世纪的两大哲学家海德格尔和维特根斯坦都对哲学做了消极否定性的规定。因而哲学本身至少在我们这个时代如此严重地成了问题。看起来他似乎没再宣称“哲学的终结”，但实际上要比此更甚。他的“后哲学”宣言直接默认和暗示我们已经处在哲学之后的时代。

周兴所说的“后哲学”显然与海德格尔宣告的“哲学的终结”有关。海德格尔的《哲学的终结与思的任务》（1964）一文就是周兴的《后哲学的哲学问题》的思想背景。因而所谓“后哲学的问题”就是“思的问题”。我们这里暂且将“何谓思”的问题置而不论，因为对这个问题的回答会引向更耸人听闻的主张：如果“思”是指诗歌、语言、文学、艺术、历史方面的思考，那么艺术的终结、宗教的终结、历史的终结、文学的终结也早已有人宣告过，遑论语言哲学、艺术哲学、宗教哲学、历史哲学和政治哲学的终结！我只想重复前面的报告中的一个事实认定：今天显然不是一个人文学的时代，遑论哲学的时代，而哲学甚至都从未有过自己的时代。因此，哲学无论终结与否，这在今天，除了哲学家自己之外，实际上是鲜有人关心的；甚至人们可能都懒得为是否取消哲学的学院职位去多费口舌。

但如果我们还是要追问“哲学的终结”究竟是指什么，那么首先就会面临两个问题：何为哲学？如何终结？而随着对哲学的定义与理解不同，终结的可能与方式也就会发生变化，于是我们隐约地感觉到：这个问题恐怕是无解的。

然而我们依然可以尝试来论证这个问题是否无解以及为何无解，以便让那些以哲学为“志业”或“职业”的人日后再看到这样一类更多含有修辞意味的说法时不至于再无所适从，就像今天许多有宗教情怀的人听到尼采宣告“上帝死了”会如丧考妣，却不知道马丁·路德之后早就有人一次次地做过这类宣告一样。因此，我在这里要对孙周兴的文章做一个有感而发的补充说明，它同时也可以算是我对自己的“以哲学为业”报告的一个补充说明。

什么是哲学？周兴在文中有过解释：“第一，从起源上讲，哲学是欧洲的。虽然其他民族文明传统都有自己的思想文化类型，但我们今天讲的作为一门‘学问’的哲学却是源于欧洲的。第二，从思维特质上讲，哲学是形式化的和概念抽象的，或者说是一种论证性的表象（观念）思维方式。虽然其他文明的知识系统也都具有抽象思维，但形式化的概念思维方式却是欧洲的专长。第三，从制度上讲，哲学是学院的。”

周兴自己承认这些定义有问题。但它们与海德格尔的理解是不相悖的。它们是对那个已经终结了的哲学的限定，而且是非常苛刻的，因为在完成这些限定之后，我们可以看出，这里被定义和谈论的哲学已经不是古希腊的“哲学”了，而至多只能是亚里士多德的“哲学”，也许可以说，这只是一个“第一哲学”的定义，甚至可以说，这只是一个“逻辑学”的定义。再考虑到他的第三个定义，我们甚至可以将这个意义上的“哲学的终结”理解为：

作为哲学系的科学哲学与逻辑学专业的哲学已经终结了，或很快会终结。

但这样的结局，自亚里士多德以后便已成为可能。我在前面报告中所引述的康德的抱怨，已经是针对这种可能性之逐步成为现实的状态而言。周兴文中所引海德格尔之言，算是一种老生常谈："哲学发展为各门独立的科学，转变为关于人的经验科学。区域存在论被各门科学当作自己的任务接管过去了。"这些具体的学科如今渐显独立性和自信心，以至于它们无须再去顾及自己的哲学基础是否稳固，例如霍金早已不再向哲学行注目礼了。

但这里说的应当是哲学的子民们不再向女王顶礼膜拜。但哲学本身呢？她已经衰老死去，还是化身在她的子女之中？这取决于这里所说的"哲学本身"是指什么？如果它不等于它的子女，即从它之中发展出来的各门独立科学，那么它就应当与海德格尔在《哲学的终结与思的任务》开篇给出的定义有关："哲学即形而上学。"接下来进一步的问题是："什么是形而上学？"海德格尔在他的那个 1928 年引起胡塞尔不满并导致两人分手的同名就职讲座中回答过这个问题。它不再是以往的亚里士多德意义上的"物理学之后"。这个形而上学已经终结。现在只有两种形而上学的可能性：神学和存在论。它们的共同特点在于：它们的论题都隐而不显，因此在某种意义上是非现象学的。但这些论题在一定意义上又是显现的，或以本质直观描述的方式，或以存在领会的方式，否则海德格尔也不会去尝试阐释"宗教生活的现象学"（1920）或提出"存在论唯有作为现象学才是可能的"（1927）的主张。

可见海德格尔在这个时期仍然对哲学有积极的定义（"哲学是对存在的追问"）。同样，在维特根斯坦那里，哲学也并不仅仅具有消极的意义。无论他早期的《逻辑哲学论》还是后期的《哲学研究》，都包含对哲学的积极的定义。我在前面的报告中已经提到维特根斯坦眼中的生活意义的问题，它是科学无法回答的。所有这些，都与我们对广义哲学的理解是一致的：爱智慧或讲道理。而怀疑、批判、论证，恰恰属于这一块，它们始终包含在维特根斯坦对哲学的理解中。

现在转向第二个问题：如何终结？哲学是如何终结的，或者说，如何被终结的？哲学是自行停止了，还是被谁或被什么中止了？最初的回答一定是：哲学是被各门具体的科学所终结的，是被它的子民们抛弃的。它随之失去了自己的任务和使命。哲学失业了！如果此时还在哲学生面前谈论以哲学为业，岂不会误人子弟？

后哲学时代的想法在海德格尔那里大致是从 20 世纪 40 年代开始的，而且飘忽不定。或许真正在做哲学最后一搏的不只是胡塞尔，还有直至 1936 年仍在《哲学论稿》中继续尝试的海德格尔呢！从 1936 年与荷尔德林和尼采的共舞开始，哲学对于海德格尔而言差不多意味着已经终结了。而诗、史、思的合奏是否意味着他 30 年代所说的相对于"第一开端"而言的"另一开端"的起步？他那时已经谈到"从形而上学到存在历史性思想的过渡"，而且海德格尔还会补充说："科学不思。"于是，哲学作为"思"似乎就可以与具体的实证科学切割干净了。但这里也要指明一点：海德格尔后期对涵盖了"诗"与"史"的"思"的说法仍有犹豫，欲擒欲纵，并不始终认为它是一个用来表达后哲学任务的合适语词。他有时觉得必须在"思"（Denken）前面加上"思义的"（besinnend）定语，才能使它作为"思义的思"而有别于"算计的思"或"理性的思"。但这个做法也并不成功。

不过这里要留意海德格尔对“终结”的特有诠释：“‘终结’一词的古老意义与‘位置’相同。……哲学之终结是这样一个位置，在那里哲学历史之整体把自身聚集到它的最极端的可能性中去了。作为完成的终结意味着这种聚集。”

因此，哲学的终结并不意味着结束，而是意味着哲学的聚集。具体说来，哲学并不像围棋这类思维游戏以及其他电子游戏一样，一旦被 AlphaGo 这样的人工智能打败，原则上就可以被宣告终结；哲学也不像大专辩论会那样，无须辨别是非，只需用作训练和验证某种论证、论辩能力的手段即可。

因为哲学仍然面临对于人类至关重要的问题给出答案的任务，无论哲学家是否能够胜任。如果哲学最为活跃和兴盛的 20 世纪，恰恰就是人类彼此间争斗最为惨烈、爆发了两次世界大战的时代，出现了奥斯维辛集中营这样的怪物的时代，那么哲学看起来的确要改变自己，选择一个不同的开端。

但这应当是出于与海德格尔完全不同的意图，而且有可能给出与海德格尔完全不同的答案。这里的哲学，依然可以说是形而上学，或者存在史，或者诗与思等等，无论它披的是荷尔德林的还是尼采的外衣，无论是打着政治哲学、道德哲学还是历史哲学、艺术哲学的旗号，或是以现象学、存在论、形而上学的方式赤裸裸地直接面对世人，关于人生意义和人类命运的终极思考会像康德所说的形而上学那样无法中止，就像我们永远无法中止呼吸一样。

“建筑现象学”与“现象学的建筑术”

——关于现象学与建筑之关系的思考

我是个缓慢的思考者，而且在大钞和汇票没有兑换成硬币与零钱之前是不会满意的。

——胡塞尔

1. 关于“建筑现象学”或“现象学的建筑学”，我所熟悉的只是这两个复合词中的“现象学”部分。我不知道如何开始这样一种复合的学说。胡塞尔没有提供这门学说的构想。我也很难想象自己能够创立和充实这样一门学说。这项工作超出了我智慧能力。我放弃它。我的托词是：与其创造渺小的，不如理解伟大的。

但这也同时表明，放弃创造不等于放弃理解。我在这里的任务因而在于：将我熟悉的“现象学”，尤其是与空间意识以及与建筑意识相关的部分介绍给其他人。或许可以期待在读者之中有更高的智慧，可以在将来使一门“建筑现象学”或“现象学的建筑学”的可能变为现实。

2. 康德把哲学比作“建筑术”[1]，认为“人类理性在本性上是建筑术式的，即是说，它把一切认识都视作属于一个可能的体系”。但胡塞尔不会赞成这一点，因为“科学不愿而且也不能作为建筑学的游乐场。科学，当然这里是指真正的科学，它所具有的系统性并不是由我们发明的，而只是被我们在实事中找到、发现而已”。他宁可把哲学比作“考古学”。

这两者都涉及对哲学方法论的定义。建筑术与考古学的根本区别在于，前者的任务是构建和发明，后者的任务是探寻和发掘。

具体地说，“构建”在康德那里是指：“用知识纯然的集合体构成一个体系”，即“杂多知识在一个理念之下的统一”，所谓“人为自然界立法”，也可以换一种说法：“为了了解世界，人们必须构建它。”（塞沙尔・帕维斯语）

而“发掘”在胡塞尔那里则意味着“系统研究最初的、自身包含存在与真理所有起源的东西”。在这个意义上，胡塞尔的哲学也涉及构建问题，即存在与真理的原初构建：确切地说，现象学是在反思的目光中对各种类型的原初意识构造，包括最为原初的时间—空间构造的描述分析。这是就方法论的层面而言。

3. 现象学方法对后世影响最大的有四个方面。第一个方面便是刚才已经提及的现象学方法的**描述**特征。描述在这里一方面有别于人文科学中的**价值评判**，另一方面也有别于自然科学中的**因果说明**。

第二个方面是在上述特征中业已包含的现象学方法要求：面对实事本身！“面对”是指现象学描述的**直接性**，不借助任何现成的理论和预设的前提，而是**直接面对被描述的现象**。在胡塞

1 architecture 或 architectonics 究竟应当译作“建筑学”还是“建筑术”，这涉及把建筑看作一种科学还是一种艺术的问题。康德本人把 Achitektonik 理解为艺术，即“体系的艺术”。

尔的意义上，“面对”（zu）是直面，即直接被给予，直接地显现；“实事本身”（die Sache selbst）是在意识中自身被给予的东西、自身显现的东西。对海德格尔来说，这也就是“现象学”（Phänomenologie）一词的本义，即：“对自身显现的东西”（phainomenon）的“言说”（logos）。

因此，现象学的描述工作，首先要排斥由各种兴趣引发的价值判断，这是“直接”的第一个意义；现象学的描述，同时也要避免对被描述的现象做因果的解释，因为因果解释是建立在直观描述基础上的，这是“直接”的第二个意义。总之，现象学必须尽力在中立、无成见、无前提的目光中直接描述现象本身。

4. 与此内在相关的是现象学的还原方法，也是现象学影响的第三个方面。实际上它就是上面所说的排除价值判断和理论成见的另一种表述。

当然，在这里可以赋予现象学的还原以一个新的意涵。具体地说，在这里尤其可以谈论：空间现象学的还原是什么？实际上我们还可以在另一种意义上进一步询问：建筑现象学的还原是什么？例如，我们可以从生活世界的意义出发一再回返地询问：什么叫作建筑？我们为何而建？——它们是个人宣扬身份的利器？它们是有雄心的城市向全世界宣扬自己的工具？它们是权力和财富的表达？它们是创造和记载历史的方式？抑或它们就是我们的生存方式的一种？如此等等。[1]

5. 现象学对20世纪以来哲学影响最大的第四个方面是本质直观的思想。现象学运动的大多数参与者都是在这个共同的方法标

1　这些观点例如可以参见迪耶·萨迪奇《权力与建筑》“致中国读者”，最后一个问题则可以回溯到海德格尔那里。

识下开展各自工作的。但本质直观并不是现象学的专利。在胡塞尔看来，所有本质科学的基本方法都是本质直观，例如数学、几何、纯粹物理学、纯粹时间学和空间学等等。现象学本质直观的基本特点在于，它们是在反思的目光中进行的，它们要把握的是意识活动的本质，在这个意义上它们是“本质的”，但同时也是“超越论的”（transzendental）。这里实际上进行着双重的还原：反思自身，并且不把任何未经反思的前提接受下来——这是超越论的还原；在反思中学会用一种特殊的目光来观看——这是本质还原。它们因此而有别于其他的本质科学。即使现象学的研究课题与其他本质科学的课题看起来完全一致，进一步的观察也会分辨出它们之间的差异。例如在现象学的研究与纯粹心理学的研究之间就存在着一条鸿沟，只有通过“超越论还原”才能从后者过渡到前者。另一个更基本的例子是现象学的时间意识和空间意识分析，它们完全不同于自然科学的客观时间分析和客观空间分析。

胡塞尔对内时间意识的分析表明，虽然我们的意识千变万化、流动不息，但仍然具有一个稳定的纵意向和横意向结构。也正是因为我们意识的流动性和时间性，我们才能够把捉到时间化的感觉内容以及感觉内容的时间化，并进一步将这些时间化的内容立义为时间客体，再进一步感知到这些客体的时间性，最终可以把时间本身当作客体，即构造出客观时间。这是胡塞尔时间意识分析的一个基本思路和基本结论。在这些分析的基础上可以解释，为什么内时间意识是客观时间产生的前提。

与此相同，胡塞尔也运用他的现象学方法对空间意识进行了描述和分析。这些分析都是在本质直观中进行的。虽然胡塞尔没有对建造行为进行类似的分析，没有思考一门建造现象学（Phänomenologie des Bauens）的可能性，但他不仅在方法层面提供了直接的手段，而且在内容层面也已做出了基础性的工作，即空间意识现象学的工作。这里最基本的问题是：我们如何会感知到空间？各种形式的空间意识是如何产生的？空间与事物的关系是怎样的？为什么我们各种人对空间的感受不一样？为什么不同的空间形式会给我们以不同的感受？如此等等。[1]

6. 这样我们便触及现象学的研究内容。此前所说的都是现象学在方法上与建筑的可能关联。此外，现象学还在另一层面上与建筑学有关，即在内容的层面上。

现象学的任务不是进行任何形式的建构，但现象学把各种形式的建构当作自己的研究课题。在这个意义上，建筑现象学所研究和描述的是一种特殊的构建活动，即建筑活动——人类的各种类型的建造活动。这种建造活动一方面不同于其他的意识构造活动，如文学想象、艺术创造、电影电视制作，另一方面也不同于其他动物的构建行为，如蚂蚁、蜜蜂等的筑巢。

建筑现象学要从事的工作，应该是对人类建筑活动（它包括与建筑相关的行为、语言和意识）的现象学描述分析。它本身不是建筑术，不是艺术或技术，但却是确切意义上的建筑学，即一门以建筑活动为对象的学说，或者说，是一门致力于建筑活动描述以及建筑活动规律之本质直观的学说。在这个意义上甚至可以说，建筑学只有作为现象学才是可能的。因为本真意义上的建筑学，首先不是对外在建筑物体的描述研究，而是对内在建筑活动、构造意识的反思考察。

“学”在这里，不是自然科学中对自然事物的观察、验证、归纳、推理、因果解释等，而是在本质直观基础上进行的对相应意识行

1 《关于空间意识现象学的思考》一文将会较为详细地讨论这个问题。

为的反思、描述、分析、归类。也是在这个意义上，海德格尔把亚里士多德看作第一个现象学家。

总结一下：Architektur 可以指一种艺术，也可以指一种学说。建筑现象学是确切意义上的建筑学。它以建筑艺术为自己的描述分析和研究的对象。在这个意义上，首先要有建筑艺术，然后才能有建筑现象学。一如首先要有艺术，而后才能有艺术现象学一样。“学”，在这里是一种在反思的观察目光中进行的研究活动。它与被反思的对象之间有一个在发生上的先后关系。

这是最本真意义上的建造（动词）现象学。我们甚至可以将它称作建筑活动的心理学。

接下来，在这个意义上还可以说，对不是自己制作的建筑物体的描述研究，要么就是建筑物理学，要么就是建筑历史学。它们都是非本真意义上的建筑学。

7. 在现象学与建筑之间还有一种可能的关系，这个关系不是一种人类活动与对它进行的反思探究之间的关系，而是一种引导性的思想与被引导的人类活动之间的关系。这个关系的发展结果应当是现象学的建筑学。

现象学的建筑学的可能展开方向目前主要是在海德格尔的建筑思想方面。他在《筑·居·思》一文中提出：要把建筑看作是一种思想的任务。拉斐尔·卡普罗在报告“作为思想任务的建筑——论建筑现象学”中说：“如果我确然地知道，门是什么，我也就会知道，我是谁。”如果“我是谁”是一个典型的哲学问题，那么“门是什么”也就是一个典型的建筑学问题。

这似乎印证了一句话：“难的问题很容易解决，容易的问题很难解决。”平克在《语言本能》一书中引用过，他说“反而是最容易的事情现在还在努力之中”。最复杂的问题可以让计算机去解决，它们可以轻而易举地胜过人脑。而人脑现在要面对最简单的问题，例如：什么是“视觉”？什么是“门”？什么是“空间”？而胡塞尔一生面对的就是“意识是什么？”的简单问题。

8. 如果我们把 Architektur 理解为建筑术，那么它是艺术还是技术？探问想象空间的构建最终究竟是落实为某种技术，如建筑术，还是虚化为纯粹艺术，如某种形式的超现实主义艺术？这个问题很可能涉及对建筑学的定位，也可能涉及对空间的定义：直观空间与几何空间，想象空间与理想空间，如此等等。或许它的位置就在这两者之间。

但建筑艺术本质上不同于文学想象、艺术创造、电影电视制作。因为它本质上不可能是纯粹的艺术。而这又是因为，建筑在任何时候都不可能是为建筑而建筑。建筑的本性在于：它用于居住。

建筑不可能是纯粹艺术，但却有可能是纯粹技术，即类似蚂蚁、蜜蜂等的筑巢技术。

因此，在艺术与技术之间，建筑离技术更近一些。

9. 艺术是创建意义的活动，哲学也是创建意义的活动。前者以感性的方式，后者以知性的方式。

从海德格尔的角度来看，如果艺术与哲学的从事者是此在，那么此在如何通过艺术或哲学来进入那个形而上的存在领域呢？易言之，存在的真理如何会走向我们呢？[1] 这是海德格尔的《存在与时间》所竭力回答的问题。

梅洛－庞蒂在某种程度上对此做了回应。他在论及绘画与艺术现象学时说：“存在必须以某种方式使自身成为可见的，以进入绘画之中。”在我看来，梅洛－庞蒂所说的“以某种方式使自

1　用陈嘉映的话说：真理如何会掌握我们。

身成为可见的”，是指“存在”必须借助于“意义”来显现自己。他在《塞尚的疑惑》一文中所说的“景象用我来思考它自己，我是它的思维”，也是这个意思。艺术作品的本质就在于，存在可以通过它而使自己变得可理解、可领会。

我们可以借此来理解海德格尔在《存在与时间》第二节所明确划分的三个层次：存在者—存在者的存在—存在的意义。

存在的意义是处在作为存在者的此在与存在本身之间的东西。艺术与哲学所创建的意义，并不等于存在的意义。但只有艺术与哲学所创建的意义与存在的意义相应和时，存在才能在艺术和哲学中成为可见的。反过来说，存在的意义只有作为艺术与哲学所创建的本真的意义，才不再是形而上学的，而是现象学的并且同时是存在论的。存在的真理在意义中开显自身，艺术和哲学则通过它们创建的意义而踏入存在。

如果建筑是艺术，那么这里关于艺术所说，也就应当对建筑有效。

但这差不多已经是胡塞尔所说的“大钞票”了。就此打住。

10. 最后是与现象学并无直接关系的一个结语。

佛教典籍中记载，释尊曾用“造屋”与“造屋者”的隐喻来表述他的悟道：

经多生轮回，寻求造屋者，
但未得见之，痛苦再再生。
已见造屋者！不再造于屋。
椽桷皆毁坏，栋梁亦摧折。
我既证无为，一切爱尽灭。

“造屋”，在这里是指生死轮回的原因，是由肉身引起的“烦恼”。

全颂大致的意思是：置身于烦恼中的人，看不到自己在多生中轮回，滋生出诸多痛苦悲哀；看穿了烦恼为情欲的人，不再执迷于自己的身体（屋），以及所有其他的爱欲与无明；一旦自证了涅槃，也就达到一切皆空的境界。

关于空间意识现象学的思考

1. 与时间意识现象学的情况相同，空间意识现象学所要讨论的最基本的问题并不是“空间是什么”，而是：我们如何有空间意识？各种形式的空间感知是如何产生的？为什么各种人对空间的感受不一样？为什么不同的空间形式会给我们以不同的感受？如此等等。

这个意义上的现象学空间问题有些类似于心理学的空间问题，但前者比后者要更为彻底，或者说，更为哲学。因为心理学讨论的空间问题主要局限于主观空间及其与客观空间的内在联系，而现象学讨论的是客观空间是如何在空间意识中被构造起来并且被客体化的。

建筑与空间、场所以及空间意识、场所意识是内在相关联的。现象学把空间意识的研究视为自己最主要的任务之一。在这个意义上，空间问题显然是联结建筑学与现象学的一条重要中介线索。

胡塞尔是现象学家中讨论空间问题最多的一位。以后的现象学家海德格尔和梅洛－庞蒂在空间问题上讨论得并不多，他们关心的更多是场所问题。这与空间、场所、建筑问题之间的奠基顺序是一致的。易言之，在空间与建筑之间还隔着一个场所问题。因此可以理解，建筑学与胡塞尔的空间现象学之间的联系，基本上是一种间接的联系，然而建筑学却常常可以从海德格尔和梅洛－庞蒂的场所现象学中获得直接的思想资源。

2. 胡塞尔现象学最基本的特征在于："普全地反思对象与对象意识之间的相互关系。"

还在其哲学研究的初期，胡塞尔就考虑过"空间哲学"（1892/93）、"空间体验现象学"（1904）或"空间现象学"（1906）的问题。在1906年的私人札记中，胡塞尔曾写道："然而还是缺少一门空间现象学，尽管我在1894年就已经想启动它，并且做了各种尝试（但没什么可用的东西）。"但在一年后，胡塞尔便开设了以"事物与空间"为题的讲座，只是他后来从未尝试过将这个讲座稿付诸发表。这份讲座稿直到1973年才作为《胡塞尔全集》第16卷被比利时鲁汶大学胡塞尔文库的U. 克莱斯格斯编辑出版。而所有这些并不影响这样一个事实的存在，即《胡塞尔全集》第16卷的编者，也是《埃德蒙德·胡塞尔的空间构造理论》一书的作者U. 克莱斯格斯所指出的事实："胡塞尔直至晚年都在细致地探讨空间构造问题。"

就此而论，在空间现象学这里与在时间意识现象学那里一样，胡塞尔并不认为他的思考已经成熟到了可作为文字加以公布的程度，因而他所想做的仅仅是把问题拿出来在一个小范围内讨论：

> 只要允许，我们就至少要把困难与理解的可能性清楚地表述出来，我们始终要弄清，真正的问题何在，如

> 何纯粹地把握它们，如何将它们一劳永逸地表述出来。在我作为作者保持了沉默的地方，作为教师我却可以做出陈述。最好是由我自己来说那些尚未解决、更多是在流动中被领悟到的事物。

3. 胡塞尔在空间问题上所做的思考，首先导向对现象空间与客观空间的区分。它们也可以被称作物理空间与心理空间（或意识空间），而后进一步导向对直观空间和几何空间的区分。这四个空间形式的确定，是胡塞尔的现象学还原方法具体运用的结果：在现象空间与客观空间之间，隔着一个超越论还原。

现象空间与客观空间的关系，在现象学上就类似于意向相关项与实在客体的关系，当然也类似于内时间意识与客观时间的关系。空间现象学的研究课题主要在于现象空间。

这种现象空间的研究会有助于我们的空间认识吗？

答案应该是肯定的。原因在于，对现象空间的认识会有助于对想象空间的认识，例如可能有助于对建筑设计空间的认识。

任何一张建筑设计图纸，从构思到成型，都是以现象空间为基础的想象空间之构造。想象空间一端联系着客观空间——尤其是当设计被付诸实施时；想象空间的另一端联系着现象空间，因为脱离开现象空间，就意味着想象空间变异为虚幻空间或错觉空间，例如 M. C. 埃舍尔的超现实主义。——当然，“超”在这里首先意味着超越现象空间，还是首先意味着超越客观空间，这仍然是一个问题。

4. 而在直观空间和几何空间之间，则隔着一个本质还原。

对直观空间与几何空间的区分和研究最终导向对几何学起源问题的分析。这个方向上的工作从早期的研究手稿开始，到《逻辑研究》，再到中期的讲座《事物与空间》与《纯粹现象学与现象学哲学的观念》第一、二卷（简称《观念》），最后一直延续到胡塞尔后期的《欧洲科学的危机与超越论的现象学》（简称《危机》）中。

在《逻辑研究》中，胡塞尔区分两种观念：通过“理想化”（Idealisierung）而获得的几何观念（或“理念”）和通过“观念化”（Ideation，或“观念直观”）而获得的空间观念（或“本质”）。在 1900/01 年的第一版中，他简单地说：“前者是处在几何学理想概念的路线上，而后者则根本不能被理想化为在几何学上精确的概念。但人们完全可以间接地借助于精确概念来进一步描述它们。”在 1913 年的第二版中，他进一步分析说：“显然，所有直观被给予性本身的本质构形原则上都不能纳入像数学观念那样的‘精确概念’或‘观念—概念’之中。被感知的树本身，确切地说，那个被把握的、在对其意向对象的有关感知中可以作为因素被分析的树，它的空间构形不是一个几何学的构造物，不是在精确几何学意义上的‘观念之物’或‘精确之物’。同样，直观性的颜色本身不是观念颜色，后者的种类是在‘颜色物体’中的观念点（Punkt）。在直观被给予性上通过直接的观念化（Ideation）而把握到的本质是‘不精确的’本质，它们不能混同于‘精确的’本质，后者是在康德意义上的观念，它们（如‘观念的’点、观念的面、空间构形或在‘观念’颜色物体中的‘观念’颜色种类）是通过一种特殊的‘理想化’（Idealisierung）而产生出来的。因此所有纯粹描述的描述概念，亦即与直观直接地、忠实地相符合的描述概念，也就是所有现象学描述的描述概念都原则上不同于客观科学的规定概念。现象学的任务就在于澄清这些事态，这个任务尚未得到严肃的把握，并且在这里所进行的研究中尚未得到解决。”

对此，胡塞尔在 1913 年的《纯粹现象学与现象学哲学的观念（第一卷）：纯粹现象学通论》（以下简称《观念Ⅰ》）中便有认识："'空间表象的起源'问题所具有的最深层现象学意义从未得到过把握，这个问题可以还原到对所有意向相关项现象（或意向活动现象）的现象学本质分析之上，在这些现象中，空间以直观的方式展示出自身，并且作为现象的统一、空间事物的描述性展示方式的统一而'构造'起自身。"

而此前他在 1907 年的《事物与空间》讲座中曾集中讨论"空间构造"的问题。此后则在《纯粹现象学与现象学哲学的观念（第二卷）：现象学的构成研究》（以下简称《观念Ⅱ》）的第一编中讨论"物质自然的构造"，以及"广延事物的构造"问题。因此，《事物与空间》的构造分析实际上构成《观念Ⅱ》第一编的一个有机组成部分，空间现象学也构成现象学哲学的一个有机组成部分。

最后，在后期的《危机》中，胡塞尔结合生活世界的观念提出，在自然观点中的"空间"观念植根于生活世界的空间表象之中，它以后也构成自然科学的理想化了的空间观。

至此，生活世界的空间观、自然科学的空间观和与这两者相对的现象学哲学的空间观（哲学的或超越论的空间观），便形成一个三足鼎立之势，分别代表着在空间问题上的生活世界态度、自然科学态度和现象学哲学的态度。

5. 这里可以附带地说明一下胡塞尔在空间构造问题上的另一个重要意向，即阐释与空间表象起源问题直接相关的几何学起源问题。用德里达的话来说，胡塞尔在五十年里都"忠诚于"同一个问题，即算术或几何的起源问题。德里达之所以在为法文版《几何的起源》撰写导言近三十年后重拾这个话题，目的在于以几何学的起源为突破口，分析观念的发生与观念的历史。这种观念解构的工作以后成为他的哲学思考的标志。

事实上，算术的起源与几何的起源并不能同日而语。以为胡塞尔早期专注于算术的起源，后期专注于几何学的起源，两者是"同样的方案"，这是德里达对胡塞尔的一个误解。

这里无法对此展开详细的说明，而只能提供一个大致的反驳：算术与数学一样，包括整个在莱布尼茨意义上的普全数理模式（mathesis universalis），都可以被纳入胡塞尔构想的纯粹逻辑学中。但几何学是一个例外，它不属于纯粹逻辑学。其原因在于，几何学的概念如空间形态、大小、角等，不是形式范畴，或不属于形式范畴。它们含有直观的因素。几何学不同于算术、数学、逻辑，它不是分析学。因而胡塞尔在1923/24年明确地说："几何学需要空间直观，几何学的观念必须追溯到事物性的领域，追溯到空间性的领域。"

而算术和数学则并不需要建基于感性直观上。原则上它们是建基于时间意识之上的，而时间意识原则上无须借助感觉。从意识层面来看，即便没有眼、耳、鼻、舌、身五种感觉，即是说，即便没有感性直观，时间意识依然会形成，因为这是意识流动的本性所先天规定了的。只要意识流动，就会有绵延感，即内时间意识，对内时间意识的反思会使一个对象产生出来：主观时间或内在的时间。在共同体中用某种公认的标志来统一主观时间，就会形成共同体的时间，即客观时间或超越的时间。因此，在时间意识这里，即使没有后天的感觉材料的加入，纯粹形式的东西仍然可以独自成立。这与算术的和数学的情况相似。

但几何学的情况则完全不同，因为"几何学仅凭分析操作是不够的，否则它就是形式数理（mathsis）而非关于空间的科学了。

作为关于空间的科学，它需要空间直观（至少为了论证公理），而这种直观具有已描述过的本质直观的类型”。

由此可见，我们在观念和本质方面至少拥有两类范畴：一类是形式的，一类是非形式的。前者有对象与概念、事态与命题、实存与真理、一与多、数目与序数、整体与部分、同一与差异等；后者则包括点、线、面、体、空间形态、大小、角等。胡塞尔早期在《算术哲学》中关注的是形式范畴的起源，在后期《几何学起源》中关注的是另一类范畴的起源，即不是纯粹形式的，而是含有直观因素的范畴的起源。对这个变化需要做专门的深究，它将涉及三个层次的“观念”：

（1）语言性的观念：概念；

（2）作为本质的观念；

（3）形而上学的观念：理念。

除此之外，它还会涉及“理想化”（Idealisierung）与“观念化”（Ideation）之间的区别与联系。——但这里无法对此做出详述。

6. 如果几何学起源所涉及的是空间构造中直观空间与几何空间的关系问题，那么客观空间与现象空间的关系就是胡塞尔在空间构造问题上的另一个思考向度，也是更为基本的思考向度。这里接下来要讨论的是这后一个向度。

“客观空间”与“现象空间”的关系，在现象学中就相当于通常意义上的空间与空间意识的关系。但这两者之间实际上并不存在直接的可比性。用胡塞尔的话来说：“如果我们说，视觉领域的一个点离开这个桌角一米，或者，这个点是在这张桌子旁边，在这张桌子上面等等，那么这种说法根本毫无意义。同样，事物显现当然也不具有一个空间位置或任何一种空间关系：房子 – 显现不会处在房子旁边、房子上面，不会离房子一米远，如此等等。”

胡塞尔在这里谈及“视觉领域”，在《事物与空间》中还谈及“触觉领域”。这是现象空间的概念，不同于真正意义上的空间广延概念，而只是“前现象的”[1]“前经验的”广延概念，它可以被描述为二维的流形。这个“视觉领域的连续统”，“是一个拟-空间的连续统，但不是空间或空间中的一个面积：大致说来，这是一个双重的、连续的流形。我们可以在这里发现各种相互并列、相互叠加、相互蕴含的关系，可以发现那些完全包围着这个领域的某一个部分的封闭界线，以及如此等等。但这些并不是客观空间的关系”。他在《事物与空间》中还再次强调：“我们以前曾说过，视觉领域不是在客观空间中的一个面积，否则不会有任何意义。”

从现象学的角度来看，现象空间的构造是客观空间构造的基础，至少前者在发生上要先于后者。例如，“尚未具有客观空间的新生儿（至少大多数人这样认为）仍然会有一个充实了的视野。可以探问这个视野的客观空间状况吗？这个视野具有一个在客观空间中有其位置的平面特征吗？”

空间现象学需要描述分析的是：意识如何在自身中将现象空间构造出来，而后将这个空间理解为客观的？这与胡塞尔对时间从内时间意识到客观时间的构造过程的分析相似。

7. 但时间分析与空间分析的结果却不相同。按照胡塞尔的时

1　这里和其他地方出现的“前现象的”（vorphänomenal）概念通常会引起困惑。按理说现象之前的东西，不应或不能成为现象学讨论的对象。但胡塞尔大都用这个窄义的现象概念来描述某些尚未作为对象显现出来的东西，尚未被经验为对象的东西，例如尚未被统摄的感觉材料。但它们仍然以非对象的方式在此，或以非对象的方式被经验。

间意识分析可以说，我们之所以会有时间感，并且最终具有客观时间，乃是因为我们的意识在流动，形成延续；即使天生不具有眼、耳、鼻、舌、身的五觉，却仍然可以意识到时间。这表明时间是一种先天的、综合的形式，它就是意识本身的固有形式。

与此不同，胡塞尔的空间意识分析则告诉我们，我们的空间经验首先依赖于我们的视觉和触觉。[1]很有可能，一个天生没有视觉和触觉的人就无法形成空间意识。也正是因为这个原因，几何学的观念在本质上不同于形式存在论或纯粹逻辑学的观念，不能被纳入莱布尼茨的普全数理模式中。

8. 以上的分析是否会导致这样一个结论，即空间意识是奠基于时间意识之中的？显然还不能。上面的说明仅仅意味着，时间意识原则上要先于空间意识，但还不能从中得出空间意识必须以时间意识为前提。

但我们可以从另一角度的分析得出上述结论。胡塞尔是通过“动感”概念才建立起他的空间构造理论的。借助于现象学还原，胡塞尔使得这个动感概念摆脱了所有心理学、心理物理学、生理学、解剖学的预设，亦即所有超越的预设，同时却并不失去与这个概念相联结的纯粹描述性的、现象学的确定内涵。这个意义上的“动感”概念，当然也包括通常意义上的“动感”概念，已经预设了时间意识的存在。当然，我们还不能说，“动感”与“时间意识”就是对同一个东西的不同命名。事实上，动感不仅与意识流动有关，也包含了与身体有关的各种感觉。它在纯粹意识活动与感觉、

1 在这里我们可能会纳闷：为什么胡塞尔没有将听觉纳入空间构造的分析之中？但仔细想来，他可能是有道理的。因为与视觉和触觉相比，空间构造中的听觉领域是第二性的。即是说，如果没有事先通过视觉和触觉产生空间意识，一个人仅凭听觉很可能无法获得空间观念。

身体及其器官之间建立起一个联结。

9. 我们撇开胡塞尔在空间构造方面的详细分析（许多是几何学的分析）不论，仅仅重复他在《事物与空间》第73节中的总结：

> 任何一个动感变异，要么是眼球运动的变异，要么就涉及其他的动感系统。前者构造出眼球运动的领域，后者将延伸系统带入这个领域，即作为距离与旋转的延伸，前者包括所有的定向。据此，二维的眼球运动领域便转换为三维的空间领域，它是对一维直线的（orthoide）距离流形和二维环状的（zyklisch）距离流形的结合。如果被构造的恰恰是一个三维的客体性，那么就没有也不可能有更多的变异。
>
> 由此表明，必须在不同的、函数上有别的层次上考察空间事物性的构造。
>
> Ⅰ. 眼球运动领域的构造。
>
> Ⅱ. a）直线的近与远的流形；
>
> b）双重的环状旋转流形；
>
> c）混合体。
>
> 在这里有几个需要澄清的基本要点：状况与现象的区别，领域与空间之外延扩展的情况，以及内涵扩展与缩小的情况，它们的各种形式的遮蔽的情况。

10. 然而胡塞尔的空间构造分析主要不是由几何学分析而更多是由现象学分析所构成。这两者的区别何在？

最主要的区别在于：现象学分析要求排斥超越的东西，仅仅关注于“纯粹的现象”。这是胡塞尔现象学的还原理论在空间理论上的运用。这不仅是现象学的空间构造分析有别于几何学空间解析的地方，也是它有别于心理学的空间起源理论的地方。

> 如果我们张开眼，“我们便看入客观的空间中”，对被感觉到的看视内容的立义构成了这个和那个立义内容（意义）的一种空间显现，而对同一个内容的变换立义可能会产生非常不同的空间显现。但如果我们还原到“视野”上，排除所有超越出感觉的立义因素和意义，那么结果就不再是某种平面的东西，不再是在客观空间中的域（Feld）。我认为这种还原是明见可能的，同样明见可能的是对在这个被还原的“空间性”中的“粗糙”关系的把握：“相互蕴涵”“相互并列”等关系。

这里所排斥的首先是对客观的设定：“客观空间、客观时间以及与它们一起的现实事物和过程的客观世界，所有这些都是超越。”要想说明这些客观的、超越的东西是如何被构造起来的，我们就不能不加审视地先接受它们，不能默然认可它们的有效性，就像我们在考察客观时间可能性时不能先设定它的有效性一样。

在排斥了所有这些超越的、外在于意识的实在之后，我们面对的将是内在的空间意识。我们具有各种感觉材料和空间意向对象。但我们如何会具有空间？通过感知，各种感知对象被意识构造出来。这似乎比较容易理解。但空间本身如何会在意识中被构造出来？

用克莱斯格斯的话来说就是：“视觉的和触觉的感觉材料如何能够在一种广延或延展中被给予，对空间本身的表象如何会产生？”他认为这是测量胡塞尔现象学还原理论之效用的一个极好机会。

11. 这里需要区分两种超越。一种是在现象空间中发生的超越。

胡塞尔也将空间本身的构造看作是某种超越，但不是外在的超越，而是内在的超越。另一种是客观空间的超越，即外在的超越。客观空间已经超越出意识本身，是意识之外的存在设定，而内在的超越主要是指在意识之中、在现象空间中的超越，即超越出视觉和触觉的感觉材料，构造出一个现象空间。

即是说，现象空间、现象的时空现实、显现的空间形态、显现的时间形态是超越的，它们超出了单纯的感觉材料。这种超越，指明了意识的空间构造能力。康德曾认为这种空间直观的能力“是综合的，却仍然是先天的”。仅就这个观点本身而言，胡塞尔无疑是可以接受的。

以几何学空间为例，我们把许多点、线连接在一起，以此构成一个视觉的空间。空间本身不是这些点和线，但我们的统摄能力（立义能力）能够赋予它们以空间的意义。如果现象空间是 a，那么点和线是 a_1、a_2、a_3、a_4……a_n，它们的总和构不成 a 本身。在这个意义上，a 是超越于 a_1、a_2、a_3、a_4……a_n 的。现象空间的形成与此类似。

12. 最后要做一些并非完全局限于胡塞尔现象学的感想式总结。

空间意识与时间意识不同。时间意识是可以内感知到的，它无须借助于眼、耳、鼻、舌、身五识就可以产生。而空间意识则不能。空间意识必须随外感知的产生才能产生，甚至可以说，它以外感知或事物感知为前提。但空间意识并不拘泥于事物感知，它可以以想象的方式既超越出对事物的感知，又超越出被感知的事物。这时，空间意识从对空间事物的感知，变为对空间本身的想象。这里有双重的变化：一方面，空间事物可以从感知的显现变为想象的显现，例如对空间事物的回忆，另一方面，被感知的空间事物可以变为被想象的空间事物。空间意识在这个双重的变化中日趋丰富。最后，空间事物可以完全从空间意识中脱离出去。空间意识成为纯粹空间形式的展示场所。

这样便可以理解以下两点：其一，客观空间的形式化是作为意识对象而被构造出来的空间形式本质，它是几何学的研究课题；其二，现象空间的形式化（本质化）是构造空间的意识活动本身的形式本质，它是空间现象学的研究课题。

建筑是人造的空间事物。建筑师的工作，从实用的角度来说，只是为人提供可以使用的空间。但从艺术或工艺的角度来说，建筑师应当是一个将空间本质了然于心，并将空间事物与空间意识之间的关系玩弄于股掌之间的人物。

作家、艺术家可以描述客观的世界以及其中的人物，并因此而成为特定意义上的现实主义者、客观主义者；或者他们也可以描述主观的世界以及在其中显现的客观世界与人物，并因此而成为特定意义上的心理主义者、主观主义者；好的作家和艺术家还可以更进一步去把握在客观世界中起作用的客观（不为人所支配的）命运，以及在主观世界中起作用的主观（受人的本性决定的）命运，从而成为特定意义上的本质主义者。——这个情况同样适用于建筑师。

建筑的政治

好的建筑师多半会希望营造好的居所来为营造好的生活世界乃至营造好的生活氛围创造条件。在这个意义上，一个好的建筑师就是一个好的政治家。“政治”在这里可以是在古希腊意义上的政治，即城邦中的生活、共同体中的生活，也可以是中国古代思想中的政治，即对众人之事的管理。它们都发生在人们居住的场所中，并且在一定程度上决定着人们的生存状态，同时也为生存状态所决定。海德格尔的“筑、居、思”，或“筑造、居住、存在”，便是对这个并不复杂的关系的指明。建筑和居住方式本来就是本体论问题的一种。

与在政治家那里的情况相似，建筑师也有左派与右派之分。而区分建筑师右派和建筑师左派的标志与他们各自对理想的选择有关：究竟认为人类的理想居住状态是在过去，还是在未来？当然其中还夹杂着这样的问题：理想的居住状态究竟是自然形成的，还是人为设计的？右派大都主张前者，因此有保守派之称；左派多半主张后者，因此有激进派之称。在这点上，右派建筑师在论战中先天地处在下风。因为除非他们不设计，否则都会有左派建筑师之嫌。建筑设计的概念本身已经决定了建筑师们天生的左派本性，哪怕他们只是单纯模仿自然的居所。海德格尔居住的黑森林木屋与他穿着的黑森林农夫装，也都是精心设计过的。诗意地栖居，并不意味着随意地栖居在过去，而是对过去恋恋不舍地生活在现在。

这是现代与过去和未来的关系问题。为什么要向往过去？一个现代人，为什么要去讲述古代的故事？尼采大概会说："只有在历史服务于生活的前提下，我们才服务于历史。"情况的确大都如此。讲述古代的故事必定是为了现代的生活。只有我们认为古人生活得更好，我们才会向往他们，乃至仿效他们。如果交响乐或唐诗宋词或京剧或芭蕾是美的、有情调的、有情趣的、有气息的，那么我们当然会去追求，也会去效法，尤其是在现代当下不能为我们提供类似满足的情况下。而有一点是左派与右派共同的：对当下不满，他们都希望生活在别处。而他们的区别则在于，前者要向前寻找，后者要向后寻找。这个差异已然很大，有时会是性命攸关的差异。

王澍与莫言大概都属于后者。我不知道是否可以说，王澍是建筑界的莫言，莫言是文学界的王澍。金秋野在《何处望神州》文中对一些建筑师的吟唱或许也适用于一些文学家："他们不仅引我们去看更加深沉的生活之美，也教我们如何平息末法之世的浮躁和慌乱。为了聆听他们的教诲，我们只能遗忘百年来努力获得的现代人的身份，忘掉我们习以为常的语言和思维，就像脱掉一身临时御寒的衣裳，张开双臂，投入陌生的回忆之海。"

事实上，"他们"与"我们"此刻都不仅心怀不满，而且心存悖谬，对此可举最后一句"投入陌生的回忆之海"为证：回忆何以可能是陌生的？对陌生的东西如何谈得上回忆？除非这里对

“回忆”有异常的定义，比如“集体回忆”。而在这个扩展的意义上，过去与未来都可能不是我自己的，至多是我们自己的。因此，对过去的所谓“回忆”与对未来的所谓“期待”，都只是借口而已，都只是为了寻找并找到异于当下的东西而造出的借口而已。

然而另两个问题会紧逼过来：谁是我们？我们在哪里？我接触文学远多于建筑学，因此容我在这里多停留一会儿。坦言之，在今年（2013）的两位诺贝尔文学奖热门人物莫言与村上春树之间，我偏好后者。这当然与作者的国籍无关。在最民族的川端康成（已获诺贝尔文学奖）与最世界的村上春树（待获诺贝尔文学奖）之间，我仍然偏好后者。如果有人认为只能在过去的和自己的东西那里找到宁静与慰藉，那么我会相信这是个人的偏好，仅此而已；就像我认为对未来的东西和异己的东西的向往也不会直接决定作品的思想深度与力度一样。这种偏好与向往更多属于风格的问题，以及背后的作者的气质与经历的问题。

于是，过去与将来关系的时间现象学问题将我们引向了一个民族与世界关系的空间现象学或地域现象学问题，或者说，一个特殊与普遍的关系问题。

什么是民族，什么是世界？“现代性”使这个问题逐渐成为难题。民族之间的文化差异不是在扩大，而是在缩小。以往一个国家中两个地区的文化差异可能要大于今天两个国家之间的文化差异。然而何谓文化差异？政治差异是以政治制度为基础的。文化差异的基础在哪里？易言之，是什么导致了文化的不同？很难说是文化体制。

斯宾格勒在其耸人听闻的《西方的没落》一书中大致倾向于将文化定义为特殊的、民族的、个性的，而文明则意味着普遍的、共性的、世界的。他把文化到文明的发展视为一种没落，即："文化"逐渐没落为"文明"，个性最终融合为共性。现代就是一个文化下落到文明的时代。具体到西方的案例，"西方的没落"在他那里是指西方文化的没落，而不是指西方文明的没落。

在西方人那里最先完成了文化的没落，从而步入文明的阶段。此后各种文化也正在或将会逐渐进入到这个过程中，日本的、印度的、中国的、埃及乃至非洲的。在斯宾格勒那里，历史仅仅是文化的历史。因此，文化的终结就是历史的终结。这也是福山日后在其同样耸人听闻的《历史的终结》一书中重申的观点，只是福山思考的角度在于意识形态与政治体制，而不在于文化与文明的关系。

历史的终结并不一定是悲剧，它可以意味着我们永远滞留在某个可以自足的时段：或是当下，或是过去，或是将来。即是说，它可以意味着在这个时段中对永恒不变的真理的拥有。黑格尔便曾说过："如果我们以'真理是永恒的'为出发点，真理就不会落到变化无常的范围，也就不会有历史。"

一些人之所以还在苦苦挣扎，竭尽全力地去保存本己文化的元素与特质，也是因为认为那个时段是永恒真理的所在地，从它那里的偏离就意味着谬误和没落。但这些元素与特质是由什么构成的？这与前面所说的"我们是什么？"的问题是一而二、二而一的。

如果将文化的元素或文化差异的基础仅仅认之为语言，那么不仅建筑师和艺术家会提出异议，哲学家和思想家们对此也会有分歧。除非我们将语言的概念扩大，使它可以包含足够多的东西，至少要比抽象符号更多的东西，如建筑语言、艺术语言、音乐语言，舞蹈语言以及语言作为无符号的思维，诸如此类。但随着语言概念的扩大，与这个意义上的语言相关的文化差异会逐渐缩小。“鸟叔”（朴载相）的“骑马舞”是最近的一个例子。处在语言差异背后或附着在语言上面的观念差异是文化差异的促成者吗？这里当然又会产生进一步的问题：观念差异是如何产生的？是由我们的传统习俗所产生的吗？传统习俗的差异又是如何形成的？是因为我们居住所在的地理环境？古印度有“我们站在什么上面”的本底追问。这里的答案可能是我们最终会站在物质上面。即是说，建筑文化最终立足于物质基础之上。这是一个我并不愿意见到的物本主义的答案。但与托尔斯泰一样，安娜·卡列尼娜的命运与结局也不是他所能安排的。

看起来我们比较容易找到现代的共性。有一些共同的现代的东西——首先是物质，而后是物质文化，最后是精神文化——改变了或决定了我们当下的生活：电气工程、电子技术、卫生设施、交通运输、教育体制，诸如此类。这些事物与过程被我们称作现代化。它使得我们的居住与建筑不同于以往。例如，与此具体、直接相关的是建筑材料的现代化引起的人类建造与居住方式的现代化：现代交通使得大规模的旅行建筑和旅游景点建筑成为可能；电梯使高楼大厦成为可能；复合地板使得书房的转椅成为可能；城市的下水道系统使得抽水马桶成为可能；如此等等。

在这种情况下，文化的差异性仍然会作为个性元素而被利用，或是用作抵御文明之共性的工具，或是作为点缀文明之共性的工具，只是它们本身已经很难再成为被向往的目的本身。

可否听凭过去是过去，当下是当下，未来是未来？最后一点当然会引出问题，我们还会有未来吗？如果建筑文化真的没落和终结在建筑文明之中，我们还可以谈论建筑的未来吗？无法向往未来或无法回到过去，这对当代人来说是难以忍受的。因为看起来大多数当代人都或多或少地相信，真理不在当下。

2013 年 1 月 10 日

艺术中的三位一体：
艺术本体论 · 艺术现象学 · 艺术工夫论

艺术本源与艺术本体的含义在根本上是一致的。关于艺术作品本源的思考与讨论，例如海德格尔《艺术作品的本源》一文，就是关于艺术本体论的思考。

这里先要讨论艺术本体论和艺术现象学的内在关系，或者说，艺术本体和艺术现象的内在关系。艺术本体当然可以自身显现，即是说，艺术本体应当可以成为艺术现象，因此艺术本体论与艺术现象学应当是一致的。否则，艺术本体论就不是艺术现象学，而是艺术的本体主义（Ontologism），即一种主张艺术不以任何方式显现其本身的学说。当代艺术界的确存在着这种本体主义的艺术倾向，例如在一些作品中，或者什么也没有显现，或者显现了某些不是艺术的东西。

海德格尔曾说："本体论只有作为现象学才是可能的。"我觉得一直到现在为止，这个含义强调得还不够。将这个定义加以扩展并运用在艺术领域就可以说："艺术本体论只有作为艺术现象学才是可能的。”

进一步的问题便是本体自身显现为什么以及如何显现的问题。如果我们回归到古希腊的本体或本原概念上去，那么 arche（源、原）就是某物的起始点或使某事物或事件出现的原因。亚里士多德说：“所有的 arche 有个共同点，它们是事物的存在、产生以及被认知和说明的起点；但它们有的是在事物以内，有的却是在事物以外的。所以，arche 是一切事物的本性。”可以说，本性就是本原，在发生的意义上和在结构的意义上均如此。而借用传统中国艺术里面的说法还可以说：“境由心造，画为心生。”但这个“心”指的什么？再如，“视觉之思”中的“思”意味着什么？可否用胡塞尔现象学的观念来讲，是意向活动？但它是什么意义上的“意向活动”呢？是借助于一个心象（意义）构成的一个外部的图像（作品）吗？

如果将艺术家心中的“心象”（Image）看作“无”，将他创作的“画像”（picture/Bild，sign/Zeichen）看作“有”，那么艺术本体论与艺术现象学从静态看就居于有无之间，从动态看就生成于从无到有。它与“艺术本体是什么或显现为什么”的问题相一致。它是一个要由艺术家本人通过自我反思来回答的问题。

还需要强调的是艺术工夫。如果“艺术本体是什么或显现为什么”是与艺术现象学相关的第一个基本问题，那么与艺术现象学相关的第二个基本问题就是艺术本体论问题：“艺术本体如何显现？”海德格尔曾说：“在现象学的现象背后，本质上没有别的东西。”这是与胡塞尔相一致的。但他随后又说：“应成为现象的东西，仍可能藏而不露。”这是与胡塞尔可能不太一样的地方。

在我看来，“本性”或“本原”，要么自身显现，要么被显现。让这个本原展示自己，让它显现和听凭它显现，这两个说法在英文、德文里都是“让”（let / lassen），但一种是“主动的”让，也就是促使或逼迫，另一种则是完全放任的、“不动的”让，即听之任之。所以我可以把它翻译成两个部分，主动地让它显现需要努力，完全听凭它显现也需要努力，这种努力就是艺术工夫，对它的讨论是艺术工夫论。艺术本体想要显现自己，应当说，某些艺术的本体想要显现自己，就必须要下艺术的工夫。艺术工夫可以使得藏而不露的东西显现出来。在我看来，艺术工夫今天被强调得太少或忽略得太多。无论从何种意义上说，艺术本体都需要借助一定的艺术工夫才能自身显现，成为艺术现象。对“工夫”自然还可以做进一步的划分。在佛家禅宗与儒家心学中都有“顿悟”和“渐悟”的分别。在艺术活动中是否也有类似的分别？我们是否可以将它称之为“顿见”和“渐见”，或“顿现”与“渐现”？它们都应当与对心象的看见与表达有关。可以注意到这样一种现象：在艺术创作的初期，艺术家们往往在努力地显露自己的工夫或技巧，而中期则可能在刻意地隐藏自己的工夫或技巧，后期或许有可能达到从心所欲而无刻意的境界，全然超越出巧与拙的博弈，达到无工夫的工夫层面。

一个朋友在几天前刚刚给我发了短信，提出一个很有意思的问题。他说：“我现在藏地寺院的山里闭关。时不时进入你研究的问题频道：内在意识图像问题，比如禅定观想本尊。上师说开始时本尊如图片似的知见，观想深入会有觉受，但真正的证悟是本尊如在眼前，内在意识图像被眼睛外境地看见。在你的研究中会如何看待呢？”这里有一个表象与直观的差异与统一。这是前面所说的透视的与不透视的，或者胡塞尔所说的投射的与不投射的差异。它们决定着我所讨论的问题：一个是看见什么，一个是如何看见。

原创与积累再议[1]

能够获得思勉原创奖，我感觉很荣幸，或者更确切地说，我感觉很庆幸。因为“原创”是一个很大的词，尤其是在哲学领域，我一直未敢动心思高攀。这次获奖对我来说的确是个意外的惊喜。

我自觉是一位哲学思想的研究者而不是哲学体系的构建者；即我想成为一位哲学史家而无意成为哲学家。我向往的理想人格也是玄奘式的学者，而不是惠能式的思者；是胡塞尔哲学意义上的考古学家，而不是康德哲学意义上的建筑学家。这两种思想者的类型在一定意义上是冲突的：前者更多表现为对客观性的追求，后者更多表现为对主观性的诉诸。而在“原创”的概念中所包含的要素更多是主观性而非客观性，更多是发明而非发现，更多是创造而非理解。——所以我对此只是心向往之。

不过“原创”一词意义可大可小，对此我在下面会略微展开讨论。

1 《原创与积累》收录于倪梁康：《会意集》，北京：东方出版社，2001，30—34。

首先，在刚才所说的“大词”意义上的“原创”，是十分难得罕见的现象，是可望而不可即的云端。在人文学领域，“原创”相当于古人所说的“立德、立功、立言”之三不朽中的最后一项。从中国思想史上看，以为自己端出的是原创思想的人在近代以前是绝无仅有的。晚明的钱德洪，纵使在评论自己的老师王守仁时也不敢贸然用此“原创”的大尺度，而只是说：“吾师阳明先生，平时论学，未尝立一言，惟揭《大学》宗旨，以指示人心。”这与阳明自己的说法也是完全一致的：“上智绝少，学者无超入圣人之理。一起一伏，一进一退，自是功夫节次。”

这里所说的“功夫”，与学问与修行或理论与实践两个方面的积累有关，亦即朱熹所说的“只有两件事：理会、践行”。它们看起来都无关原创的意向。

十多年前，我曾应邀参加过一次讨论原创问题的笔谈。当时我写的题目是“原创与积累”，以强调两者之间的内在联系。也正因为此，今天我的论题是“原创与积累再议”。但这里的“再议”，并非对初论的修正，而只是补充。时至今日，我仍然一如既往地认为，我们身处的是一个积累的时代，而非原创的时代。需要补充的是，人类的精神发展大都是处在积累的过程中，只是偶尔不经意间才会出现原创的时段。

就中国思想史的发展来看，无论程、朱、陆、王等儒家圣人贤者，还是吉藏、玄奘、智顗、法藏等佛教高僧大德，都不会刻意地抱着原创的意向去造说立言，哪怕他们仍然会被后人视作思想的原创者。他们各自眼中的使命，大都是“为往圣继绝学”；他们各自认定的理所当然的工作，大都是对经典文献以及其中思想的注疏、汇点、翻译、考订、诠释和阐发；他们孜孜以求的实际上是理解而非创新。在许多大思想家那里，“原创”甚至更多是一个贬义词而非褒义词，是需要避免的东西，而不是应当追求的东西。在他们那里，问题并不在于新不新，而是在于真不真。因此，例如宋明理学的“新儒家”帽子，乃是今人所扣，而非古人自戴。再如，即使晚明唯识运动的发起者们和参与者们所做的事实上是对唯识思想的创新宣说，但他们原初所持守的也仍然只是“复兴唯识学”的基本宗旨。倒是如今的“新儒家”或“新唯识论”等说法，更多是出自现代的相关原创思想倡导者们的自我命名和自我定位。

在前面列举的佛教高僧大德吉藏、玄奘、智顗、法藏中，我没有提到禅宗六祖惠能的名字，因为在佛教思想史上被认为最富于原创性，也最倡导原创性的思想派别应当是禅宗。中国佛教传统在为整个《大藏经》所提供的丰富思想宝藏中能被称作“经”的唯有“坛经”。但纵使如此，中国佛教以及日本佛教的原创性也仍然是一个常常受到质疑的问题，直至本月（2017年12月）初，我在与一位做佛学研究的海外学者的交谈中依然遭遇此类问题。而在几十年前，爱德华·孔泽在其著名的《印度佛教思想》一书的开篇便做了这样的声明：“这里忽略大乘思想在中国和日本的进一步发展，原因很简单，我对这些语言不熟悉。”但他接着说：“这个局限性实际上并不像它看起来那样严重，因为大多数创造性的工作已经在印度完成了，而且即便是‘禅宗’所具有的原创性也还不足通常所认为的一半。”

在这段话中所表明的可以说是世人对“原创性”这个大词的最极端理解了。这个意义上的“原创”，恐怕只有“轴心时代”的苏格拉底、柏拉图、亚里士多德、孔、孟、老、庄、佛陀、耶稣和查拉图斯特拉等贤哲圣明的作品才能担当。他们以原创的方式从根本上规定了人类的精神生活脉络。而此后至今的人类思想史的发展，按此理都配不上“原创”的称号，至多只能是对原创的经典思想的解释和阐发而已。因此才有人会问，中国有佛教吗？还是只有对佛教的诠释？

不过按此“原创”标准来衡量，佛教不仅在印度之外无原创，而且在印度本身自原始佛教以降也无原创，不论小乘、大乘，不论显宗、密宗；西方哲学在古代希腊之后，甚至在希腊化时期，也可以说已经没有多少原创性的东西了，于此亦可理解怀特海的夸张说法：整个西方哲学都是柏拉图的脚注而已；还可以说，基督教的思想传统中除了《圣经》之外没有多少原创性的东西，无论是在托马斯·阿奎纳那里，还是在奥古斯丁那里；与此同理，儒家的后期发展也可以说是毫无原创可言，不论程朱，不论陆王，遑论熊十力、牟宗三、唐君毅、徐复观以及如此等等。——这的确是“原创”一词的最高和最大的含义了。

但如前所述，“原创”既可以是个大词，也可以是个小词。一句话，一段文字，只要不是完全的抄袭或全盘的引用，都可以说是“原创的”。即使是用另一种文字对它做逐字逐句的翻译，这个翻译也应当说是一种“原创”。因而思想史留下的汗牛充栋的经典文献，图书馆里不计其数的书籍资料，以及期刊库中连篇累牍的论文评论，只要无涉抄袭和剽窃，都有权可以自称为和被称为“原创的”。

这里的“原创的”，基本上等同于“原本的”，它无非是指：原初是自己创作的。这个意义上的“原创的”，当然不是一个大词，并不等于“伟大的”；而作为大词意义上的“原创的”，则基本上可以与“伟大的”同义。

在我看来，哲学思考和研究往往与对伟大思想的理解有关。哲学不应该是某种智慧与才华的宣示，也不是与围棋或象棋无异的智力游戏，对哲学家的比较和评价更不能仅仅归结为智慧的高低，创意的多少——可能这正是哲学家和文学家的区别。如果洛克和休谟的差别仅仅在于后者在智力上优于前者，如果他们所说的东西无法以距离真理的远近来衡量，那么我们与其读哲学著作还不如去读童话小说，前者比后者更像是罗素在《西方哲学史》中所批评的“无聊的闲耍”。

之所以会出现以上两种截然不同意义上的“原创”概念，很可能是因为，它自近现代以来才逐步成为一个关键词。按照《哲学概念历史辞典》的说法，无论是“创造性”还是“原本性”，都是自 14 世纪以来出现并逐渐成为常用的和核心的概念。甚至可以说，“原创”或“创新”应当是在人类进入资本主义时代后才出现的关键词，至少它与自然科学与技术的发展有关。它是创造发明的范畴在人文学领域中的移植。我们应当看到它后面隐含的经济学诉求。“原创”的主张与“版权”和“专利”的形成差不多是同步的。而在中国思想史上，“原创”的概念实际上也是随西学东渐才开始进入思想界的，并逐步成为现代思想家的自觉要求。

我在这里对“原创”一词的解构，并不是为了拆毁它，而更多是为了还原它，并且是通过还原来给自己作品的“原创性”正名：我不仅相信，而且也知道自己的工作是原创的，因为里面的每句话，只要不是引用的，都是我自己对汉语言文字的独特排列组合，以及我本人在其中对他人思想的特有理解记录。由于原本的理解在我看来就是一种原创，因此可以说，我所从事和诉求的是一种原创性的工作，是我可以在下面毫不犹豫签下自己名字的语言思想作品。

不过我自己也一直相信，“与其创造渺小的，不如理解伟大的”。

在此意义上，我在此次获奖著作的引论中对拙著的定义仍然确当：它是“一个东方研究者从‘自识’与‘反思’理论的角度出发对西方近代历史的一个理解尝试”。

谢谢大家！

2017 年 12 月 24 日

原创与积累三议

关于“原创”，此前我已经写过两篇短文。第一篇就是在《江海学刊》上的“原创性问题笔谈”栏目上发的，我当时的题目是《原创与积累》。后来的一篇叫作《原创与积累再议》，发在《探索与争鸣》上，那是我为拙著《自识与反思——近现代西方哲学的基本问题》获得华东师范大学的“思勉原创奖”而撰写的获奖感言。所以这次的发言可以题为《原创与积累三议》，以示一而再、再而三也。

第一次的笔谈我想是由吴炫组织的。依稀记得他在收到我的文稿后有些愀然不悦，说我们要谈原创你却偏要谈积累。第二次写获奖感言时我也想要写原创与积累，因为感觉自己的作品的确只是思想史研究的积累而非思想的原创。一位当时参与评审的朋友知道后就批评我说：我们认为你的原创性很强，你若说自己不是原创，岂不是在说我们没眼光？

看起来我在原创性问题上代表了一个对立面，而且恐怕这也是韩璞庚一再请我来这里发言的主要目的：当大家的靶子。但实际上，我虽然反对许多流行的东西，例如反苹果、反茅台、反人工智能、反虚拟世界以及如此等等与操纵经济学有关的东西，包括可疑的创新股，但却从未反对过思想领域的原创。

原创，无论是小到对一个概念的重新阐释和重新赋义，例如对“气”的概念的诠释，还是大到对一个思想体系的构建或对一个思想脉络的梳理，例如对“气的思想”的历史脉络追踪，对“气的现象学”的系统论述，都是让人心向往之的事业。

因此，如果我被当作反原创派，那么这个误解的原因只能有两个：要么是我们所理解的“原创”不一致，要么我们所言说的“原创”不一致。

“理解的不一致”可能在于，我理解的“原创”是一个可大可小的词，而且并非始终就是一个褒义词。

而“言说的不一致”则可能在于，我不想用褒义上的“原创”一词来指称或评价自己的思想努力，而只想用于指称和评价他人的思想成果。

关于前一点，我的前两篇文章已经有所说明，这里不再赘言。而关于后一点，我在这里再多说几句。

有些性格或品格的摹状词只能用来意指他人，而不能用于自我认识和自我评价，否则会出现“测不准”甚至“自反”的现象。譬如，无论我是对自己说还是对别人说“我很谦虚”，它所表达的状况都趋向于其对立面；“我很骄傲”也是如此。类似的还有“大方”和“小气”，“勇敢”和“怯懦”，如此等等。但凡人每次这样想或这样说，他所标明的心态或性格虽然不一定就转而成为其对立极，即所谓“自反”的结果，但却必定会使其向其对立极做或多或少的挪移，由此而会发生相应的改变，所以有测不准之说。这个问题应当成为性格心理语言学的专项研究对象。

“原创”虽然不属于性格摹状词，但在其使用方面的情况却与此相似。总说自己是在原创的，情况可能正好相反。不说自己原创或不求创新的，诸如儒家的朱子、阳明子，佛家的玄奘、慧能等，反倒会被别人评价为原创的。

我还是要说：真正的原创是伟大的事情，但它是可遇而不可求的，因此不是创造，而是发现，就像禅宗的开悟、哲学的明见、基督教的天启、佛家的觉醒、儒家的入圣、道家的悟道……这个意义上的“原创”，是最初的惊鸿一瞥和随后的驻足痴望！

思想笔记

王畿还是袁黄?

——一句名言的原作者之考

"从前种种譬如昨日死,从后种种譬如今日生。"这两句话一向被视为明代著名思想家袁黄(初名表,号了凡,1533—1606)所著《了凡四训》中的名言,为曾国藩、毛泽东、蒋介石、李叔同(弘一)等政治家与思想家所喜好,常引于书信、日记、文章、讲话等。尤其是曾国藩,他在读了《了凡四训》后为自己改号"涤生",称:"涤者,取涤其旧染之污也;生者,取明袁了凡之言'从前种种譬如昨日死,从后种种譬如今日生'也。"他在给其弟曾国荃的信中对此句还解释说:"袁了凡所谓'从前种种譬如昨日死,从后种种譬如今日生',另起炉灶,重开世界。"以后毛泽东在1913年《讲堂录》的读书笔记中也曾特别录下"从前种种譬如昨日死,以后种种譬如今日生。不悔之谓也,进步之谓也",并眉批"曾语"二字。

然而近来在翻译老师耿宁先生《人生第一等事——王阳明及其后学论"致良知"》一书时,偶遇罗洪先(1504—1564)写于

1554年的《甲寅夏游记》。他在其中以日记的方式记录了他与王畿于该年7月在江西境内的一段旅途，其中写道："初七日，舟至小港口，[王畿]出一纸相示，索予手书。览之，乃《林间八戒》也。龙溪平生自信大过，于世俗毁誉所指为好丑高低者，一切无所拣择，以为道固在是，不知情欲走漏，从此便有夹杂疏脱之病。夫病有所偏，则当于偏处严为之防，所谓对治之剂也。故《八戒》中虽小不遗，其自叙末有云：'从前种种譬如昨日死，从后种种譬如今日生。'其恳到痛切，犹拔眼钉、去背芒者，又欲予助警语以为后验。予喜甚，忆往年闻谤，曾以书告，诚意未至，未闻幡然，兹何怨艾之深也。因许至洞中整暇书之。"

由此记载观之，王畿（1498—1583）显然在1554年前便已将此两句名言写在其《林间八戒》文章的自叙中，而罗洪先显然也将它们视作王畿本人的话语。可惜《林间八戒》现已佚失，未收于现存的王畿全集的各个版本中（无论最早的明万历《龙溪王先生全集》二十二卷，还是直至2007年最新的《王畿集》二十卷又五附录）。于是只能从罗洪先的引述中揣其大略。

是否王畿引用了袁黄的《了凡四训》而罗洪先不知？似乎没有可能！因为从史料记载来看，袁黄的四篇训诫文字此时尚未问世，尤其是"从前……"一句出现于其中的《四训》第一篇"立命篇"，基本可以认定为写于万历九年至十八年间（1581—1590）；《四训》全书则被认为是袁黄68岁时为其独子袁俨（字天启）所撰，亦即写于1600年前后。而王畿撰写此句的时间至少是在1554年之前。是年袁黄21岁，实不可能在那时便已撰写出"立命之学"来训诫他的儿子。

袁黄并未将"从前……"一句归于自己名下。他在"立命篇"中回忆：隆庆三年（1569），他科举落第，在南回途中于南京"访云谷会禅师于栖霞山中”，受其点化，才改号为“了凡”。“从前……”一句，便是云谷禅师劝化他时所说。（曾国藩一再将此两句称作袁了凡之言，原因大致有二：要么他没有读过《了凡四训》原作，两句只是道听途说；要么他认为此两句只是袁黄假托了云谷。我倾向于后一种可能。）历史上云谷（1500—1575）确有其人，但他在袁黄写此回忆时已圆寂多年，无法出来辩正。后人虽然也有将此两句回溯到云谷的，如清代彭际清所撰《居士传》之四十五《袁了凡传》与《千山剩人和尚语录》卷之四，但其最终依据无外乎袁黄自己在《四训》中的说法。

其实，即便此两句的确出自云谷之口，也至少已是在王畿于《八戒》中书写它们十五年以后了。至今尚未发现在云谷与王畿之间有任何思想联系，因此这里只能将他们二人彼此引用的可能性搁置不论。

但在王畿与袁黄之间则有相当多的思想联系。先说其一：王畿与袁黄的父亲袁仁过从甚密。王畿曾为袁仁撰有《袁参坡小传》，其中介绍：参坡袁公名仁，字良贵，浙西嘉善人，生于明宪宗成化十三年（1477）。据此，袁仁长王畿21岁（王畿则长袁黄35岁）。

王畿在这里说明他与袁仁相识是因为王阳明、王艮的缘故：“心斋王艮见之［袁仁］于萝石所，与语，奇之曰：‘王佐之才也。’引见阳明先师。初问良知之旨，先师以诗答之曰：‘良知只是独知时，自家痛痒自家知。若将痛痒从人问，痛痒何须更问为？’瞿然有省，然终不拜。弟子有谤则告，有过则规，先师以益友待之。嘉靖戊子，闻先师之变，公不远千里迎丧于途，哭甚哀，与余辈同反会稽。”而后王畿继续写道：“自是而后，余至嘉禾，未尝不访公，公闻予来，亦未尝不扁舟相过。故余知公最深。”由此亦可见王畿、袁仁关系甚密，彼此十分了解。

袁仁去世于明世宗嘉靖二十五年（1546）。王畿描述其临终姿态:“丙午六月,公有微疾,闭关谢客,焚香静坐,语家人曰:‘世事如梦,生死如影。吾欲高谢尘纷矣。’至七月四日,呼儿书偈一首,投笔而逝。”袁仁死时享年69岁，袁黄年方13岁。

再说其二：因缘所致，王畿此后也巧与袁黄本人相识。王畿在《袁参坡小传》文章的结尾处谈到撰写此文的一段故事：“公没后二十年，武塘袁生表［袁黄］从予游，最称颖悟，余爱之而不知其为公之子也。后询其家世，始知为故人之子，因作《小传》授之，以志通家之雅。”据此算来，王畿认识袁黄并得知他是袁仁之子的时间应当是1566年，此时距王畿撰写《八戒》已经过去至少十二年。

是否王畿此前将其《八戒》文给袁仁看过，而袁黄又从父亲那里得到该文，从而录得上述两句？甚或，是否王畿在1566年或之后也像他对罗洪先所做的那样，“出一纸相示”，将《八戒》文交给袁黄看过，从而使后者在三年后拜访云谷禅师时或在二十多年后撰写“立命篇”时有可能做此假托？

从以上种种迹象来看,至少可以这样说:如果说袁黄的《四训》是从王畿的《八戒》中录得“从前种种譬如昨日死，从后种种譬如今日生”这两句，那么这已经不能算是大胆假设了。而后者录自前者的可能性则几乎不存在。

这里固然还有一个前提或预设:这两句话的作者只是袁黄（含云谷）、王畿二者之一。否则，他们共同录自更早的第三者也未必不可能。这个前提或预设正是笔者需要请求方家帮助小心求证的。

故而这篇小文目前只能得出以下结论：（1）“从前种种譬如昨日死，从后种种譬如今日生”这两句话并非袁了凡本人所言，他有可能直接从云谷禅师那里听说，也有可能间接或直接从王畿那里读到或听到；（2）至此为止它们在文字上最早见于王畿《林间八戒》文，因而我们在没有发现更新的资料之前可以说，这两句话出自王畿。

之所以要考证这两句的出处，乃是因为在我看来，它所提出的主要不是立志、劝善一类的修身主张或道德格言，而是儒家和佛家在心性方面的描述刻画与相应的修习要求。它为时间意识现象学与发生现象学分析的课题研究提供了一个切入点。这是笔者接下来或许会做的一项工作。

2011 年 10 月 10 日

关于“存在”的论题[1]

简单回应一下王路的质疑。

关于 Sein 或 ist、sind 在胡塞尔那里应当译作“存在”还是“是”的问题，我与王路此前至少讨论过两次，记得一次在北京，一次在上海。应当可以说，我对王路的观点早有了解。即便如此，我在修改完《逻辑研究》中译本之后仍然维持将 Sein 译作“存在”，这自然有我自己的理由。

胡塞尔哲学中的“存在问题”，是我至此所研究的现象学问题中即便不是最主要的问题，至少也是最主要的问题之一。我的博士论文便是以存在问题为题的：《胡塞尔现象学中的存在信仰》（*Seinsglaube in der Phänomenologie E. Husserls*）。当然这个问题在胡塞尔现象学中必须得到改写，存在问题以“存在信仰”或“存在意识”的方式被探讨。与海德格尔不同，胡塞尔的现象学不会讨论存在是什么，也不会讨论时间是什么，而只会讨论我们如何意识到存在，我们如何意识到时间。这是现象学典型的进入问题方式。

1 根据 2009 年 4 月 18 日北京大学会议发言内容整理。

应当将Sein译作“存在”还是“是”，这首先是一个对胡塞尔哲学的翻译方法问题。在我看来，在许多语境中将Sein译作“是”，恰恰会让人无法读懂。这些例子可以随手拈来，无须费心劳力地到《逻辑研究》中去寻找。譬如Seinsglaube或Seinsbewusstsein译作“是信仰”或“是意识”必定会让人读不懂。胡塞尔所说的“Wahrnehmung ist Seinsbewusstsein.”若译作“感知是是意识”，且不说出版社的编辑一定会认为这是笔误，就是自己读起来也不像是中文。

再举胡塞尔的一句话为例：“不言自明，事物存在着，作为静止的、运动的、变化的事物而存在于无限的空间之中，并且作为时间性的事物而存在于无限的时间之中。”（Selbstverständlich sind Dinge, sind als ruhende, sich bewegende, sich verändernde im unendlichen Raum und als zeitliche Dinge in der unendlichen Zeit.）这段话若按王路的要求译作“是”就真的让人读不懂：“不言自明，事物是，作为静止的、运动的、变化的事物而在无限的空间中是，并且作为时间性的事物而在无限的时间中是。”

还是回到《逻辑研究》上来。胡塞尔在其中提到Sein或ist、sind的地方有上千处，其中大都是指作为动词或动名词的“存在”，而非作为系动词的“是”。我在那里采取的统一译法是将名词Sein译作“存在”，将系动词ist或sind译作“是”，如S是P。在王路挑选出的两个例子中也是如此。关于译名的统一性问题，我曾专门撰文讨论过，这里不再赘述。如果有人认为我的这种统一译名的做法不合理，我会乐于倾听他所提出的理由。但如前所述，这里所涉及的仅仅是翻译方法的问题。

其次，我也同意王路的观点：将Sein译作“存在”还是译作“是”，这是一个哲学理解的问题。但问题在于，无论王路从

Sein 角度出发对西方哲学的总体理解是否正确，至少他在这个问题上对胡塞尔哲学的理解是错误的。因为在胡塞尔这里，Sein 首先并且主要是指“存在”，而不是“是”。

胡塞尔通过意识分析所得出的一个主要成果是意识行为之间存在着奠基的关系。所谓“奠基关系”，是指一些意识行为必须以另一些意识行为的存在为前提：“一个行为的被奠基……意味着，就其本质，即就其种类而言，被奠基的行为只有建立在奠基性种类的行为上，它们才是可能的。”在意识行为中最为基础的是感知行为，其次是回忆、想象、图像意识、符号意识，这些意识行为的属一同构成表象行为这个意识行为的属。建立在表象行为的基础上的是判断行为，它们一同构成客体化行为这个更高的属。这个更高的属复又成为所有非客体化行为（情感行为、意愿行为）的基础。

撇开非客体化行为不论，客体化行为本身可以分为两类，即表象与判断。它们都涉及 Sein，具体地说，它们都涉及“存在设定”（Seinssetzung），或者说，它们都与“存在意识”（Seinsbewusstsein）有关。但是，并非所有客体化行为都涉及作为系动词的“是”。作为系动词的 Sein 出现的前提是，它必须出现在一个命题或语句中，简言之，出现在一个判断中，因为它是对一个语句中的两个成分的联结。Sein 不可能作为系动词出现在表象中。

因此，只有在高层次的思维活动和语言活动（符号意识、判断行为）中，Sein 才可能具有“是”的含义，而在奠基性的意识行为如感知、回忆、想象、符号意识等直观意识中，Sein 都只具有“存在”的含义。例如，以胡塞尔的例子，“我看到这棵绿树”，这个“看”（感知）中含有对这棵树的现在存在的意识，以后我回忆它，也会带有对这棵树过去（当时）存在的信念。而自由的想象则不带有存在意识，它对自己的对象（如狼外婆或哈利·波特）

不做存在设定（如果儿童相信它们的存在，那么他们与此相关的意识就不是自由想象，而是现实想象）。

胡塞尔的意识分析工作，绝大部分集中在这些基础性的意识体验上。现象学是关于现象的学说，现象首先是指对象构造层面上的显现者与显现活动之间的关联，即意向活动、意向相关项之间的关联，而后现象概念才扩展到述谓思维的领域中，才涉及“这棵树是绿的”以及类似的“S 是 P”的判断，才可能出现系动词的问题。在基本的对象—表象领域中，完全没有作为系动词的 Sein 的位置。用“是”来翻译表象行为中的 Sein 的因素，完全是对胡塞尔的误解或不解。

王路的整个主张都基于一种可以称作逻辑主义的思路，即单纯从逻辑学甚至单纯从谓词逻辑的角度出发来理解西方哲学的基本问题。这种主张恰恰对应了海德格尔在《现象学的基本问题》中所提到的关于存在的“逻辑学论题”。

海德格尔在这里将传统的存在论题归为四类。第一类是康德的论题：“存在不是实在的谓词。”第二类是源于亚里士多德的中世纪存在论论题：如“在”（essence）、“实存”（existence）。第三类是近代存在论论题：存在的基本方式即自然（res extensa，广延者）、精神（res cogitans，能思者）。第四类便是王路式的逻辑学论题：“一切存在者，无论其各自的存在方式如何，都可以通过‘是’来称谓和谈论。系动词之存在。”

这里不去讨论海德格尔对这四种传统的存在论题的分析和批判。仅就以上对胡塞尔现象学的存在问题说明就已经可以看出，王路所做的尝试，仅从逻辑学的角度出发来解释西方哲学中的存在问题历史，因此难免会犯下以偏概全乃至舍本求末的错误，毕竟逻辑学研究或语言学研究并不等于哲学研究。

近年来中国哲学界的研究趋向与关注问题

历来哲学研究领域便存在三种基本力量：潜心追踪问题的、致力开显风气的、偏重结合现实的。近年来的汉语哲学研究基本上也仍然由这三个因素构成。追踪问题者仍在不懈地探讨哲学的基本问题：存在、真理、心智、意识、语言、思维、结构、发生、实在、神秘、正义、良知、自由，如此等等。开显风气者则仍在不倦地发掘出形形色色的思想资源，倡导千变万化的时代精神：政治哲学的、实践哲学的、社会哲学的、语言哲学的、宗教思想的、历史哲学的，如此等等。联系现实者也仍在用各种方式将哲学精神与实际需求结合为一，无论是通过传统的还是现代的媒介手段。

但在这些历来共有的因素之上，汉语领域的哲学研究近年来出于种种原因而从总体上呈现出一种反思本己思维方式的特征，可能用费孝通先生晚年提出的“文化自觉”的概念来表述这种特征比较合适，尽管这个特征与费先生赋予此概念的本意并不见得完全相符。这一特征在外部表现为各种国学研究机构与刊物的创立，以及各种形式的国学热；在内部则表现为学术界对中国哲学、思想和文化在理论上的重新审思和重新定位。

外在的轰轰烈烈实际上是内在潜移默化的结果，而且内部发生的变化往往是深层次的。例如冯友兰等人引入西方哲学的范畴和体系来解释中国哲学的方式是否合理的问题，便比较典型地反映出哲学界内部的学术反思和文化自觉的趋向。

但是，由于重新审思与重新定位的问题涉及面较大，关系到如何评价古典中国哲学和如何界定中国的现代性的问题，还会引发对中西方文化关系、对近代以来西学东渐过程乃至对整个世界历史的重新讨论和评估，因此，这个方面的讨论与思考还在进行之中，远未完成。

这一特征具体表现在近几年来受到广泛讨论的几个哲学论题上，这里仅举四例。它们或多或少都与对汉语哲学乃至中国文化的本己反省的做法与达致自觉的意向有关联。

第一，近年受到普遍关注的一个问题是现代汉语哲学的合理性或合法性问题，以及在更大范围中讨论的中国学术的文化自主性问题。这个问题涉及对哲学以及学术的理解，并且最终会归结为这样一个问题：哲学究竟是一种文化或艺术，还是一种科学或知识？

现代汉语哲学合法性的问题是以中国有没有哲学的问题形式被提出的。提出者或质疑者基本上将哲学默认为一种文化产物。在此前提下，源自希腊的哲学精神、理性概念与理论思维就被看作是某个文化的特性或某一类语言的特性，而不具有适合于所有文化、所有民族和语言的普世和恒久的效用。它所具有的表面的、暂时的力量，被看作是一种通过作为西方哲学衍生物的科学技术的有效强力而得以施行的普遍主宰，并且将会随时代精神和主流话语的变化而改变。

另一种观点则把哲学思维看作一种人类共有的或能够共有的

思维方式，是人性中普遍存在的因素，它表现为理性的自我反思和自我论证的努力。对这种能力的认识、把握和弘扬，是哲学的责任。在此意义上，哲学不被看作是由希腊人发明的文化遗产，而被看作一种全人类的共同精神财富。它只是在希腊人那里最先受到重视，并得到倡导而已。

这个讨论在中国的哲学研究界最终导向一种重写哲学史的普遍主张。但无论如何可以相信，这种重写仍然会在一种与西方哲学的对话中进行。

第二，与在科学领域的情况类似，哲学研究领域对哲学思考原创性的强调呈现突然增强的趋势，至少原创性问题在这几年受到广泛的讨论。原创性问题的提出无疑起因于哲学研究领域原创性因素的缺失。得到普遍认定的一个事实是：在当代中国哲学界既缺乏类似孔孟老庄或程朱陆王的传统型哲学家，也没有产生出像乔姆斯基、福柯、德里达、哈贝马斯等那样在国际学术界受到广泛讨论和研究的现代思想家。

因此，问题的讨论一方面表现在如何达致原创性的方法上，另一方面也涉及原初性缺失状况的形成原因。这两方面讨论的结果实际上含有对立的成分，因为前者围绕原创性的方法展开，从而预设原创性缺失的原因在于方法意识的不成熟，而后者的讨论则致力于从其他方面寻找原因，如思想资源积累不充分，如此等等。

第三，近年来在中西方哲学研究者之间发生的关于苏格拉底和孔子有关“亲亲互隐”问题的争论，甚至可以说是论战，也在很大程度上与文化反思的趋向有关。在《欧绪弗洛篇》中，苏格拉底曾与欧绪弗洛讨论后者状告其父是否应当的问题，在《论语·子路》中，孔子曾提出“父为子隐，子为父隐”的主张，它们被看作代表了两种文化特质的案例，由此引发对儒家伦理与西方伦理之间差异的不同确定与评价。

对这个问题的讨论不单纯是学术的争论，因为苏格拉底并未明确给出他的立场，因此很难被看作是孔子的对立面。问题的实质在于对构成中国文化核心的儒家伦理之评价。事实上，在西方和东方，都存在情与理之间或自然美德与社会公德之间的对立。对某些因素在某个文化中的特别强调，反映出通过文化反思而获得的不同结论，以及其中预含的不同立场。

第四，近年在外国哲学研究领域重新发生的对思想翻译的讨论，尤其对 being 的翻译，包含了许多对中西文化传统根本差异以及文化间基本共性的再次思考。尽管已经有几代学者触及这个问题，但近期的讨论实际上已经超出语言翻译的层面，甚至超出语言哲学的层面。这里引发了一连串的问题：如果在汉语中没有类似 einai（to be / sein）的语词，那么理解作为哲学之基干的“本体论”是否可能？如果我们本来就不具备西方的语言，我们是否还有可能进行真正的西方哲学式的思考？西方哲学是否只是某一类语言的特殊思维产物？西方哲学思想的研究和倡导者，是否本身处在西方语言中心主义的巢穴中？

这样一来，原本是在语言哲学方面的问题讨论，最后导向了一种文化哲学的分析和评价，导向各种类型的文化自我反思和文化自我定位。

事实上，以上对第四点的最终导向的描述，也适用于第一点中涉及的汉语哲学特质的讨论，适用于第二点中涉及的方法论思考，以及第三点中涉及的道德哲学问题讨论。

从总体上看，文化自觉的趋向在很大程度上与近年来中国国力的增强和国际地位的提升有内在联系，它们几乎是相伴而生的。因而文化自觉在一定程度上是文化自信的表现，它取代了近代以来在知识分子中较为普遍存在的一种复杂心态，这种心态中含有怨恨（ressentiment）的成分，即一种面对西方不请自来的“德先生”（democracy）和“赛先生”（science）所具有的强势与强权而产生的既信服和仰慕，又无奈和不甘的心理。始终挥之不去的“中国文化的出路”[1]的问题，在近年内已经悄然转变成了“中国文化的自觉”[2]的问题。

应当说，尽管文化自觉的问题不是新的，但对待问题的态度或心境却是新的。易言之，问题并非首次提出，但提问者的心态和出发点已与以往大相径庭。与哲学问题的一般结果相似，答案往往是无关紧要的，问题和提问本身就已经给出了许多说明与启示。

1 这是陈序经于1933年在中山大学的讲演题目（内容可以参见陈序经《中国文化的出路》），他认为：“寻出一种办法以为中国文化前途计的人，大约不出下面三个派别：（一）主张全盘接受西方文化的；（二）主张复返中国固有文化的；（三）主张折衷办法的。”他本人属于第一派别。

2 费孝通先生自1997年起曾多次论述他对“文化自觉”的理解：“文化自觉只是指生活在一定文化中的人对其文化有‘自知之明’，明白它的来历、形成过程、所具的特色和它发展的趋向，不带任何‘文化回归’的意思。不是要‘复旧’，同时也不主张‘全盘西化’或‘全盘他化’。自知之明是为了加强对文化转型的自主能力，取得决定适应新环境、新时代时文化选择的自主地位。”“反思实际上是文化自觉的尝试。”

孔子论“仁”及其“相对主义”

前不久在系里做讲座，其间提到中国最具有哲学气质的思想家是孟子，因为他的普遍性诉求最为明确。在接着讲座进行的讨论中，有听众提问孔子是否属于哲学家，是否有普遍性诉求。我回答孔子与孟子在这个方面恰好相反，并且调侃说孔子是一个“见人说人话，见鬼说鬼话”的智者。当时见听众并未理解，我便举例说：曾有两人问孔子遇到事情该不该问了长辈再做，他对一个人说应当如此，对另一个说不应当如此。这里可以附上《论语》中的相关故事的原文为证：

> 子路问：“闻斯行诸？”子曰：“有父兄在，如之何其闻斯行之？”冉有问：“闻斯行诸？”子曰：“闻斯行之。”公西华曰：“由也问闻斯行诸，子曰‘有父兄在’；求也问闻斯行诸，子曰‘闻斯行之’。赤也惑，敢问。”子曰：“求也退，故进之；由也兼人，故退之。”（《先进》）

这当然只是《论语》中可以找到的许多证明孔子“相对主义”

倾向的案例之一。事实上这里的“相对主义”并非贬义，而是指一种因人施教或见机行事的智慧，也是亚里士多德“实践智慧”（φρόνησις）的中国版本。现在我还可以给出一个最典型的例子来说明这个问题：孔子在《论语》中对其思想中的核心词或关键词“仁”的说明。

杨伯峻在其《论语词典》中指出，《论语》中提到“仁”的地方共有 109 处，与眼下计算机统计的数字完全一致。他同时还说明其中有 105 处与孔子的道德标准有关，而这是计算机无法给出的。在这 105 处中，真正对“仁”做出定义描述或特征刻画的大致有 15 处，而其中只有两处是同义的或重复的。

这两处是《学而》与《阳货》中的同一句话：“子曰：‘巧言令色，鲜矣仁！’”我们与其将它们视为孔子在两个场合重复了同一句话，不如认为是两个人分别记载了孔子在同一个场合之所说。这也就意味着，我们可以说，孔子对“仁”的解释与说明，没有一次是相同的。下面我们一一看来。

上述对“仁”的两个相同描述是否定性的，它们没有说明什么是“仁”，而只是说明了什么不是“仁”：花言巧语、装腔作势的行为举止或性格态度距离“仁”很远。另外还有一个类似的否定性描述事关对宰我的批评：“子曰：‘予之不仁也！子生三年，然后免于父母之怀。夫三年之丧，天下之通丧也。予也，有三年之爱于其父母乎？’”“不仁”在这里相当于“不孝”。最后还值得留意孔子第三个对“仁”的否定性描述。《公冶长》中，孟武伯问孔子：“子路仁乎？”孔子说：“不知也。”接下来再问及几位弟子是否“仁”，孔子的回答十分特别：“由也，千乘之国，可使治其赋也，不知其仁也。”“求也，千室之邑，百乘之家，可使为之宰也，不知其仁也。”“赤也，束带立于朝，可使与宾客言也，不知其仁也。”孔子在这里说明，有许多好的能力不属于“仁”，因而在总体上仍在做否定性的规定。

这里同时还表明一点，即孔子明确认为自己虽然知道某些弟子有特定能力，但却并不因此就有能力辨识他们是否属于“仁者”。他在《里仁》中提出的辨识“仁”的方法恰好与此相反，不是通过对他们能力的观察，而是通过对他们过失的观察：“人之过也，各于其党。观过，斯知仁矣。”

与上述第一个“不仁”的定义相对，有三个比较相近的对“仁”的肯定性描述。《颜渊》说：“仁者其言也讱。”《子路》有两处对“仁”的刻画：其一，“居处恭，执事敬，与人忠”；其二，“刚毅、木讷”。按照这些描述，“仁”似乎是一种性格，或秉性，或素质，或品德等，类似于“敏于事而慎于言”或“讷于言而敏于行”的君子风格。“巧言令色”无疑属于小人的禀性，因此，“未有小人而仁者也”（《宪问》）。

可是在《雍也》中，“仁”又被视为一个过程或结果：“仁者先难而后获，可谓仁矣。”它在这里意味着付出努力而后有收获。这是对樊迟的回答。

而在同篇中对子贡问“仁”的回答则涉及一个伦理原则：“夫仁者，己欲立而立人，己欲达而达人。”与此对应的原则是《颜渊》中在仲弓面前对“仁”所做的规定：“己所不欲，勿施于人。”而这个原则在那里是与许多行为举止结合在一起的：“出门如见大宾，使民如承大祭。己所不欲，勿施于人。在邦无怨，在家无怨。”[1]

此外在孔子那里还可以找到对“仁”的其他原则性定义，如

1 “己所不欲，勿施于人”在《论语》中出现两次，另一次在《卫灵公》中：“子贡问曰：‘有一言而可以终身行之者乎？’子曰：‘其恕乎！己所不欲，勿施于人。’”

《颜渊》中，颜渊问“仁”时，孔子的回答为：“克己复礼为仁。一日克己复礼，天下归仁焉。为仁由己，而由人乎哉？”这个原则可以具体化为“非礼勿视，非礼勿听，非礼勿言，非礼勿动”。而在同一篇中樊迟问“仁”时，孔子的回答是“爱人”。这个原则也可以具体化为“举直错诸枉，能使枉者直”。《里仁》中没有记载孔子对谁说话，而只记载“子曰：‘唯仁者能好人，能恶人。’”

“仁”在孔子那里还被视为某种方法或策略或手段。《卫灵公》中，子贡问“为仁”时，孔子答曰：“工欲善其事，必先利其器。居是邦也，事其大夫之贤者，友其士之仁者。”

但孔子显然也将“仁”视为某种能力。《宪问》中，孔子对子贡说：“君子道者三，我无能焉：仁者不忧，知者不惑，勇者不惧。”《阳货》中，子张问“仁”于孔子，孔子答曰：“能行五者于天下，为仁矣。”此五者为“恭、宽、信、敏、惠”。

从以上种种已经可以看出，孔子对“仁”的定义可以说是纷繁多变的，可以是主体的个性秉好，可以是行为处事的原则，可以是某个过程或结果，可以是某种方法或能力，如此等等。在对“仁”的描述和定义上，孔子对不同的人会做出不同的回答。不仅如此，他也会对同一个人给出不同的回答。例如，如前所述，面对他曾视为“小人”的樊迟，他一次将“仁”说成是“先难而后获”，另一次则定义为“爱人”。孔子的“仁”，类似于胡塞尔所说的“机遇性的表达”，它不像“三角形”“椅子”“蓝天”那样具有一定的客观性，而是像“我”“这里”“那时”这些表达一样，不给出进一步的语境就无法知道它的确切含义。它在孔子那里几乎已经相当于既是形容词的“善”，又是名词的“善”，甚至还是动词的“善”，只是在具体的语境中才显露它的实际内涵。

所有这些都可以说明在孔子那里普遍性诉求的缺失。这只是一个事实认定，还远非价值认定。我们说，一种思想传统不注重普遍有效性，不追求永恒的真理，而是偏好随机的效用，个体的、发生的实践法则，这并不等于前者一定比后者更有价值，而只说明，前者的哲学性要强于后者。而根据眼下人们对哲学的褒贬不一，这个说明当然也可以进一步发展为褒扬的或贬毁的评价。

在中国的思想传统中，这是一个十分明显的特点。王阳明虽然在思想上传承了孟子的心学之衣钵，但在思维方式上仍然距离孔子更近。他曾将教人比喻为用药：“圣贤教人如医用药，皆因病立方，酌其虚实温凉阴阳内外而时时加减之，要在去病，初无定说。若拘执一方，鲜不杀人矣。今某与诸君不过各就偏蔽箴切砥砺，但能改化，即吾言已为赘疣。若遂守为成训，他日误己误人，某之罪过可复追赎乎？”这意味着，王阳明不相信有普遍有效的、可以治愈所有患者、消除任何疾病的良方，甚至认为以包治百病的良方来行医用药无异于杀人，罪莫大焉！这里显露出的方法论方面的价值判断与偏好可以说是极其强烈的了！

普遍性两种

普遍性有两种：实然（是、存在、is 或 is not）的普遍性与应然（应当、ought 或 ought not）的普遍性。

实然的普遍性又可分两类：形式的（逻辑的）普遍性（如：A 是 B）与质料的（经验的）普遍性（如：勇敢的战士是好战士）。

应然的普遍性也可以相应地分为两类：形式的（逻辑的）普遍性（如：B 应当是 A）与质料的（经验的）普遍性（如：好战士应当勇敢）。

实然的普遍性是理论（纯粹）科学讨论的对象：要么是形式理论科学的探讨对象，要么是质料理论科学探讨的对象。应然的普遍性是规范（实践）科学的讨论对象：要么是形式规范科学探讨的对象，要么是质料规范科学探讨的对象。

胡塞尔在未涉及休谟"实然—应然"问题的情况下，于《逻辑研究》第一卷中讨论了"是"与"应当"以及理论科学与规范科学的关系："一般说来，规范科学的规律意味着应当是什么，尽管它现在也许还不是，或者在现有的状况下还不能是；而理论科学的规律则始终意味着是什么。""任何一门规范学科都必定拥有某种可以从所有规范化做法中分离出来的理论内涵，这种理论内涵本身的自然立足点是在一门理论学科之中，无论这是一门业已界定了的理论学科，还是一门尚待建立的理论学科。”在此意义上，所有应然普遍性中都或多或少地包含着实然普遍性的内涵，因而这也是理论学科成为规范学科之基础的原因。

从实然的普遍性当然无法直接导向应然的普遍性，否则我们就不会有两种普遍性，而是可以将它们归约为一种普遍性了；否则我们也就不会有理论与规范两种科学类型，而是可以将它们归约为一种科学了。这两种类型的普遍性存在于任何一门学科中，无论是逻辑学还是伦理学，因此我们有理论的逻辑学和规范的逻辑学，也有理论的伦理学与规范的伦理学，如此等等。有必要说明这两者之间的关系。

“肚子饿了，应当去吃饭了。”（或者也可以用维特根斯坦的例子：“您的举止令人生厌，您应当改善您的举止。”）——这个语句的前半段是实然命题，后半段是应然命题。从前者到后者，是一个无需任何逻辑论证与哲学思考也可以完成的推论过程。如果从一个思想体系出发得不出这个结论，那么我们不要这个思想体系也罢。但我们面对的思想体系真的是那么不近人情吗？休谟用他的所谓“实然—应然”问题实际上指明了两个不同的领域，从其中的一个领域向另一个领域的推导意味着亚里士多德所说的“向另一个领域的越度”（μετάβασις εἰς ἄλλο γένος），例如将算术证明转用于几何对象。尽管“越度”（μετάβασις）在亚里士多德那里是非法的、不被允许的，但这种“越度”的情况如前例所示又是如此地自然合理，那么我们现在应当如何来评价这种“越度”？

按照胡塞尔的说法，“任何一门规范学科都必定拥有某种可以从所有规范化做法中分离出来的理论内涵”，但这并不意味着，从实然普遍性中就可以推导出应然普遍性，而更多地意味着，规范性的东西或应然，是奠基于理论性的东西或实然之中的。确切地说，在实然与应然之间存在这样一种奠基关系：应然本身必须含有实然的内容，但实然本身并不必须含有应然的内容。应然不能独立存在，而实然则可以独立存在。这种奠基关系显然不同于推导关系。“前者使后者成为可能”并不就等于“前者导向后者”，或者说，并不就等于“从前者中必然可以得出后者”。应当从这个角度来看待亚里士多德的“越度”问题与休谟的“实然—应然”问题。

现在我们来看维特根斯坦就科学与伦理学提出的著名命题或许就会少一些困扰。他用以下的句子来结束其“伦理学演讲”：“我现在看到，这些无意义的表达［即‘我们的伦理与宗教的表达式’］之所以无意义，并非因为我尚未找到正确的表达，而是因为这些表达的无意义恰恰就构成它们的本己本质。因为我恰恰要用它们去超越出这个世界，这也就意味着，超越出有意义的语言。有某种东西在逼迫我去冲撞语言的界限，而我相信，这就是所有试图撰写或谈论伦理或宗教的人都具有的欲求。这种对我们囚笼墙壁的冲撞是完全而绝对地毫无希望的。只要伦理学产生于想要谈论某种关于生命的终极意义、绝对的善、绝对的价值的愿望之中，它就不可能是科学。伦理学所谈论的东西在任何意义上都不会增加我们的知识。但它是我们人意识中的一种冲动的证明，就我自己而言，我对它所能做的仅仅是深表敬重，而且无论如何也不会去嘲弄它。”维特根斯坦在这里描述的就是一种从逻辑学向伦理学的非法“越度”。他首先将“科学”“知识”“正确的逻辑分析”“有意义的语言”这类表达人为地限定在一个领域之中，因而人为地将自己囚禁在“我们的世界”之中，然后再以“深表敬重”的方式去确定另一个领域的不合理与无意义。维特根斯坦没有注意到，由于这里事关两个异质的领域，因而伦理的（也包括宗教的）表达虽然没有“在任何意义上”增加我们关于实然、关于事实的“知识”，却会“在很大意义上”帮助我们得出关于应然、关于另类事实与价值的“知识”。事实上，当我们说看到了一个领域的界限并开始谈论另一个领域时，我们恰恰已经超越于或凌驾于两个领域之上了。维特根斯坦忽略了这一点。

此外，在前面所说的奠基关系与推导关系之间仍然存在着某种内在的关联。我们已经确定，“A 为 B 奠基”并不意味着“从 A 可以推导出 B”。但“A 为 B 奠基”很有可能意味着“从 B 可以推导出 A”。

我们可以借助儒家伦理学来检验这个假设。以儒家的核心概念“仁”为例，我们可以将孟子对“仁之端”的理解视为一个实然的经验普遍性命题：人皆有恻隐之心。[1] 而孔子对“仁”的理解是一个应然的经验普遍性命题：“己所不欲，勿施于人”（《论语·颜渊》）以及“己欲立而立人，己欲达而达人”（《论语·述而》）。

孟子的“仁之端”是孔子之“仁”的基础。我们之所以能够做到一定程度上的“视人如己”和“待人如己”，是因为我们具有同情或同感的能力，是因为我们能够将他者视为一个异己、一个与自己相似的自我。但从孟子的“仁之端”中并不能推导出“仁”：同感并不必然导致将他我等同于自我，以及像对待自我那样对待他我。但这个情况反过来则成立。就此而论，在孟子的“仁之端”与孔子的“仁”之间存在的是一种奠基关系，但不是推导关系。孟子的伦理学思想趋向于理论伦理学，孔子的伦理学思想趋向于规范伦理学。前者是后者的基础。

---

1 “恻隐之心，仁之端也。”（《孟子·公孙丑章句上》）

胡塞尔现象学中的本我论与唯我论问题

朱刚的论文《胡塞尔的“哥白尼式转向”》着力于如今国际学界讨论甚多的胡塞尔交互主体性现象学的问题，关系胡塞尔的认知现象学向伦理现象学与社会、政治现象学领域拓展或“转向”的可能性。在我看来，他的论文隐含着列维纳斯等人的思考眼光与向度，但根本上还是意图立足于对胡塞尔本人思想的解读。他借助对胡塞尔原著与相关研究资料的研读而提出，在胡塞尔那里可以发现这样的理解可能性：自我主体原本就处于与其他主体的关联之中，而且这种关联是原本的，即先天的、必然的，也就是不可还原的，以至于自我主体只能作为自我共同体才能存在。这个解读是对胡塞尔意识现象学的一种可能的理解与发展，以特有的方式激活了在胡塞尔哲学思想中隐含的某些固有要素。

当然，我并不认为在胡塞尔那里需要并且可以通过某种方式来解决唯我论的问题，不需要也没有“试图到作为主体的自我这里寻找世界的最终本原”。对他做这样的理解，就像我们曾对贝克莱做同样的理解一样，而众所周知，胡塞尔恰恰反对做这样的贝克莱理解。当贝克莱说“存在就是被感知”的时候，他指的既非个体事物的、也非所有事物的存在，既非个别自我的、也非所有自我的感知。正如 1+1=2 不需要说是个体事物还是所有事物的规律一样，因为这是在这个规律被运用在经验的过程中才会出现的问题。毫无疑问，胡塞尔也常常会思考这个不应成为问题的问题。我觉得他更多是在做这方面的被动自我辩护。——朱刚是在帮胡塞尔做辩护。

古往今来的哲学家始终在寻找和尝试从不同的角度来看问题。这些角度大致可以分为三类：自我的（egologisch）、社会的（soziologisch）、世界的（kosmologisch）。胡塞尔寻找并尝试的是第一种角度。这是看待问题的角度。而与此相应，哲学家们看待的问题也可以大致分为三类：自我问题、社会问题、世界问题。在胡塞尔看待的自我问题的自我视角中是否可能或者应当含有看待社会问题的社会视角的可能性？——这是朱刚的问题所在。

米德曾是主体共同体视角的尝试者，当然后来还有许多人跟随其后，如哈贝马斯。在他们那里，个体主体与主体共同体一样，都是某种或多或少出于策略需要而进行的哲学认定，更具体地说，是出于社会理论和政治哲学的需要而做出的本体论和认识论的主张。如果如阿伦特所说，从柏拉图到尼采的西方哲学传统始终在谈“这人”（der Mensch）而只是附带地讨论复数（Pluralität），因此缺少一个纯粹的政治概念，因此我们从现在起必须开始论证和倡导复数，那么这更多是出于社会政治需要而采取的哲学、政治策略。换言之，在人文精神领域中，我们是在制作和发明真理，而不是去寻找和发现真理。固然这是许多思想者今天的基本信念，但还不是我的信念。

我常常思考的一个问题是：为什么佛教唯识学可以说是最唯我论的，也是最不唯我论的？如何解释这个问题？唯识学指出意识的必然自我结构，将自我看作意识发生的必然产物，即作为二能变的一个发生论环节，但同时也指出它的虚幻结构，即只是非实在的意识而已，从而要求从虚构的自我以及从虚构的世界的出离。就此而论，对唯我论的解构必定不是认识论的，而是伦理学的或工夫论的或解脱论的。

Ego 与 Ich 的区别在于：除非我们放弃意识哲学或反思哲学或超越论哲学的观点，否则我们无法摆脱一定意义的“唯我论”。但这个意义上的“唯我论”并不是主张“唯有思维的我是存在的”学说，胡塞尔认为实际上无法明见地推导出这样的结论，即使有也只是一个空无一物的我，因此结论只能是：唯有意识是存在的。这也就是某种意义上的意识本我论或意识本我中心主义，它甚至可以是无主体的、无心灵的。从意识哲学的角度看，无论我们看待世界与他人的方式，还是反思自己的方式，都是本我论的（egologisch）。

读书感受

思想的魅力

——《大哲学家 100》[1] 读后

若问一个哲学家或哲学史家：你能用一两页纸来介绍你自己的或其他哲学家的思想精华吗？得到的回答多半会是否定的。我本人就基本放弃用一两节课来向一个不懂哲学的人介绍一个哲学家总体思想的企图，遑论用十分钟！

但的确有人可以做到！他不仅是用一两页介绍一个，而且是用 170 余页介绍了历史上整整 100 个哲学家，其中还包括图片和导引。

这人就是《大哲学家 100》的作者彼得 · J. 金。

写这样一本书，让不太理解哲学的人或哲学的业余爱好者说好并不很难。我们身边就有许多影响卓著、畅销异常的哲普读物。但要让专业哲学家来说它们好，委实不容易。他们常常指手画脚，

1　彼得 · J. 金：《大哲学家 100》，戴联斌、王了因译，北京：生活 · 读书 · 新知三联书店，2007。

吹毛求疵，却又往往眼高手低，敏于言而诿于行。

我是其中之一。但这次我倒想为《大哲学家 100》叫一声好。

当然，反过来说，专业哲学家说好的，业余哲学家却不见得会买账。但这是另外一档子事了，这里还是不去说它，只说这书。

我首先感兴趣的是书中我最熟悉的哲学家，以此我是想先探探彼得 · J. 金的底。

先看胡塞尔。除了生平之外，得到解释的是两个概念："数学"和"意识"。有关数学的是胡塞尔早期的立场，即用心理过程来解释数学真理，后来他受弗雷格影响，改变立场，转向现象学；与意识相关的则是他的现象学的意识分析，受布伦塔诺影响，关键词是"意向性"，它实际上由两部分组成，即译者译作"思考思想的行动"与"想法的内容"的东西。不知是译者的翻译还是作者的表达有问题，我想这应该是指"意向活动"与"意向相关项"吧？即源自希腊文的 noesis 和 noema。——这的确是对胡塞尔的最基本介绍，无法再还原了。

彼得 · J. 金对胡塞尔的评价看起来无需任何修改："胡塞尔的学说横跨了英美学派与大陆学派的某些中间地带，虽然他有一个坏习惯，总是引入一些虚饰的、通常模糊费解的专业术语，但是他对哲学（还有数学、科学）思想都具有出色的理解力，论证充分，从他含糊其词的文风中曲曲折折露出头绪，给后人提供了足够丰富的信息，影响了下一辈英美哲学家，并且超越了他的大陆学派的同道们。"

对每个哲学家，彼得 · J. 金都有一个"思想简括"。对胡塞尔思想简括是："哲学家必须通过审视我们体验（原译为'经历'）自身体验世界的方式，考察事物的本质。"——这个简括也是恰到好处。

此外，在胡塞尔“师承”中列出的哲学家是笛卡尔、休谟、康德、费希特、布伦塔诺、詹姆斯和弗雷格。尤其让我惊讶的是其中的费希特。因为胡塞尔在公开的著作中很少提到费希特，只是在他未发表的伦理学研究文稿中才主要以费希特的思想为支点。

可能需要补充的是“影响”（书中作“嗣响”）一栏。除了海德格尔、萨特和梅洛－庞蒂之外，在受胡塞尔影响的人物中或许还可以列上舍勒、伽达默尔、哈贝马斯或德里达。但彼得·J.金没有把伽达默尔、哈贝马斯、梅洛－庞蒂，还有柏格森、雅斯贝尔斯等当代哲学家纳入100人之列。依着我，宁可牺牲德里达，也不会放弃梅洛－庞蒂。这可能与彼得·J.金本人是英美学派成员的背景有关。

所以，他对海德格尔也有些吝啬，只给了他一页纸的篇幅，而且评价苛刻：“海德格尔或许是英美学派与大陆学派分界的最好象征：在大陆学界他的影响巨大（在最近的大陆学界，可以看到他的风格之面面观），而在英美学界的圈子里，他几乎没有什么地位。”彼得·J.金甚至没有给海德格尔做一个大致的“思想简括”！

或许他认为，海德格尔的哲学，恰恰是在前一页介绍的维特根斯坦所要清除的东西。彼得·J.金给维特根斯坦的“思想简括”就是：“哲学的任务，无非是分析我们的状况，暴露那些无意义的东西。”当然，我并不相信维特根斯坦会把海德格尔视为哲学概念混乱的制造者，顶多会看作冲撞语言底线的人。

维特根斯坦与胡塞尔一样处在英美学派和大陆学派之间。后者似乎在此“之间”游刃有余，而这“之间”对于前者似乎是个生存的缝隙。用彼得·J.金的话来说：“维特根斯坦的著作在大陆学派与英美学派的夹缝中艰难地寻找自己的位置。跟其他大陆学派的哲学家一样，他更倾向于展现思想的脉络，而不是进行大段的论证。

但他明澈简洁的文风，以及他对逻辑的兴趣和娴熟，分明更类似于英美学派。两个学派都承认他的贡献地位，不过他在英美学派内部的名声正在下滑。”——这是相当内行的观察和描述。

但很难说彼得 · J. 金对大陆学派处处都抱有偏见。与一些著名的哲学史家相比，他还算是宽容的。按我的阅读经验，大陆学派的哲学史家在撰写西方哲学史时，往往会把整个当代英美哲学看作是一个流派，而大陆学派自己内部则可以有几个乃至十几个大流派。英美哲学史家在撰写西方哲学史时，大都只会给大陆学派四分之一至五分之一的篇幅。很少有人会把大陆哲学和英美哲学平分二路来叙述的。彼得 · J. 金也略微露出此类倾向。但他至少给德里达一个位置，而且在我看来，他对德里达的理解是基本到位的。

在德里达的“师承”中列出的是马克思、卢梭、列维－施特劳斯。或许加上胡塞尔和索绪尔会更好些。毕竟德里达有几本重要著作是在与这两人对话。

而“影响”一栏列出的是“后结构主义思想”，这固然不错，德里达在天之灵一定会同意。若列出“后现代思想”，则会是败笔。

彼得 · J. 金列出德里达思想中的两个主要范畴：“语言与分歧”和“解构”。他对德里达的两项主要工作的评价都配得上“中肯”二字，或可与恩格斯对马克思两点贡献的评价相媲美了。

我们来看彼得 · J. 金对德里达语言方面研究的评价。“德里达的创新是展示能指之间的区分永远不会完结：每一种新的意义都成为一个新的能指，形成德里达的所谓‘无限操作’，语言没有一个固定的停顿点，而与此同时，我们又需要言语有特定的意思，因此我们就把它当成有特定含义，在日常生活中阻止其无限操作的进程。”这里的关键词便是打有德里达印记的 différance。书中将其译作“缓别”，而学界通行的译法是“延异”或“分延”。

关于德里达的“解构”努力，彼得·J. 金认为：“德里达这样做不仅仅是为了学术辩论，而且是为了动摇某些思想家如列维－施特劳斯、卢梭等人著作中的世界观：粗糙的二分法，将世界分为无罪/有罪或是确实可靠/人为的手段。……这样一来，他突破，或曰‘解构’了作者营造的固定框架，为我们打开心灵之窗，显示出崭新的不那么僵硬的思维方式。”这里略微地流露出作者对德里达的一种偏爱，但基本上还是可以接受的偏爱。事实上，德里达是否动摇了例如列维－施特劳斯提供的世界景象，这个问题首先还要看当今人类学家们的态度方可确定。

当然，说到底我并不只是为了探究彼得·J. 金的底细才读这本书；更多的时候我是从他那里学到了东西。例如他告诉我弗雷格私下里讨厌法国人、犹太人和天主教徒，告诉我弗雷格保留在明斯特大学的许多手稿毁于二次大战的盟军轰炸；告诉我古希腊哲学后来与阿拉伯思想的接触还是颇有成果，即具体产生出伊本·路西德、法拉比、伊本·西拿等人物，由此可见阿拉伯思想界的任务并不仅仅是转渡，不仅仅是将沉寂一千多年的希腊哲学传递给了意大利的文艺复兴，使其复现辉煌。类似的教益还可以列出一批。

从彼得·J. 金那里我还第一次知道有那么多的女哲学家！我原以为哲学史上的女哲学家只有柏拉图记载或虚构的狄欧悌玛。而该书中列出的是其他六位女哲学家（但愿我没有漏数！），占全部哲学家的百分之六！读了这本书，我才知道自己的无知，才知道在苏珊·哈克之前就有希帕蒂亚、安妮·芬奇·康韦、威尔拜－格罗格利和玛格丽特－安斯康姆。

尤其让我汗颜的是，虽然我对语言与心智关系问题始终有求知之好奇，却不知威尔拜－格罗格利早有这方面的研究；不知她在 19 世纪末于当时顶级的学术刊物《心灵》和《一元论者》上发表关于意义的文章；不知她与皮尔斯的六年通信后来以《符号论与语义学》为题，结集发表于1977年；不知她把语言的意思分为三个主要范畴——意识、意义和旨趣；不知她为自己的研究方法发明了significs一词，诸如此类。

总的看来，这书介绍的人物的确算是比较严格意义上的哲学家了。例如彼得·J.金没有把释迦牟尼、耶稣和穆罕默德列入其中，却算上了龙树、商羯罗、奥古斯丁、阿奎纳、法拉比等。中国哲学家列出了一批，可能是除西方哲学家以外最多的，包括孔子、老子、墨子、孟子、韩非子、王充、朱熹、冯友兰。这个选择是否恰当，是见仁见智的事情。每个哲学家和哲学史家都会有自己的100个人选。

最后还提两点意见。其一，本书的翻译应当可以说是基本成功的。该书涉及各种文化中最深邃和最奇异的思想部分，从佛教的“自性”到希腊的“努斯”，从朱熹的“理/气”到罗尔斯的“正义”，从印度哲学的“梵”到普罗提诺的“太一”，能译得大差不差，已属难能可贵。但是，若译者能对当代哲学主要概念的通用中译术语了解得更为透彻，则可具锦上添花之功。

其二，书名中的“大”字是子虚乌有，为译者所加，或为出版社所加，可能是为顺应目前好“大”喜“霸”的民风。该书原名是“One Hundred Philosphers”，无大小之别，不像雅斯贝尔斯或者蒙克和拉斐尔的《大哲学家》，的确有“大”（great）选择——前者选14人，后者选12人。选得多了，好处当然是可以让人长见识，这自不待言，但坏处也会相伴而生。每当看到一些二、三流的，怎么说也不会让人记住100年的人物与真正的大哲学家并列在一起，就禁不住要用尼采的口吻哀叹：“真是亵渎圣灵，亵渎圣灵啊！”

思者的疑虑

——《哲学·科学·常识》[1]读后

1. 陈嘉映总在想事儿。他给我写信，会问近来做些什么；我给他写信，一般不提这问题，因为我知道他在做什么。说得文气些，他总在思考。之所以如此，八成是因为他有“很多困惑，很多问题”——这是他在其新作《哲学·科学·常识》中的第一句话。

他的思考是追着问题走的，也可以说是被问题牵着走的。我觉得哲学研究领域历来就存在三种基本力量：潜心追踪问题的、致力开显风气的、偏重关注现实的。他无疑属于第一种。这个评判是价值中立的，不带褒贬。说他致力于问题，并不是说他没有开显任何风气，也不是说他没有获得任何现实效果，而是说，他的动力不是来自他所期待的效应，而是来自他对问题本身的兴趣，所以他难得有那种时不时登高一览、振臂一呼的欲望和兴趣。

这里可以隐约看出，我对上述三种基本力量的分类倒说不上

1　陈嘉映：《哲学·科学·常识》，北京：东方出版社，2007。

是中性的。我比较喜欢第一种，所以把它列在第一。与文学艺术的领域情况一样，总想着效应和影响的思想者很难是最好的思想者。当然，道德领域的情况尤甚，一个人越是想着当善人，就越是难以成为善人。

我不是那些居高临下的评委，不敢随手就送他一个用力最深思想者的头衔或其他等等，这毕竟不是选美。但我觉得在他身上有人们常说的好的思想者的特点，他的确适宜做一个思想者。我甚至想不出他还能做什么，因为他基本上什么也不做，只是在想，而后把想的记录下来。

与所想的相比，他所表达的算是很少了。可能是因为还没有想透，所以不想说，不能说。好比吃饭，有些人呼啦啦一口接一口什么都吞，连咂嘴的功夫都没有；有些人明明厌食，却为了维持营养而不得不扒拉上一两口。他不是这两类人，他属于能把一口白饭放在嘴里细咀慢嚼，直到品出其中甜味来的一类。

嘉映的文字有其独特的力道，可能我想说的是有劲道，没有花拳绣腿的架势，也没有故作深沉的姿态，更不是那种看上去很美，跑马溜溜地顺畅，放下来再想却记不起读了什么的文字。这种感觉因何而生，我还不能确定，但猜想是因为里面富于内容。一篇文章的文字渲染力固然重要，但没有厚实思想的支持，就会像是没有了燃料的多彩热气球。他自己在书中说得更漂亮：“离开了学，离开了和科学的紧密联系，我们仍然可以在周末消闲版上把哲学进行到底，用随感和格言写写大众喜闻乐见的人生哲学。我们不再有帕斯卡那种‘随感录’了，那种 pensees，思想。”他在这里把“学”和“思”等同起来，没有学就没有思，很合我的想法。我在《学术与思想：是否对立以及如何对立》一文中绕了半天要说的，差不多就是这个意思。

2. 哲学的研究者，当然包括汉语领域的哲学研究者，在风格上始终有文学型和科学型之分。嘉映在我眼中首先是科学型的，即便他的文笔是那么好。但嘉映的文字风格似乎并不适于写学术论文或教科书。有时他也写，但读来就不觉得如何，例如他的《语言哲学》——反正不算是他的长项。我更喜欢读他的《泠风集》或《无法还原的象》等。也难怪，维特根斯坦和海德格尔的文字都有这种苗头，只是他们不喝酒也能写，而像《无法还原的象》的“序”那样的文字，我想，不借着酒劲儿是唱不出来的。

这本《哲学·科学·常识》，已经趋向于论文类的写作，但绝不是学术论文或教科书，倒有点类似于思想的记录。它也引经据典，甚至可以说是旁征博引，从弗雷泽、马林诺夫斯基、列维－施特劳斯，到惠更斯、莱布尼茨、牛顿，乃至达朗贝尔、欧拉、拉格朗日、拉普拉斯，看似信手拈来，随口一说，但如此挥洒的背后，是许多年不断的思考加上不断的读书，是思想的积淀。

学术论文有的时候不得不婆婆妈妈，那是因为论文命定是用来论述问题及其解决方式的，而不首先是撩拨情感或提供愉悦的。嘉映这书显然想要说问题，因此要理思路、做论证、讲道理。读这本书，需要有关于科学与哲学的基本知识。即使是那些入了段的业余哲学爱好者，也不见得能辨认其中的诸多沟沟坎坎，会意其中累积的思绪与感悟，遑论哲学的门外汉。

但大多数哲学和陈嘉映的粉丝会乐于读下去。就我个人的经验而言，如果一本书所说的大部分是看不懂的，读者就不会去看；而若全然都是已懂了的，也不耐烦再去看。而这书里讨论的问题，但凡对哲学、科学有一些思考的人都会感兴趣。

3. 我原先以为，这本书的三个内容——哲学、科学、常识——与胡塞尔所说的三种态度是一致的：哲学的态度、近代以来自然科学的态度、生活世界的态度。胡塞尔认为哲学与科学都是从生活世界出发，达到某种意义上的客观性。但哲学与科学走的不是一条路。科学只是想脱离相对的、主观的层面，但全部保留了生活世界中事物与世界的有效性；哲学则以对生活世界的反思为己任，因此需要首先悬搁其自然素朴的有效性，这样才能像笛卡尔那样从头开始把握真正的客观性：超越论意义上的主体性。科学世界、生活世界和哲学世界三者的关系在于，由于科学世界的基础建立在生活世界之中，因此，对科学世界的认识最终必须依赖于对生活世界的把握，而对生活世界的确切认识又必须通过在哲学态度中进行的反思才能获得。因此，这三者的关系在胡塞尔那里至少是理清了的。

但嘉映并未接受胡塞尔的观点。在他那里，科学的目的就是建立普适理论，实际上也就是达到客观性；而常识与生活世界无异，它们有时与科学相悖，但说到底仍然是科学的根基。

那么哲学呢？它与这两者又有何干呢？在书中我们可以读到，哲学与科学一样，都是理性的思考方式。可是哲学不会像以往的哲学家所期望的那样成为统一的、系统的理论，这是它与常识相似的地方。这就决定了哲学既不会是科学，也不会是常识。换言之，它一方面从本性上注定不会成为普适理论，也放弃了这个意图，另一方面也不似常识那样片断零星，而且恰恰要克服这种片断零星。

哲学究竟是什么？陈嘉映的答案是：它是理性的反省，更具体地说，是以概念考察为核心的经验反省。他认为哲学从一开始就是如此。这我并不赞同。这个定义与原初的哲学家们所赋予它的意义相距甚远，不论是赫拉克利特，还是苏格拉底、柏拉图、亚里士多德；甚至它与近现代的许多哲学观也不相符，例如笛卡尔、康德、胡塞尔的哲学观，还有马克思、尼采、叔本华、柏格森的哲学观，诸如此类。

但我赞同可以从他的哲学定义中得出的一个结论：哲学是一种可以称作天下之公器的思维方式。它并不像当代许多人所以为的那样，仅仅是一种在某个语种、通过某个人属、在某个时期才偶然出现的意识形态和文化模式，而且只是借着话语的霸权才成为流行的思想形态。哲学完全可以被理解为一种思考方向，一种思想回返自身、朝向自身的维度。无论每个人的视域是多么纷繁复杂、多么大相径庭，甚至根本就互不相交，他们老死不相往来，他们也都具有随时反观自身，对自己的经验进行反省，并对相应的语言概念做出考察的可能。这种情况，对于任何民族、任何语言、任何时代都是明见无疑的事实。在这个意义上，人类理性完全可以定义为一种反思自身、修正自身甚至试图完善自身的思想能力。哲学是它的学术表现形式。

4. 可是这还不是我要展开讨论的问题。我在这里所关心的主要是嘉映所指出的一个事实：哲学的定义（连带其性质、任务、方法、目的等）之所以改变，是因为科学的发展。“科学的发展所改变的不仅是科学，它也改变了哲学。所发生的改变，远远不止于‘缩小了哲学的地盘’，改变的是哲学的性质：哲学不再为解释世界提供统一理论，而专注于以概念考察为核心的经验反省。”

在这个哲学定义后面仍然有许多人影在晃动，至少我看到维特根斯坦、奥斯汀、海德格尔，甚至胡塞尔，当然还有帕斯卡尔。也许我看花了眼，也许我看到的只是我想看到的东西。无论如何，问题更多地取决于对这个定义的展开说明。例如，倘若我们要求他进一步定义经验是什么，反省如何进行，概念有哪些，考察的范围有多大，那么这个哲学定义后面的影子们就会清晰起来。

这是我想切入问题的地方。实际上，嘉映的这本书，题目应该颠倒一下，叫“科学·常识·哲学”，因为哲学在其中所占篇幅相对较少。原因有可能在于，他的思考在哲学方面疑虑最大最多。

我觉得他自己首先面临的问题就是：如果哲学的任务在于经验反省和概念考察，那么哲学与心理学、语言学的根本区别何在？

我并没有说，心理学家和语言学家现在就在做着陈嘉映意义上的经验反省和概念考察的事情；我只是说，原则上他们随时可以做这类事情，只要他们愿意。而且自维特根斯坦提出概念清理的主张以来，的确有一批语言学家在做这件事。哲学逐渐成为语言哲学，而语言哲学又逐渐实证化为语言学。

在哲学的思考卓有成效或取得效应的地方，它常常会逐渐转化为某一种具体的科学。自然哲学是如此，语言哲学是如此，科学哲学是如此，心灵哲学是如此……只有道德哲学还是例外，对此不说也罢。而在其他许多情况中，哲学家都仅仅变为各种终极启示的提供者或贩卖者。

这个趋向一直还存在着，因此嘉映有疑虑。他在思考出路。他认为科学花费大力气才摆脱了形而上学思维方式的影响，现在轮到哲学花费力气来摆脱实证科学的思维方式了：“哲学不能建立普适理论，哲学不能为任何问题提供唯一的答案，哲学不能为任何事情提供预测。科学通过巨大的努力摆脱了形而上学的影响。哲学面临着相应的任务：哲学需要摆脱实证科学的影响。”

这个陈嘉映式的哲学宣言所用的几乎全都是否定式。归根结底，它要求哲学放弃实证科学之期待和努力，借此来与自然科学划清界限。

哲学放弃实证方式固然没错，但它是否会因此再次成为它曾经所是的形而上思维之代表呢？

5. 这的确是陈嘉映的论述可能带出的疑问。除非我们一开始就认定，在这两者之间还有另一种思维方式。

第三种思维方式当然存在，从我的角度看，现象学的思维方式就是在实证与形而上思维之外的另一种可能性：本质直观或观念直观的思维方式。它不是形而上的，也非经验实证的。我在《现象学运动的基本意义》一文中将现象学定位在形而上学与实证科学之间、现象主义与本体主义之间，便是出于这个理由。但嘉映说的哲学显然不完全是这个。

还有，文学和艺术的思维方式也算是第三者。它们不是普适理论，也不为任何问题提供唯一的答案，以及不为任何事情提供预测，因为它们谈论的是自相而非共相，是个体而非一般。但这种思维方式并不处在实证科学与形而上学之间，而更多是处在它们两者之外。我想嘉映也不会把哲学放到文学、艺术那边去，因为这与他对作为经验反省和概念考察的哲学之理解不符。

如果经验反省和概念考察不是上述这两种东西，那么我们就要换个问法：经验反省和概念考察究竟是与形而上学靠得较近，还是与实证主义靠得较近？

从许多迹象来看，经验反省和概念考察与形而上学距离甚远。当然，即便离得近，这也远非是对嘉映所理解的哲学的末日宣告。关键的问题在于：谁的形而上学？现当代还在为确切词义上的形而上学奔波的好像就只有海德格尔了，不知在嘉映的哲学定义背后晃动的影子是否主要就是海德格尔。海德格尔把形而上学理解为一种区分理性与感性的态度，是西方思想的特质，它要么就是存在论（Ontology），要么就是广义上的神论（Theology）。倘若如此，那么哲学就只能是存在论了。但是，海德格尔意义上的存在论或哲学所要讨论的不是经验——除非这经验是指原初意义上的基本经验，亦即基本情绪（Grundstimmung），也不会通过反省的方式来考察，而是借助于直接的体悟，否则海德格尔就不是海德格尔，而是胡塞尔了。

那么经验反省与概念考察与实证主义靠得更近吗？好像是。经验反省与概念考察首先会让人联想到维特根斯坦。他是反形而上学的。维特根斯坦早期便要求“一旦有人想说某种形而上学的东西时，就立刻要向他指出，他没有给他的命题中的某些记号以指谓”。他后期所致力的那种概念考察和经验反省的确与形而上学相距很远。我并不担心这种思维方式的形而上学的倾向，倒是担心它的实证主义趋向。而这在历史上是有案可稽的：逻辑实证主义就曾将它用作思想资源。

我觉得嘉映的哲学定义游弋于维特根斯坦和海德格尔之间，更靠近前者。但由于这两人的思维方式之间有差异和对立，处在他们影响之下的陈嘉映是否也在自相对立着呢？

6. 我有点想把嘉映的哲学理解定义为语言主义的哲学观。这是他与维特根斯坦和海德格尔的共同点，涉及我与嘉映对哲学理解的差异。这个差异应该说是比较小的，可以说它只是哲学思考者内部的分歧。

在我看来，嘉映的哲学观可能引发的另一个疑虑在于：如果作为经验反省与概念考察的哲学不提供新知识，不提供对事物的“客观结构”的认识，也不提供解释世界的统一理论，而且，如果它也不是几个好思者的自娱自乐，那么哲学究竟能够提供些什么？

嘉映的回答是：“哲学意在克服常识的片断零星，它对经验进行反省，进而揭示自然概念之间的错综复杂的联系。然而，这种连贯总是局部的、多义的、不固定的。”

哲学在这个时候表现出前所未有的谦虚！它一方面让我想到

近几年流行的各个学科领域中的关键词梳理工作。这似乎与嘉映定义的哲学很接近。是不是对文化关键词的解释可以看作文化哲学的工作？对社会理论、政治理论关键词的分析就可以看作社会哲学和政治哲学的工作？对心理、意识、心智关键词的考察就可以看作是意识哲学或心智哲学？如此等等。还要注意，即便是这样一些工作，总的说来还是不可靠的，因为即便我们希望我们的理解通过哲学变得连贯一致，这种连贯一致也总是“局部的、多义的、不固定的”。这样倒是不必担心具体科学会在某一天替代哲学了。

如此一来，哲学家差不多就成为胡塞尔所极力批评的那种人：放任自流的思想者，只管写下自己的历史，期待它能够折射出某种时代感觉或社会心理，却不敢指望自己的努力有任何真理——哪怕是接近真理——的可能。就此而论，嘉映的哲学观与库恩的科学观原则上是一致的。

另一方面，“自然概念”的说法也是一个问题。什么概念是自然的？什么概念是人为的？嘉映在书中似乎没有展开。但我这里有一堆问题：在泰勒斯和赫拉克利特使用过之后，archê（始基）的概念，甚至“水”与“火”的概念还算不算是自然的？还有，在布伦塔诺、胡塞尔使用过之后，Intention（意向）概念还算不算是自然的？即便阿那克西曼德的“无限”、普罗提诺的“太一”、莱布尼茨的“单子”、康德的“超越论的”等等，或许可以算作是人为的，亦即哲学的而非日常的概念，可是像赫拉克利特的“逻各斯”“自然”、巴门尼德的“存在”“真理”“意见”、恩培多克勒的“根”或“元素”、贝克莱的esse、赖尔的mind，它们是自然的还是人为的？而且，它们是自然的又如何，是人为的又如何？

仅仅就概念而论概念，我很难想象我们还能前行多远，还能进入到哪一种澄明和高明的境地。

7. 早该搁笔了。这里所写的，已经超出了预想的许多。一篇读后感差不多长成了一篇学术论文。但总还得把最想说的说完，因为这涉及一个关键问题：经验反省和概念考察与在反思中进行的本质直观究竟有什么区别？

最大的区别在于，前者是语言主义的思维方案，后者是观念主义的思维方案。

我总觉得，维特根斯坦的“我的语言界限就是我的世界界限”是最典型的语言主义立场。如前所述，陈嘉映也应该是一个语言主义者，这一点并不难理解。在我看来他有两个最重要的思想来源，而两个都是语言主义的，但海德格尔还是超出了单纯语言主义的层面。或许借用托马斯·M. 泽博姆的说法来解释可以略微清楚一些：“如果一种理论立场在认识上主张，对范畴形式的分析就是一种对现存语言形式的分析，那么它就是语言主义的；而如果除此之外还声言，唯当语言对对象有所言说时，范畴形式才属于对象，那么这个理论立场就是存在论的。”

前者是否就是维特根斯坦的语言主义，后者是否就是海德格尔的语言主义，对此我还没有十分把握。

无论如何，当今是一个语言主义的时代，泽博姆说“即便解构主义也还是语言主义的，因为用语法取代逻各斯的做法并未突破语言主义的框架”，真是一针见血。

记得二十多年前我就向诸多同仁询问过：让我们的时代成为语言哲学时代的契机是什么？我自己曾相信，是我们这个倡导社会或共同体的时代精神决定了语言在其中的主导地位。如今我还要加上另一个信念：语言主义的兴盛，很可能是近代实证主义思潮潜移默化的结果。较之于观念直观、心智分析这样的哲学操作，语言分析显然更看得见、摸得着一些，也就是更实证一些。语言主义就是实证主义的一种表现形式吗？

现在也可以用泽博姆的语式给我这里所说的“观念主义”下一个定义：如果一种理论立场在本体论上主张观念是存在的，那么它就是观念主义的；而如果除此之外还在认识论上声言，观念可以某种方式显示给我们，那么这个理论立场就是现象学的观念主义。

8. 这里还须谈及胡塞尔哲学的一个定义：“哲学本质上是一门关于真正开端、关于起源、关于万物之本的科学。”原先我曾觉得这是现象学反对的“大钞票”，并不很是在意，但现在倒是越来越理解这个定义。胡塞尔所说的“开端”“起源”“本”，并不是一个空无内容的思维极点，也不是历史上某个具体的时段，更不是眼下分析哲学所讨论的根据律（充足理由律）或其他的公理，而是可以用胡塞尔的说法大致称作“原初的意义构成”的东西。它是原初的明见性，可以被直观到——当然是以本质直观的方式；或者说，它可以观念化地（ideierend）展示自己，而且还可以在观念化的过程中一再地被激活，在激活的过程中再加入新的意义，形成持续的积淀，从而成为有历史的、有生命的。胡塞尔在《几何学的起源》一文中所描述的，就是这样一种有原初创建和历史生成的东西。这个过程最明显地表现在哲学史上。

原初的意义构成可以而且也应该得到落实，要么是以理想化（形式化）的方式，例如通过公理的明见性和演绎的清晰性，要么是以语言化的方式，即通过语词、概念、语句、命题、陈述、表达。或许这两者归根结底就是一回事。而这个落实过程最明显地表现在各门科学的产生和发展史上。

原初意义构成的任何一次落实，都意味着具体化、精确化、理想化，但同时也意味着某些意义的固定化和贫乏化。落实下来的东西，有些会成为各门科学的讨论对象，有些则被时代精神所遗忘，甚至最终被抛弃。

而哲学则在不断地寻找和等待那个在落实下来的东西背后的东西。哲学的任务因此与科学不同，它不可以仅仅关照形式、语言、概念，因为这样它就成为科学而不再是哲学。哲学家的任务在于，像笛卡尔所做的那样，一次又一次地从头开始思索，一遍又一遍地通过本质直观不断地探问，不断地让那个原初的意义构成显现出来，或者也可以考察为什么这些意义构成得以落实和流传，而另一些则静谧不语，甚至消失。

胡塞尔和海德格尔之所以要用“严格”来规定哲学或精神科学，用“精确”来规定近代以来的自然科学，就是因为他们看到了这里有两套真理。

嘉映在该书“序言”中提到柯雷瓦的说法：“两套真理，那就是没有真理。”无论他自己是否认可这个说法，看起来我们必须承认有两套甚至两套以上真理，不仅胡塞尔、海德格尔如是说，而且佛教在一千五百多年前就已开始讲述两种真理，即所谓“真谛”和“俗谛”（以后甚至还有“三谛”之说）。

在胡塞尔那里，类似的两套真理是由原初意义构造的明见性与广义上的公理系统的明白清楚所代表的；在海德格尔那里，它们则意味着无蔽的真理及陈述的真理或命题判断的真理。前一种真理是后一种真理的基础，后一种真理是前一种真理的落实。胡塞尔《欧洲科学的危机与超越论的现象学》的努力就在于，他要指出，如果脱离了原初意义构造的基础，放弃了对这个原初意义构造的不断激活，由后一种真理系统构成的科学就会陷入某种意义的危机。

9. 假设有读者会耐心看完上面这一长段，我想他们可能获得的坏感受不外乎两种。一些人会觉得这些都是老生常谈。那倒还不错。我的这些想法新不新并不重要，关键在于它真不真。我所仰慕的学者玄奘一辈子所持的就是这种心态。

我比较担心另一种情况：有一些人会感到不知所云，觉得像是进入了玄思的迷宫。因此我想再说得清楚些：如果哲学只是对自然概念的解释，那么它就可能放弃了在概念背后的东西。这些东西不是普适理论，甚至连理论都不是，但它们是我们一次一次建构出的理论的源泉。

内意义结构、内语言形式、最终意识、内历史结构，如此等等，都是从各种角度对这个意义上的可称作“观念”的东西的触探性直观与表达。

这些观念不是概念，因为它们没有文字的落实，没有被理想化或形式化；它们也不是理念，因为它们仍然可以某种方式被直观到，故而不处在形而上的层面，不是我们揣摩、假设、思辨、虚构的结果。

哲学就是要着眼于这个意义上的观念，这个如德里达所说的从一开始就与起源和本质绞缠在一起的观念。

何谓主体，如何生成？

——与段德智《主体生成论》[1]相关的思考

段德智教授在其大作《主体生成论》中所讨论的“主体生成”，是一个极为有趣的论题，因为它充满了近代以来日益彰显的主体哲学问题意识。从现象学或意识哲学角度来看，“主体生成论”也可以翻译为“精神现象学”“意识发生学”“发生现象学”等[2]；从哲学以外的角度来看，例如从佛教的角度来看，它可以说是“心生论”[3]；从个体心理学角度来看，它可以说是“个人形成

1 段德智：《主体生成论——对“主体死亡论”之超越》，北京：人民出版社，2009。

2 与康德对现象界的静态结构讨论不同，黑格尔的现象学是讨论精神发生的现象学。就此而论，胡塞尔早期的静态现象学离康德较近，后期的发生现象学离黑格尔较近。

3 释迦牟尼曾将“心的发生”视为修成菩萨而需明证的“六处”的第一处：“若诸菩萨善知六处。便能引发菩萨所有广大威德。一者善知心生。二者善知心住。三者善知心出。四者善知心增。五者善知心减。六者善知方便。”（《解深密经·分别瑜伽品第六》）

论”[1]；从社会心理学角度来看，则应当说是“交互主体的动机引发论”；如此等等。当然，该书虽然涉及对主体生成的总体考察，但主要还是作者对当代西方主体死亡说的回应，故而也可以称为“主体重生论”，因此无疑有其独到之处。

由于笔者近年一直关注发生现象学的问题，亦即关注现象学中纵向发生问题或纵意向性问题，因此在阅读该书的过程中有种种想法应和而成，主要是对主体这个西方哲学概念之产生与发展史的思考，同时也兼顾主体的横向结构问题，即现象学中的横意向性问题。这些想法大致可以归为 8 点。

1. 从基质到主体

就西方哲学而言，古代第一位哲学家泰勒斯提出的第一个哲学问题是万物的本源问题，而后的整个希腊哲学都可以归结为对存在本源的探讨。在这里，“本源”（ἀρχή）与“原则”相关，表明哲学不同于其他思维方式的特点在于讲道理而非讲故事；“存在”（εἶναι）与“万物”相关，表明哲学不同于其他思考对象的特点在于，它关注的是最普遍的存在而非具体个别的存在者。

这样，哲学的学问便从方法上以及实事上（内容上、论题上）得到了初步的规定。以后的哲学发展，与这个最初的轴心虽然有所偏离，但一直没有脱离。偏离的结果已经明显，即导致了其他科学学科的产生和自立。具体地说，哲学一方面变衍为某种意义上的终极自然思考——自然哲学、科学哲学，另一方面则转化为各种意义上的终极自我思考——道德哲学、政治哲学、社会哲学、文化哲学等。前者是指向自然客体的思考，后者是指向自我主体

1　这方面的心理学著作已经汗牛充栋，例如可以参见卡尔·罗杰斯《个人形成论》。

的思考，无论这个主体是指个体主体，还是指交互主体。而完全脱离哲学最初轴心的结果也会带来明显的结果：哲学这门古老学科的自身消解。

由笛卡尔开启的近代哲学，形成了不同于古代哲学的风格和指向。它不再像大多数希腊哲学家那样，将自己的代表作称为“论自然”（τὰ φυσικά），而是把眼光从自然万物收回到自己本身。但它并非全然放弃对超出主体之外的思考，而只是把目光集中在作为万物之根基的东西上。此刻，万物的本源既不被理解为水，也不被理解为火，甚或其他元素，而是被理解为考察者、探问者自身，易言之，被理解为认识着的自我本身。

于是，自近代以降，希腊人理解的“位于底层的东西”（ὑποκείμενον）便既被解释为“基底”（substratum），同时也被解释为“主体”（subjectum），两者合而为一。黑格尔说：“哲学在奔波了一千年之后，现在才回到这个基础上面。”“自笛卡尔起，我们踏进了一种独立的哲学。这种哲学明白：它自己是独立地从理性而来的，自身意识是真理的主要环节。在这里，我们可以说是到了自己的家，可以像一个在惊涛骇浪中长期漂泊之后的船夫一样，高呼‘陆地’。”作为“基础哲学”的“主体哲学”由此开始了自己在坚实陆地上的行程。

2. 主体与客体

在笛卡尔之前，“基础”（subjectum）有三个基本含义：其一，在本体论意义上，它是实体，或者说，它是各种属性、偶性、行为或习性的承载者；其二，在逻辑的意义上，它是谓项所陈述的主项，即是说，它是命题对象；其三，在一般的意义上，它是主题，或者说，是一门科学的对象，更一般地说，是一个活动的相关项。

在笛卡尔去世一百多年后，“基础”在近代哲学的发展中逐渐被理解为“主体”，与它相对的一切，都可以称作“对象”或“客体”（obiectum）。这已经表明：主体构成它自身以外万物的本源或万物的基础。在主体哲学形成之后，“基础”的这三个含义在此概念的转换生成中都被继续保留下来，蕴涵在衍变而成的“主体”概念之中：主体是基础性的，是其他一切的承载者，也是自己的思考对象和陈述对象。这个概念日后得到进一步的展开。主体在心理活动层面表现为意识主体、心智主体，在语言表达层面表现为语言主体，在实践活动层面表现为行为主体，在社会行为与政治行为层面表现为群主体、交互主体。它们用佛教的术语来表达就是意、语、身的主体。

笛卡尔已经回答了这样的问题：“主体”或“基础”如何意识到自己？如何使自己成为自己？他的答案很简单：通过自身意识和反思。意识对自身活动的自身意识使得随后的回忆和反思成为可能；哲学反思使意识成为哲学观察和研究的对象，并使意识的结构在这些观察和研究中展现出来。这是主体哲学中的“结构主义”趋向。帕斯卡尔所说的“心的秩序”“心的逻辑”便是这个意义上的结构主义表达。我们可以将它称作意识结构主义或心智结构主义，以有别于日后在语言哲学时代的语言结构主义。

3. 从单数主体到复数主体

然而笛卡尔并未说明这个作为基础的主体是单数还是复数。事实上，通过自身意识与哲学反思而得出的自我主体只能是单数而非复数。认识论还原的最终结果是我思及其所思，或者用政治学的概念来说，是唯一者及其所有物。其他的主体在知识确定性的程度上必定是第二位的，并且只能通过其他的间接方式来接近和达及，例如通过对他人心智的想象或通过依据对他人行为的观察而进行的推断。要想直接把握他我（alter ego），必须采取不同于哲学反思的方法，例如所谓的读心术、心灵感应术，或可能的现代神经科学和脑科学技术。

笛卡尔之后的哲学家们大都是沿着哲学反思的路径前行的，因此他们没有去关注复数的主体。这个超越论哲学的发展线索是否促成了西方近代伦理思想发展中的个体主义与利己主义趋向，并进一步导致20世纪西方科学的危机和文化的危机，这是一个在当代西方思想家中一再被思考的问题。至少可以说，本我论（Egologie）是一个认识论的结论，在此基础上有可能产生伦理学中的利己主义和政治学中的个人主义。阿伦特曾批评说："西方哲学从未有过一个纯粹的政治概念并且也永远不可能有，因为它不得不谈论这个人并且只是附带地探讨复数的［人的］事实。"[1]

4. 主体结构与主体生成

当笛卡尔说"我思故我在"时，他是想说明，意识的自身活动构成了它自身存在的前提。主体的实在性是通过主体的自身意识来发现和保证的。[2] 在他这里，主体的生成问题尚未成为注意力的焦点，他关注的更多是作为逻辑起点的意识，而非作为发生起源的意识。事实上，莱布尼茨、康德的目光也都维持在这个方向上。他们是自我主体结构的探询者，而不是主体生成的追踪者。超越论哲学的集大成者胡塞尔，也首先是意识共时结构的描述者，而非意识历时发生的说明者。在近代的超越论发展线索中，主体发生问题是在新康德主义的语境中才出现的。

当然，在非超越论哲学的发展中，生成与历史一直占有统治

1　但阿伦特认为，至恶并不是那种出自可理解的利己动机的恶习，而是使人本身变得多余的人的全能或权力意志。

2　这里采纳文德尔班的观点，将笛卡尔的"思"（cogitare，cogitatio）译作"意识"。

地位。在洛克那里已经提出人格统一的问题。这个问题在耿宁看来是意识的历时统一问题。此后的黑格尔、马克思、狄尔泰，也包括此前的维柯，都在讨论真理与历史的关系问题。它们虽然不等于主体的发生，但却涉及普遍的发生这个历史哲学的基本问题。

这个意义上的发生论，是贯穿于中国传统哲学之始终的。以《易经》为始的变易论思想，代表着中国式的本体论从一开始就是生成论，而非实体论；是发生论，而非结构论。孔孟老庄的思想，都在延续和发展这个思维趋向。笔者曾将它称作发生的形而上学，有别于代表西方哲学思维方式的结构的形而上学，亦即感性—理性两分的形而上学。这与以后进入中国文化并与此相融合的佛教思想是相互应和的。在佛教中，始终占有核心地位的是缘起说而非实相论。于此我们也可以理解海德格尔与东亚思想的特殊因缘所在。

但始终注重意识的本质结构以及对这个结构的本质直观和描述的胡塞尔，后期也将注意力放到意识的发生问题上，这实属不易。新康德主义者 P. 纳托尔普在此问题上对胡塞尔产生了不小的影响。我们在这里之所以借助于胡塞尔的意识现象学来描述主体结构与主体生成之间的关系，是因为他在这两个领域都有涉足。当然我们同样也可以借助于心理学领域的皮亚杰或语言学领域的乔姆斯基来勾画这个关系，他们二人都注意到生成与结构的关系问题。

胡塞尔本人在 1900/01 年的《逻辑研究》第一版中便曾对“自我”做过三重的区分：“如果我们想更严格一些，那么我们就应当区分这一瞬间的现象学自我，在绵延的时间中的现象学自我与作为滞留对象、作为变换中的恒久之物的自我。”这时他已经涉及自我发生问题。但他在第二版中又删去了这段文字。也正因为此，他在《逻辑研究》第一、二版中的自我问题思考出现反复，最终没有得出确定的结论。直到二十年之后，胡塞尔才在初步完成时间意识现象学的思考后重新捡起这个话题，并因此步入发生现象学的研究领域。尤其是他在《笛卡尔式的沉思》的“第四沉思”中对超越论自我本身构造问题的展开，实际上已经包含了自我的静态构造和发生构造两个层面。

5. 主体与自我

这里所说的“自我”，在严格意义上是胡塞尔所说的“本我”（ego），它与通常意义上的“主体”概念是相应的。当然，在胡塞尔的现象学中，主体—客体的概念对已经被意向活动—意向相关项的概念对所取代。海德格尔曾认为，胡塞尔在《逻辑研究》中便“扭断了”主客体的虚假问题的“脖子”，而在此之前“任何对此模式（主客体模式）的沉思都没有能够铲除这个模式的不合理性。”在这个意义上，“主体”已经死过一次，但它以超越论的主体性的方式仍然存在于意识哲学之中，甚至存在于当今的语言哲学和心智哲学之中。我们仍然可以说，对立依然存在，但它已经是认识论领域中的“能意—所意”的对立，就像唯识学中的“能缘—所缘”（或“见分—相分”）的对立，或语言学中的“能指—所指”的对立。

“本我”在胡塞尔那里意味着作为空乏的极点的“自我”（Ich）连同其各个意识体验，它们是基础性的，在此意义上是“主体”。意识活动总是指向某物，在此意义上构造起某物，由此构成意向相关项，即通常理解的对象或客体。胡塞尔用意向性来刻画这个最基本的意识特点：意识对其相关项的构造活动。这种构造活动可以用不同的方式进行，例如以感知的方式，或想象的方式，还有图像意识、符号意识等方式。在构造过程中，随着被构造的对象的产生，各种情感活动也随之发生，例如对一幅画、一段音乐的喜欢或厌恶，对一个人的爱或恨，对一个人的遭遇的同情或漠视，如此等等。这些情感活动本身虽然不构造对象，但却指向对象。在此意义上，情感活动是非客体化的行为，需要以表象和判断这些客体化的行为所构造的对象为前提。

所谓“前提”，意味着某种理解上的奠基关系。因此，现象学的静态结构分析，也意味着现象学对意识体验的奠基关系的刻画与把握。

6. 发生与逻辑

所有这些意识活动连同其相关项，无论是何种类型以及处在何种奠基关系中，一旦得以进行，就都会在意识流中通过自身意识而被保存下来，积淀在意识流中，并随时可以通过回忆或反思而以再现的方式被唤回到当下。所有发生过的意识体验，原则上都以两种方式存在：或者是以彰显的再现方式出现在当下意识流中，或者以潜隐的无意识方式积淀在过去的意识流中。胡塞尔是通过时间意识分析揭示了这个意识活动的“积淀”过程的。时间意识分析为意识的发生分析奠定了基础。

时间意识有一个“滞留—原印象—前摄”的结构。虽然在时间意识中被意识到的东西永远不会相同，时间意识的形式却是固定不变的。时间内容的流动性与时间形式的不变性构成一个矛盾的统一。

与此相同，胡塞尔对意识发生的研究，也是本质科学的研究。它不应是发生事实的记录，而是对发生的逻辑的把握。这里有一个基本的张力存在，一个在时间意识分析中已经显露出来的张力：一方面，逻辑结构是发生的；另一方面，发生进行是逻辑的。

胡塞尔在这个本质科学的意义上定义“发生”：意识的发生

就是“意识在被动的动机引发中从意识中产生出来的方式，以及过去的体验活动在当下的体验活动中的再造、联想、积淀的必然规律”。

发生论的规律与结构论的规律尽管都是意识的规律，或者说，是心的秩序、心的逻辑，但它们仍然是两种迥然不同的规律。例如，一个办公室职员很可能在上班工作时觉得时间过得慢，而下班后娱乐时觉得时间过得快，他不会因此而认为自己违反了矛盾律。只有当他将某个时间段同时定义为既慢又快时，他才是不合逻辑的，至少是不合我们在最通常意义上所说的形式逻辑。

如果生成是“意识在被动的动机引发中从意识中产生出来的方式”，那么最原初的主动意识是从何生成的？就此而论，应该还有主动生成的一个层面。雅斯贝尔斯便曾提出一个主张：“所有不为自己设定界限的反思都会一再地最终发现一个不被反思的冲动（Impuls），所有真理根本上都来源于这个动力。”对于这个主张，佛教的意识哲学，即唯识论，会表示赞同。唯识学提出阿赖耶识是初能变，从它生成变化出作为二能变的末那识和作为三能变的前六识，以及作为它们的相关项的其他一切万物。在这个意义上，除了阿赖耶识之外，其他都符合胡塞尔所说的发生，以及在其中包含的规律：发生学规律。

7. 本性与习性（或人性与人格）

由于每个主体都有双重的承载——本性的承载与习性的承载，因而所有的发生学规律都可以分为两种：主体本性部分的规律与主体特性部分的规律。前者与普遍的人性相关，它是稳定的，甚至是超时间的，而且不仅跨历史，也是跨民族、跨文化的。它是使人成为人的东西。后者与个体的人格相关，它是生成的、具体的、时间的、历史的、文化的，与人各自的习性有关。它是使个人成为个人的东西。

本性与习性两个概念已经含有天生与习得的意思。可以在这个意义上理解孔子所说的“性相近，习相远”（本性相近，习性相远）。今天我们可以将与这两者相应的研究称作本性现象学与习性现象学，它们成为发生现象学的两个分支。

本性现象学应当研究的是在各种经验活动、客体化行为发生之前就已经在主体本身中存在的本能，这是原本词义上的“本能”：本来就有的能力或功能。威廉·洪堡所说的语言本能（Sprachsinn），乔姆斯基所说的内语言结构，孟子所说的四端，唯识学所说的阿赖耶识、末那识，胡塞尔所说的本欲（Trieb）等等，都与此有关。它们也以自然科学的方式被探讨，如一个人的先天辨音能力、辨色能力、辨味能力、定位能力等等。它们不是后天习得的，在此意义上是不学而知的良知、不习而能的良能。

习性现象学所研究的是人的各种后天特征或特性。在语言能力方面，如果先天的语言本能决定了一个人能够学会任何一种语言，那么后天的语言能力就是指一个人出生后学会的某一种或几种具体的语言。在道德品德方面，如果同情、羞愧、恭敬等是不学而知、不习而能的良知良能，那么这些不含具体内容的道德意识形式在后天的日常生活中会逐步获得其具体的针对内容或朝向对象，例如对某个具体个人的同情，为某个具体事情的羞愧，对某个具体形象的恭敬，等等。这些人或事之所以得到这样的伦理对待，大都与我们后天所受的教育以及我们的生活经历有关。而由于我们所受教育与我们的生活经历必定是各不相同的，因而各个个体那里的习性情况也就必定是各不相同的。例如，当一个人产生同情心的时候，另一个人可能会无动于衷，这并不是说一个人有同情心，而另一个人没有。再如，当一个人为不穿衣服而感到羞耻时，另一个人却可能并不为此感到羞耻，这也不意味着一个人有羞耻心，而另一个没有。准确的说法是，每个人都有同情心和羞耻心，只是它们指向的对象不同，或者说，导致道德意识升起的原因不同。

唯识学将这种本性与习性之间的关系理解用隐喻的方式刻画为种子与熏习的关系，并提出“种子熏习说”。阿赖耶识是种子识。它在此后的发展中可以变化为末那识，而后再进一步变化为前六识。这个主张被称作“三能变说”。在完成这个进程之后，沿三能变相反的途径，每个人的每一所思所想、所作所为，都会在主体本身积淀下来，因此方式而作用于主体本身，并使主体产生变化。这个双向的过程，在唯识学中叫作“熏习”，具体地说是“种子生现行”，“现行熏种子”。而在现象学中，胡塞尔将这个过程称作“构成”与“积淀”。他在这个意义上定义“历史”：“历史从一开始就无非是原初意义构成（Sinnbildung）和意义积淀（Sinnsedimentierung）之相互并存和相互交织的活的运动。”

本性与习性以及它们之间的关系，始终构成中外思想家们关注和讨论的重要课题。一方面，纯粹的本性与纯粹的习性是否只是一个理论的抽象，是否可以具体而充实地得到分别以及分别地被把握到，这是一个需要讨论的问题。另一方面，我们的道德生活究竟更应依据我们的本性，还是更应依据我们的习性，这也是一个引发诸多争论的问题。

法国的几位重要思想家如卢梭、柏格森等人，都倡导对人的本性的弘扬。带有这类趋向的还有英国的亚当·斯密与休谟等人，也包括爱尔兰学派。总的说来，偏重情感与经验的思想家会同时偏好人类的自然状态，将其视为理想状态，并且带有复古的意图。德国哲学家尼采和叔本华在这点上也有一致性。与此相对立的是一批强调习性的思想家。由于习性与后天的教育有关，因此更趋向于将某种人为的状态或约定的状态当作理想的道德状态。他们更多地不是回溯历史，而是更愿意面向未来，例如康德、黑格尔、马克思、罗尔斯等。如果我们再考虑一下中国的思想家们，那么孔子应当属于后者，老子则可以归于前者。

8. 从横向反思到纵向反思

最后还要谈及方法论的问题。如果主体生成是一个不同于其他任何问题领域的一个特殊研究对象，那么这个研究所要采用的特有方法便成为无法回避的问题。维柯在思考其“新科学”的时候还没有特别强烈的方法意识，黑格尔在论述精神发展时已经采用了辩证法，弗洛伊德在分析潜意识时借助了自然科学的方法，海德格尔在对作为动词的存在进行领会时提出了解释学的方法，如此等等。由于康德在历史理性批判方面未用全力，因此他的整个理性批判的工作虽然隐含地使用了智性直观的方法，他本人对此却并未明确予以承认和倡导。只是后来的两位最重要的“新康德主义者”才开始对此方法做出公开而娴熟的运用，并且实际上确定了与主体生成研究内容相应的研究方式。他们就是西方的胡塞尔与东方的牟宗三。

胡塞尔在20世纪初的《逻辑研究》中就已经确定了把握静态的意识结构的方法是本质直观和本质描述的方法。这个方法在开始时被称作“范畴直观”或“形式直观”，事实上是在暗指，这种本质直观的方法与康德用来把握直观形式和知性范畴的方法是一致的。

牟宗三则在著于1969年的《智的直觉与中国哲学》中把康德所否认的智性直观做了重新的审视，并用它来诠释整个中国哲学的主要思想脉络。中国哲学在“纵贯直观”或“生命直观”的方法中得到重新的梳理，一门有别于西方的结构形而上学的、相对而言的东方的发生形而上学轮廓在他这里得到勾勒。“智性直观”方法在笔者看来是牟宗三从康德哲学中获得的最重要的精神遗产。

胡塞尔本人在20世纪20年代才开始系统地思考发生现象学问题。他所理解的静态结构的现象学方法是本质描述的方法，将发生构造的现象学方法理解为本质说明的方法。“说明”在这里是指动机的说明，即对意识发生的动机引发的本质说明。意识主体时时刻刻处在生成中，而这个生成是有一定的规律可循的，佛教所说的“缘起”，是指心的活动根据一定的条件发生。缘起的万物无常，但缘起本身是有条件有规律可循的，否则佛教的“业”与“熏习”也就无从谈起。这里的问题只是在于：这个缘起的规律是如何能够被把握到的？意识流动的规律、主体生成的规律如何能够被明见地意识到？

从胡塞尔现象学的观点来看，意识的发生与结构一样，都必须是通过自身意识与反思才能把握到的。反思的目光有两种：一种是横向的反思，其对象是横向的意识结构；另一种是纵向的反思，其对象是纵向的意识发生。两者都以本质把握的方式进行。前者可以称作对横意向性的横向本质直观和本质描述，后者则可以相应地称作对纵意向性的纵向本质直观和本质说明。这样，在结构的方向上和发生的路径上，主体研究都可以获得方法上的支持。

最后要回到作为本文标题的问题上：“何谓主体？如何生成？”从现象学角度出发对这个问题的回答应当是：主体就是作为意识的主体，生成是以缘起方式进行的生成。当然这不能算是主体生成研究的唯一可能，但却是最基本的可能。

迷惑人心的光景

——村上春树的《1Q84》

断断续续读了两三个月，终于将村上春树的《1Q84》读完。先是前两卷在广州买的施小炜翻译的横排简体版，第三卷则是在台北购得的赖明珠译的竖排繁体版。译者不同，但风格感觉还是一致的，可以流畅无碍地连续读下去。这似乎印证了萨弗兰斯基的一句话：译者其实是无关紧要的。此话乍听起来有些刺耳，尤其是对翻译家来说，可是细想一下却不无道理。《圣经》不会因为译得不好就无法传播，选择哪一个译本并不是首要的问题。本雅明赋予译者的责任并不很大，因此有人认为他的题为“译者的任务（Aufgabe）”的文章更应译作“译者的放弃”。的确，翻译家有可能成为大学者或大语言学家，却永远不会因为翻译而成为大思想家。这表明思想或心智是在语言之中，但同时也在语言之上。正是有了这种意与言之间的若即若离，我们才不会过于迷信语言，才不会太多地执着于辞章，才不会成为语言主义者。

村上春树的这部小说，风格是各种小说式样的综合体，用爱情、神秘、哲理、宗教、犯罪、推理等中的任何一个来定义它都会是不足或扭曲，而且有可能越说越远，但即便将它们加在一起，也仍然不可能反映出它的总体格调。如果必须用一个词来表达它，我会选择“玄幻”。

天吾与深绘里的一个问答十分经典，也十分切题：

> 天吾脱口而出，问了很久以来一直想问的问题：“告诉我，《空气蛹》中到底有多少是真实的故事？”“真实又是什么意思。”深绘里不带问号地问。

它显然不是传统小说，但也难以将它界定为某种意义上的后现代小说。它是有故事的，以至于读者会为了情节而急于看下去，会因为故事而觉得其余的陈述拖沓，放弃了作者安排和设计的张弛节奏，会由于过于期待玄妙的结局而最终收获失望。事实上，在故事情节的背后，常常闪烁着许多敏锐的感受、深邃的哲思、机智的比喻、或写实或写意的细致描述……一味地紧跟在故事后面颠簸，就会错过许多风景，而且是在别处见不到的风景。阅读的速度是一个要点。听说这本书的中译本印了上百万。我想如果卖得不好，那么原因很可能是大多数读者读得过慢，失去了耐心；或者因为大多数读得过快，从而最终只是得到了满足其好奇心的结果。

之所以说它是玄幻小说，是因为它叙说的不是 1984 而是 1Q84。处在 1Q84 的特征是这个世界有两个月亮。看见这个景象的便处在 1Q84，否则就处在 1984。因此，这两个世界并不一定意味着两个地域，唯有对女主角青豆是个例外：她从首卷的第一章就明确地在物理上进入 1Q84 玄幻世界，直到末卷的最后一章才退出。男主人公天吾则因为涉及对虚幻小说《空气蛹》的改写，心理上不断地在两个世界之间转换，“但一旦闭上眼睛，对自己究竟是置身于哪个世界，天吾便没有了自信”。可以确定的是，直到最后一章，他才随青豆一起在物理上从玄幻世界中脱身。另一个悲剧角色牛河则不知从何时开始闯入玄幻世界，并且无奈地在心理、物理上被处死在那里。

1Q84 与 1984 只有一字之差，作者暗示两个世界的区别并不很大。但它们之间区别也不很小，足以构成玄幻与现实的分界。

虽然与村上春树以往的作品相比，这部巨著并不意味着相对于他以往著作的特别跨越，甚至我不认为这是他至此为止的最好著作，我仍然愿意用书中的一句话来评价这本书：

> 那确实是会迷惑人心的光景。

电影评议

巴别塔之前与之后

——或：语言哲学中的语言—哲学关系

“巴别”一词的由来

“巴别”（Babel）最初是在《圣经·创世记》中提到的一个地名，属于挪亚的国土；后来又被用作在这个地方曾造过的一座通天塔的名字；再后来，babel 又逐渐成为一种隐喻，成为“混乱”“嘈杂”的代名词，实际上也是这个源自希伯来语的词的原义。

刚刚获得金球奖和多项奥斯卡提名的电影《巴别塔》的英文原标题 *Babel*，最基本的意思便是混乱、嘈杂的地方。它们指哪些地方呢？从影片中不难看出，它们可以是摩洛哥的某个乡村，也可以是日本的某个城市，或者是墨西哥的某个边境小镇，或者是美国的某个边境城市。

babel 之所以叫作“混乱”，与《圣经》中的一个故事有关。我们不妨将它看作一个语言哲学的故事。

按照《圣经》的记载，神造出世界万物和人类之后不久便感到懊恼，因为他见人在地上罪恶很大，终日所思的都是恶。“世界在神面前败坏，地上充满了强暴。”于是神说：“我要将所造的人和走兽，并昆虫，以及空中的飞鸟，都从地上除灭，因为我后悔造了他们。”而后，神造出大洪水，灭绝万物。唯一幸存的是挪亚和他的后代，因为他首先得到神的警告，造出挪亚方舟，避开了洪水。

一直到这个时候，天下人的口音、言语，都还是一样的，这是在建“巴别塔”之前的情况。我们在这里先要留意的是在“巴别塔”故事的下半段，即“巴别塔”之后的情况。

许多年后，挪亚的后代富足起来，东迁时在示拿地遇见一片平原，就住在那里。他们想到，“要建造一座城和一座塔，塔顶通天，为了传扬我们的名，免得我们分散在全地上”，于是他们开始建造。在巴别塔即所谓通天塔快要建成时，神下来看了，有所担心：“他们成为一样的人民，都是一样的言语，如今既做起这事来，以后他们所要做的事就没有不成就的了。”

于是神就“变乱天下人的言语”，使人们互相无法交流，停止造塔，最后从那里分散到了各地，各自生活。那座城和那座塔，从此就名叫“巴别”，也就是变乱的意思。

我们很难揣摩神为何不愿人类“成为一样的人民”。需要留意的要害倒是语言问题：巴别塔之前，人类的语言是统一的；巴别塔之后，人们开始各说各的语言了。

以巴别塔为界，我们可以把此前的人类共同语言称之为“单数的、唯一的语言”（Sprache，the language），将此后的人类各个民族拥有的语言称之为“复数的语言”（Sprachen, languages）。语言哲学家威廉·洪堡就已经这样做过。而在他之前，卢梭在《论语言的起源》中也曾说：“言语（la parole, speech）

区分了人与动物，语言（le langage, language）区分了不同的民族。”这里的“言语”，就是指那一门唯一的、共同的语言，而所谓“语言”，则意味着众多个别的、具体的语言（复数的语言）。

巴别塔之后：民族语言导致了文化个性与差异？

世上的各个民族如今处在巴别塔之后的状况中，他们分散于各地，各说各的语言，各有各的民族心智与文化传统，彼此难以沟通交流。各种文化的差异、隔阂以及由此导致的冲突，如今已被普遍视作导致人类各种灾难乃至最终自身毁灭的最可能的原因。由此观之，babel 所指的“混乱”，首先是语言的混乱。

神只需变乱一下人类的语言，不仅弹指间便让一座原可通天的宏大建筑中止营造，最终塔毁人散，甚至还会导致操不同语言的种族彼此争斗，相互残杀，最坏的结局是整个人类最终的自我毁灭！——这是新天方夜谭吗？语言何以能够有如此之大的力量？语言的隔阂何以能够造成如此之大的后果？

影片《巴别塔》用不少篇幅来描述这个状况，因此我们有一定理由将它看作一部沟通的悲剧。影片中，苏珊于非洲旅途中向她的丈夫提出的第一个问题便是“我们为何来这里”，加上墨西哥婚礼上让美国男孩瞠目结舌的杀鸡场景，美国政府把枪击案理解为恐怖袭击的做法，墨西哥—美国边境上发生的口角、误解和追捕，这一切都在直白地叙述这种差异、隔阂及其后果。

但这不是《巴别塔》的导演冈萨雷斯·伊纳里图的最主要意图。他似乎并不认为语言障碍是最大问题所在。“真正的隔阂是人与人心灵上的界限，而非实际空间中的距离，障碍存在于我们的意识形态中。”他这样说。

可是这会引出一个进一步的问题：意识形态的差异又是从何

而来的呢?

我们无法也无须一味地从《圣经》中寻找答案。德国语言哲学家威廉·洪堡已经给出一个回答：他认为语言不仅仅是心灵的表达，而且本身就是一个世界，以及一种世界观。这个论点在洪堡的《论人类语言结构的差异及其对人类精神发展的影响》一书中可以找到。它的书名已经明确地给出了这个回答的主要内容，而用海德格尔的话来说，该书“或隐或显地规定了直到今天为止的整个语言科学和语言哲学”。

正是在这部著名的长篇论著中，洪堡提出这样的命题：各种不同的语言，都意味着对世界的不同看法，并且意味着不同的联系思想的方式。也就是说，在我们的各种意识形态与我们操持的语言之间，的确存在着内在联系。这样，意识形态之差异的问题，最终还是可以归结为语言差异的问题。

在这个意义上，babel 主要是指语言和语言所导致的混乱。

洪堡语言世界观学说中的汉语、梵文之例

洪堡本人曾以汉语和梵文为例，说明它们的结构如何引向两种不同的思维方式。他之所以选择这两种语言，并非因为洪堡对这两种语言有偏好，而是基于一个特别的命题：世界上只有三类语言，即以梵文为代表的印欧语系、汉语[1]，以及其他不属于前两种语系的语言。

由于汉语基本上只区分主语、系词、谓语，因而放弃了许多附加表达的东西，由此造成的结果是，汉语忽略或放松思想之间

1　今天的语言学家会说“汉藏语系”。这里有必要提及史迪芬·平克介绍的一个语言学新理论：世界上的四千至六千种语言，乃是由六大超级语系组成，而汉藏语系与印欧语系有可能同属一个超级语系。

的联系，使之缺少严格。但它的短处也是它的长处：它恰恰因此而突出了思想本身。语言范畴的不清晰，使得思想较少受到语词的限制。

而梵文体现的印欧语系，则恰恰构成汉语的对立面，因为它全力区分语言范畴，直至最细微处。这样一类的语言可以清晰地表达思想，可以对思想做个别、细密的处理。当然，它的长处也是它的短处：在这里被增强的是追求语词的力量，而不像汉语那样突出思想的力量。

汉语与梵文所代表的这两种语言结构，构成了思想的精神活动与语言的精神活动两者相互作用的两种极端情况。从这两种结构对立的语言可以看出，语言的结构在很大程度上影响着思想的风格以及思想的发展。洪堡在这里通过语言结构差异所确定的东西，根据他的语言世界观理论，恰恰就是决定一个民族的心智和一种文化之特性的东西。

这种语言世界观的差异，大，可以指各种语系之间的差异；小，可以指一个语系之内各个语种的差异。对此洪堡也曾有列举：梵语在外部的句法构造上从未像希腊语那样达到优美、自由、灵活的分析，原因在于这两个民族的内在政治状况有所不同；英语的重音与英国人很早就倾向于争取政治自由有关；如此等等。

语言的分化，说明了民族心智和文化传统差异的由来，说明了意识形态的由来。在精神发展的历史中，语言活动始终处在一个核心的地位。

巴别塔之前：唯一的语言等于人类的共性与同一？

但是，这似乎仍然不能说明《巴别塔》的主旨。有一个问题从一开始就藏而不露，却始终在蠢蠢欲动：从《圣经》里看，在大洪水之前，虽然并无语言的混乱，世界仍然在神面前败坏。为什么？

在《巴别塔》影片中还可以有更多的例子会引发这个问题：在摩洛哥父子和兄弟之间，在美国夫妇之间，在日本的父女之间，在墨西哥的婶侄之间，都不存在语言的障碍，但他们彼此仍然还有沟通的困难、精神的冲突。而且同一种族中的世界观差异，甚至往往大于在不同民族间的世界观差异。这在影片中也可以找到一系列的佐证。为什么？

从这个角度看，片名的 babel 一词，并非完全是指语言的混乱或语言引发的混乱。甚至可以说，它的真正指向不是混乱，不是在巴别塔之后的绝望，而更多地暗示着对巴别塔之前的状态的积极向往。这从导演冈萨雷斯·伊纳里图的表述中可以看出："《巴别塔》探讨了是什么将我们联结在一起，而不是将我们分离的主题。"

在这里我们仍然可以诉诸洪堡的分析，因为洪堡不只是一个关注着人类语言结构之差异的语言学家，也是一个把握到人类语言结构之共性的语言哲学家。他不仅是一个结构主义者，也是一个生成主义者。这的确是令人诧异的，但仍然是个事实。

换言之，洪堡有文化差异论的趋向，也有人性普遍论的趋向。即便洪堡强调与语言的结构相关的民族心智和文化差异，他仍然坚信，在这些具体的差异和区别之后隐含着一个共同的东西，而且完全可以从前者推导出后者："每一种具体语言都带有某种印记，反映着一个民族的特点。由此推断，所有语言的综合极有可能反映出（人类的）语言能力，以及依赖于语言能力的人类精神。"

简言之，在任何人类语言背后都可以找到一个普遍的体系，它体现着只有人类才具有的智慧结构。洪堡的这个观点，如今在一批语言学家和语言哲学家那里得到共鸣。例如美国当代最重要的语言学家乔姆斯基便接受这个看法，他认为：“人类思想和心智的某些方面在各种语言之间基本上是没有区别的。”[1]大相径庭的只是各种语言表层的表现，它们的深层结构差别实际上并不大。

的确，如果有外星人来到地球，各个民族的差异对他们来说并不会像我们通常所看到的那样大，一如我们会把某一类动物——如金丝猴——看作没有根本类差异的一样。当然这只是类比式的猜想而已。真正能够证明我们语言深层结构的是一个显而易见的事实：无论我们的各种语言语法多么复杂，任何一个正常的孩童，只要在一定的条件下，都会毫不费力地学会任何一种人类语言。由于这个能力是几十亿人共有的，因此我们似乎不以为奇，但实际上，它与一个两岁儿童学会了量子力学或微积分一样，是极其令人迷惑不解的，除非我们用一种共同的天赋能力来解释它。

洪堡就是用“语觉”（Sprachsinn）这样一种类似于听觉、视觉、味觉、嗅觉、触觉的禀赋来称呼这种能力；乔姆斯基则将它叫作“语言能力”（the language faculty），或干脆将它叫作全人类共有的遗传基因；而平克则将它称为“语言本能”（the language instinct）。

具体地说，人一出生，大脑中便有一些先天的初始语言结构，它由一系列富有实质内容的原理组成，而且对全人类都普遍有效，即使在大家知道完全没有语源关系的那些语言中，它们也没有根本上的不同；而后，根据在各个民族中获得的后天感觉材料，人会逐步构拟出各种极其复杂的、千差万别的民族语言语法。

1　平克认为，乔姆斯基发表的《语言的结构》，“开始了语言学的革命，后来的三十年，让语言学家走回了《圣经》上所说的境界［即巴别塔前的境界——笔者］。乔姆斯基说火星上的科学家若是来地球访问的话，他一定会觉得地球上的人是说同种语言的，只是彼此的词汇不同罢了”。

同一性还是差异性?

从一个角度看，人类语言由于有了共同结构而显得彼此间没有根本的差异，因而乔姆斯基会说，实际上汉语与英语的差别并不很大,例如它们至少都要分音节,都不像音乐一样可以演奏出来，它们都有一定的句式和句法规则，等等。从另一个角度看，各种语言之间又有很大差异，以至于学习非母语的外语会成为成年人学习上的最大困难，远远超过学习几何或代数这样已经极为复杂的系统理论。

普遍语法结构与各种民族语言的关系，有些类似音乐本身与用某种乐器演奏的具体乐曲的关系，例如钢琴演奏的乐曲表达一种豪放而轻盈的情感，提琴则体现委婉而细腻的世界观，二胡、马头琴、古琴等等，它们各自都是以别具一格的方式吐诉衷肠。但在它们奏出的乐曲后面，有一个共同的音乐结构，是它使音乐被理解为音乐，而非单纯的声音或嘈杂。即便我们说有一些鸟类和鱼类的叫声听起来像音乐，我们也不会说它们就是音乐。

或许正因为这种语言和音乐之间的相似性，卢梭才把“音乐的起源”放在《论语言的起源》中来讨论。这里还要留意的是：他在前七章讨论的是区分了人与动物的“言语”，即前面所说的单数的语言、普遍语法结构等等；在第八章之后才用三章的篇幅谈论区分各个民族的“语言”，即“复数的语言”、杂多的民族语言。他的注意力偏好可想而知：他是注重普遍语言结构的。

在洪堡那里，这种偏好并不明显，虽然他的老师赫尔德被罗蒂视为属于强调差异和生成的一派，但我们实际上很难将洪堡纳入差异论的行列中，同样也难以将他纳入同一论的行列中。正因为此，在他那部“基本概念模糊得令人炫目，但又处处令人激动”

的著作中，差不多每个人都可以找到自己想要的东西，理解自己已理解了的问题。

就我本人而言，在洪堡的语言研究中，我更多看到了他普遍主义的理想，即把普遍语法形式看作普遍人性："倘若有这样一个理念，它贯穿着整个历史，以不断扩展的作用显现出来；倘若有某个理念，它能证明整个人类在臻于完善——那么，它想必就是人性的理念。"

究竟是相信并试图把握作为原语言形式的普遍人性理念，还是关注和强调语言生成导致文化间的差异，实际上这并不是一个仅仅关系个人好恶的问题，不是一个类似于我不喜欢吃牡蛎而你喜欢吃，仅此而已的问题。

如果我们有理由相信，普世与共性的倡导与探寻者和差异与个性的追求与偏重者都是出于善良的愿望，例如都希望人类总体不会像其他生物那样自我毁灭得那么快，那么在这种争论背后所隐含的矛盾为什么还会比口味偏好所产生的差异更为严重呢?

我希望自己给出的解释是合理的：在善良愿望的前提下，普世与共性的倡导与探寻者希望能够发现和把握人性中那个共同的、积极的、使得人类这个种族得以自我保存至今的东西；而个性的追求与偏重者则希望维护由生成而产生的丰富差异，使人类的丰富文化不至于被一种单一的意识形态所扼杀，无论这种意识形态是以普遍的科学、技术的形态出现，还是以某种政治形态、道德教义、宗教信念的名义登场，只要它们与强权为伍，就有必要予以抵制，而这种抵制的一个有效手段便是对差异与个性的弘扬。

因此，同一论者和差异论者的分歧实际上就不在于有没有共性和要不要共性，而在于我们有无可能把握到真正的共性。

于是这里的关键在于：假如我们相信，人类思想和心智的某些方面在各种语言之间基本上是没有区别的，那么我们能否有朝一日确切地知道，这个某些方面，这个被洪堡称作我们的语言的“原形式”、被他看作人性的理念的东西究竟是指什么？它延展得有多远？它是否可以帮助我们奠定人类和谐之基础呢？

为了避免各种意识形态在同一性的名义下实施精神的暴力，发现和把握人类思想和心智的真正共同方面就成为目前的一个首要任务。在语言学中，这意味着寻找语言的原形式，同时捍卫语言的多样性。这里顺带要说明的是，乔姆斯基的工作恰恰就是在两个方向上进行：一方面是抵御意识形态的强权，另一方面是寻找真正的人性之本质。

我想这是与冈萨雷斯·伊纳里图的一个基本思想倾向相符的。总体上说，他要表现的并不只是一部由于各种差异与隔阂而导致的悲剧，而更多是一场赞美那种超越语言和文化的鸿沟、掩藏在babel之后的人性之赞歌。

他在影片结尾有个献词：“献给我的孩子。最暗的夜，最亮的光。”

我把它理解为一种对积极的希望的表达：即便在最暗的夜中，也可能有最亮的光。

《色·戒》VS《断背山》

——或：道德本能与道德判断的对立

一

勉强看完《色·戒》，心中潜渐滋生的悒郁骤然间变成扑面而来的一腔悲情。但这样说仍还不能将一种直至内心深处的勾连状态概括殆尽。这感受无以名状，而且似曾相识。细细想来，这与《断背山》曾带给人的冲击十分相似，虽然不尽相同。

为什么李安总想并且也总能用他的电影，把我们拽入这样的一种心绪之中呢？

或许是因为他自己就常常处在这种心绪之中，摆脱不开。他想用《色·戒》和《断背山》来传诉他的伦理思想，但这个伦理思想是自相矛盾的，并且通过两部电影明确地对立起来，无论他本人是否意识到。而我们之所以每每为他的思想表达所困扰、所挤迫，乃是因为我们自己也总在这个矛盾中纠缠不清，无论我们自己是否意识到。

我没有说李安的“伦理学思想”，而只说他的“伦理思想”。一个人的伦理思想常常是自相矛盾的，但伦理学研究则不可以自相矛盾，否则就无所谓一种“学”，而只能是某种“法”。

伦理学并不会使人变得善，但可以让人发现自己在道德行为（身）、道德表达（语）、道德意识（意）方面的问题。我对伦理学的理解是：它是对伦理意识的反思和描述，并发现其中规律性的东西。

为什么人总会有道德意识方面的困惑和艰难？这是一个问题。伦理学应当揭示其来源，并试图以各种方式为在两难之间的抉择提供一定的依据或理由。

这里的文字便想要处理李安的伦理矛盾，虽然无意完全地解决它。我只想借助这个矛盾来说明人类的普遍伦理意识状况。它使我们在看到像《色·戒》《断背山》或《廊桥遗梦》等电影时总会产生出那种心绪，几乎是每发必中。原因就在于，它们击中的是普遍的人性。

二

李安所要表达的伦理矛盾，也是《色·戒》作者张爱玲与《断背山》作者安妮·普鲁各自举证的伦理主张之间的矛盾。

特别要说明一点：虽然两位作者都是女性，但伦理思想在这个案例中与性别差异没有直接关系，也与异性恋和同性恋的差异无关。例如我也可以把本文标题改为“《色·戒》VS《廊桥遗梦》”，《廊桥遗梦》作者罗伯特·沃勒是男性，涉及的是异性恋。但《断背山》与《廊桥遗梦》表达的是同一个伦理主张，对《廊桥遗梦》有效的，也完全可以适用于《断背山》。

这世上的绝大多数人都会有伦理思想的矛盾乃至对立，无论男女。只是这些矛盾和对立常常没有因为必须的选择而凸现出来。当《原野》中的金子问仇虎“我和你妈都掉在水里，你先救谁？”，当《赎命24小时》中尼尔需要决定，究竟是为换回女儿去杀死一个无辜者还是相反，这时，亦即在面临这类苏菲式抉择时，伦理的困境就一下子摆在了面前！

但这些还只是道德抉择困境的极端形式，一般人很难遭遇到。谢天谢地！

实际上我们面临的选择更多是萨特式的：我的老母亲卧病在床，而国家面临侵略需要我去保卫，我该做什么样的决定才是道德的呢？这种类型的抉择不仅出现在《色·戒》中，也出现在《断背山》或《廊桥遗梦》中。

苏菲式的抉择和萨特式的抉择是根本不同的：前者是在道德本能之间的选择，后者是在道德本能与道德判断之间的选择。

就后一类抉择而言，它每次都意味着两难。原因在于，我们的道德意识有不同的来源。我们的所有道德意识，以及所有基于此上的道德表达与道德行为，要么是来源于我们的道德本能，要么是来源于我们的道德判断。前者是我们所说的自然美德，后者则常常被称作社会公德。

《色·戒》与《断背山》所体现的伦理矛盾，就是道德本能与道德判断之间的矛盾与对立的典型。简单地说，在《色·戒》中，主要是在王佳芝那里，道德本能压倒了道德判断；在《断背山》中，主要是在恩尼斯那里——也包括在《廊桥遗梦》中，主要是在弗朗西斯卡那里——道德判断的因素最终占了上风。

何谓道德本能？这是指在我们人心中无需后天的教育和习得就具有的道德能力或道德生活方式。它的主要表现方式是不假思索的，有时甚至是无意识的。王佳芝在做出决定前的一刹那，想到的只是“这个人是爱我的”，而后“心下轰然一声，若有所失”。张爱玲只是对整个状况做出素描，并未给王佳芝提供任何理由和解释。这涉及道德本能的另一个根本特征：它是情感性的，故而无需理由也会发生，有了理由也无法阻止。所谓情不自禁，就是指我们常常无法阻止同情、爱情、羞耻、母爱、敬畏这类情感的油然而生。

道德判断的情况则相反。它是深思熟虑的、理性的、后天习得的、社会约定的。在《断背山》中，它是通过恩尼斯来体现的。恩尼斯拒绝了杰克的计划：放弃家庭和农场，两个人重新组织一个家庭。恩尼斯的考虑是：“杰克，我花了几年的工夫建立起一个家。我爱两个女儿。阿尔玛呢？这不是她的错。……我们没办法离开农场。我自己有自己的家要顾，被自己的圈子套住，跑不掉了。杰克，我不想变成你有时候看到的那些人。何况我不想死。”而后他向杰克叙述了他儿时看到的一对同性恋男子被人打死的经历。

在《廊桥遗梦》中，道德判断能力的象征是弗朗西斯卡。在抉择到来的时刻，在一切都划归为“我不该留下……可是我不能走……让我再告诉你一遍……为什么我不能走……你再告诉我一遍，为什么我应该走”这样的呢喃的时刻，她重复最多的一个词是“责任”：“我在感情上是对这里有责任的”；她似乎可以没有爱情或情爱，而且“最重要的是可以没有你”，“但是我有那该死的责任感”；“我也不能使自己摆脱我实实在在存在的责任”，“别让我放弃我的责任”；最终，“她还是端坐不动，她的责任把她冻结在那里”。这里的责任，是对他人的责任，无论是对家人，还是对社会。因此，主要是她的道德判断能力在支撑她的道德抉择。

三

并非王佳芝就是道德本能的化身，同样，恩尼斯和弗朗西斯卡也不全然就是道德判断的代表。这两派人物只是在他们各自的角色中凸现了这两个方面而已。

从张爱玲的小说中看，王佳芝在提醒易先生“快走”之前和之后都认为“太晚了”，可见她不仅知道不该这样做，而且还认为做了也于事无补。但她仍然想提醒易先生，因为她的道德本能被触发。她丝毫没有想她的做法究竟对不对，而只是在一刹那间听从了本能。

在这里用“听从”一词实在是恰当的。它让我们想到康德的“良心”概念，即“在人之中的一个内部法庭的意识”。一个人有良心，对康德来说就意味着：他能够仔细地倾听内心法官的声音。至于这个法官的判决是否正确，乃是理智的问题，而不是良心的事情。将道德本能推至顶端，也是孟子所说的不学而知的良知和不习而能的良能。它是自然美德的核心词。

社会公德方面的核心词推至最高的范畴或是正义或公正。在《色·戒》中，易先生作为汉奸固然是不义，放他逃走也属不义，而暗杀他的一方则是正义的代表。就社会公德而言，我们大可以谴责王佳芝；但从自然美德出发，这类谴责却无从着手。似乎只能说，在正义与良知的对抗中，后者于一瞬间占了上风。作为道德判断的理智在这一刻大意了，没有算计到，没有控制好。

这种本能性的东西，常常在历史上或强或弱地显露出来，不仅是以尼采的酒神的形式，也不仅是以弗洛伊德本我的形式，而且也会以苏格拉底良知的形式，与它相对的是道德判断或社会公德。因此，两者之间的对抗始终存在，即便在《断背山》或《廊桥遗梦》中，与《色 · 戒》不同的只是对抗的结果。结果有变化，对抗是永恒的。

而且无须特别留意便可以发现：即使结果不同，它们之间的对抗给我们造成的压迫都是巨大的。这里没有胜利和失败的分别。《色·戒》和《断背山》给我们带来的冲击是相同的。它让我们知道，道德本能和道德判断，谁在这里占上风是无关紧要的，要命的在于它们之间的对抗——而且是在真正词义上的“要命”。把《色·戒》《断背山》乃至《廊桥遗梦》换一个相反的结果，它们仍然注定是悲剧。“注定”一词意味着：不为任何导演和编剧所掌控。

无怪李安总要说，“每个人心中都有一个玉蛟龙”或“每个人心中都有一座断背山”。这次在《色 · 戒》这里，他完全也可以说：“每个人心中都有一个王佳芝。”因为他在寻找一个普遍的人性，或者说得谨慎些，寻找在人性中的普遍的东西，而且从各种迹象来看，他找到了。

四

将我们置于那种莫名的心绪之中的，正是这种普遍人性本身所具有的矛盾性的东西。它以悲怆的形式出现。在文学戏剧理论中，这种东西常常被概称为“悲剧冲突”。如果我们把某种造成悲剧的东西归之于偶然的因素，一如罗密欧与朱丽叶的生死差错，或如麦克白的致命误解等等，那么这还只是 M. 舍勒所说的最低层次的悲剧，即某种对悲惨现象的演示（Trauerspiel）。

只有那种为凌驾于希腊诸神与人之上的“命运”（μοίρα）所规定的悲剧，才能够称得上是希腊原本意义上的悲剧，即荷马史诗意义上的和埃斯库罗斯与索福克勒斯戏剧意义上的悲剧（τραγωδία）。

但对“命运”的理解还可以再分为两种：一种把它理解为神

秘的力量甚或神祇本身在支配一切的发生——它与希罗多德的历史决定论是一致的；一种则认为命运是性格决定的，是人的愚蠢、贪婪或不受控制的情感所决定的——它与修昔底德的历史决定论是一致的。简言之，“命运”或者是在人性之外，或者是在人性之中。在这点上，艺术家与史学家是一致的。

根据这两种对命运的不同理解，真正的悲剧也就应该有“悲壮演示”与“悲哀演示”之分。就总体而言，真正意义上的悲剧，都应该像舍勒所说的那样具有“一种深度的不可调和性和绝对性”的特点。前者是人性与外在力量的不可调和，它是悲壮的；后者是人性本身之中两种根本力量的不可调和，它是悲哀的。

李安的这两部作品，可以纳入后一种“悲哀演示”意义上的悲剧范畴。它体现的是在人性本身中蕴涵的无法解脱的悲剧因素，不是通常意义上的性格悲剧，而是人性本身的悲哀。道德意识的不同来源，决定了人类的伦理困境就植根于人性本身之中，是其回避不了的宿命。

即是说，是人性中的这些不可调和的因素，构成了那个被称作命运的东西，它决定了人的生活乃至人性本身随时随地有可能变为一个真正意义上的悲剧，不论它是否在某时某地实际地上演。

五

最后的问题：除了描述人性中的这些对立因素之外，伦理学还能进一步告诉我们解决两难乃至消除悲剧的方法吗？回答是：在一定意义上可以解决两难，但无法消除悲剧。

我提供这样一个伦理学主张：在道德本能与道德判断的冲突中，即在萨特式的良知与正义的抉择中，尽可能站在前者一边。这与《色·戒》的结果相似，与《断背山》的结果相悖。我不是说要放弃正义，而只是说，当良知与正义的天平不相上下，却又必须做出决断时，我们应当偏向于前者。

尽管不喜欢《色·戒》，却仍然要从理论上提出这个命题。这不仅是因为如克尔凯郭尔所说，“如今我们难得听见良知开口”，也不仅是因为相反的要求有可能助长“伪善”现象的滋生，还主要是因为在道德本能与道德判断之间存在一种类似奠基的关系：道德本能有别于道德判断的重要一点就在于，前者不会因时代、民族、政治、文化的变化而轻易改变，它是人性中更为普遍和持恒的因素，也是人类安身立命更为根本的基础。

假如“超越”是可能的……

——一部科幻电影的哲学解读

标题中“超越”的英文是 transcendence，它是时代华纳电影公司 2014 年出品的一部科幻电影的名字。下面的文字并不打算讨论这部电影的艺术性，而只想讨论它的思想性，因为碰巧它谈论的话题与笔者的意识哲学专业研究的问题相关：意识的本性、自身意识，以及诸如此类。

《超越》涉及现代生活中的高科技问题，首先并主要是人工智能问题，其次还涉及通过互联网的全面普及而实现的传播和交流问题、借助纳米技术而完成的物质重组问题、由于合成干细胞制造成功而得以可能的组织再生问题，以及诸如此类。这些科学的进步之所以在这里还被称作“问题”，并非因为它们本身的发展面临困境，而是因为它们有可能很快便会发展到极致，从而最终使得人的生命的意义、整个人类生活的意义成为问题。这也是这部电影所提出和讨论的问题。

故事从一台叫作 PINN 的人工智能电脑开始。天才的科学家们试图将它制作成为一台超级的智能机器，可以自主运转，并能表达自己的感情，还可以具有自身意识，即是说，它在运转的同时也意识到自己的运转，因此它在运转过程中随时会有是非判断、道德本能、审美直觉等与之相伴随，它因此也具备自身记录、自身认同、自身反思、自身修正与自身改进、自身更新的能力。意识的这种自证功能实际上是大自然在长期进化过程中完成的一个谜一般的结果。现在，科学家们试图为人工智能创建一个类似的东西——“一个包含有人类所有的情感，甚至包括自我意识的实体”[1]，一台“将人工智能与人脑智能包含为一体”的超级机器。电影的主角威尔·卡斯特是尝试者之一，他将这台趋近成功的机器称作 Transcendence。

我将这个词或这部电影名译作“超越”[2]，因为“超越”本来是一个带有浓厚哲学与宗教色彩的概念，而它在此影片中也保留了这些因素。它不仅意味着人工智能对人类自然智能的超越，意味着自人类意识产生十三万年以来首个带有全新思维方式的全新时代的来临——“在极短的时间里，它的分析能力，就将超越所有在地球上有史以来生存过的人类全部的智慧”，同时它也意味着人的意识、人的心灵生活对自己的超越，即建造出一种超越自己的，而且同样具有自身意识的更高级智慧，制造出一个自己的上帝。这个上帝是真正全知全能的，一切疑问都可以通过高强度的分析运算而得到最终解答，一切困难都可以通过将这些认识结果在高科技领域的应用而得以最终消除，无论是单个人的疾病还是整个地球的污染：“仰望天空、云彩，我们正在修复生态而不

1　除特别说明以外，所有引用文字都出自影片《超越》中的对话。

2　流行的译名“超验骇客”完全出于误解。另一个译名“全面进化”虽非误解，却是解释而非翻译。

是损害它，粒子在气流中漂浮，复制自己，取代雾霾，退化的森林可以得到重建，水是如此清澈，可以捧起来畅饮。这是你的梦想。——不仅疾病可以得到治疗，而且地球也可以得到治愈。为了我们所有人，创造更美好的未来。”

这样的科学“愿景”还不能算是这部影片的首创，我们在许多科幻片和未来片中都可以看到类似的设想和展望。《超越》提供的新构想是将当代最新的人工智能的建造方案与脑科学—神经科学—心理学的研究和实施结合在一起。

由于人工智能一直没有解决自身意识（self-awareness）是如何可能的问题，因而至此为止我们所面对的人工智能只是一种具有类似神经系统的计算能力，正如影片中另一种思维方式的代表麦克斯所说：“你不可能编一个程序让机器有自身意识，我们自己都不知道自己的意识是怎样运作的。”关于后一点，影片中有两次人机对话出现。人问机器：“你能证明你有自身意识吗？”机器反问：“这是一个复杂的问题。你能证明你有自身意识吗？”[1]

人工智能目前虽然可以模仿人类意识并在某些方面大幅度地超越人类意识，例如在逻辑运算方面，但它还不具备人类意识所具有的自身意识，以及与此相关的道德本能、审美直觉、自身认同和反思与修正的能力等等。佛教唯识学和胡塞尔现象学的意识理论都不约而同地指出，任何种类的意识至少有三个必然的组成部分：意向活动（见分）、意向对象（相分）、自身意识（自证分）。换言之，缺少了这三分，一种智能活动还不能被称作意识。

1　关于人工智能的自身意识问题的科幻电影，这十多年来日趋增多，美国电影《机械公敌》（*I，Robot*，2004）、《未来战士 2018》（*Terminator Salvation*，2009）、《鹰眼》（*Eagle Eye*，2008）、日本系列动画影片《攻壳机动队 Ⅰ》（*Ghost in the Shell Ⅰ*，1995）等，是这类电影的出色代表。

然而影片中威尔对自身意识的问题已经抱有如此的自信，以至于他可以反驳麦克斯说："那只是你的观点，碰巧那还是错的。"他的整个研究正试图在此方向上有所突破。影片开始时他便暗示"我这儿真的开始有所进展了"。或许解开自身意识问题之谜的确只是个时间问题。但影片中的威尔已经没有时间来完成这个人工智能在意识层面上的突破，因为一个自称为"裂缝"的反科技恐怖组织运用高科技手段对他和其他人工智能的科学家实施了袭击，使威尔身负重伤，命在旦夕。影片在这里暗示了人类自然智能有别于人工智能的一个特点，即它的思考不一定是有逻辑的：一方面充分使用高科技，一方面要求远离高科技；一边想要竭力拯救人类，一边不惜夺人性命。

然而另一位人工智能科学家托马斯·凯西以另一种方式在被暗杀前实现了他的研究的突破。他没有像前人那样纠缠于人工智能的创造，而只是简单复制了现存的生物智能："凯西解决自身意识问题的方案是用一个活生生的大脑意识"，更具体地说，他将一只猴子的脑电波全部记录在电脑上，由此而获得意识的所有基本要素。这意味着，原则上可以将意识的所有功能和活动连同其积淀下来的记忆，即意识的全部本性连同其全部的习性，都转换为一组电子信号，上传和储存在类似 PINN 的超级人工智能电脑中，经过组织、整合、编排以及加工，使得一个作为电子信号存在的人工意识成为活生生的现实。

"活生生"是指这个意识可以在电脑开启的时间里像意识在人脑中活动那样运行，但是以比人脑速度快千万倍、效率高千万倍的方式；而且它还可以借助电脑的附加设备来表达和运动自己，就像人的意识可以借助五官四肢来表达和运动自己一样，但同样是以比人脑速度快千万倍、效率高千万倍的方式。

威尔的确在他妻子的帮助下这样做了，从而将这个原则可能性付诸实现。在他生命结束之前，他将自己的全部意识以复制脑电波的方式上传到了超级电脑中，然后继续以意识的方式生活在这部叫作 PINN 的超级人工智能电脑中。接下来，威尔的心灵生活可以通过与互联网相接而全面地铺展开来。这种心灵生活由于其记忆的内容而可以与情感相关，它可以像人的意识一样继续去爱别人，也可以恨自己，如此等等，而且具有自由意志，在需要决断时它也不会像通常的人工智能那样无能为力。像影片中所表现的那样，它甚至可以做出为了他人而进行自我毁灭的决定。它保持了自然智能的本性，同时也是人工智能：一种全新的意识，一种超越的意识。

这种“超越”会带来不可思议的后果。与时间空间的无限性以及物质的无限可分性一样，它实际上是不可思议的，因为它已经超出了人类的想象力，甚至是在哲学思考方面的想象力。笔者在此只能对它做出一定程度的揣摩。

假如“超越”是可能的，那么首先显而易见的是，意识与语言的界限被彻底打破，语言哲学与意识哲学（或心智哲学）的争论也可以结束了。[1] 影片《超越》实际上表达了一种想法：人也许可以将自己意愿、情感、观察、思考的一切，都转换成一种数码语言，可以复制和储存，并在互联网中上传和下载，就像我们录制、上传和下载一首歌曲或一部影片一样。在此意义上，意识与语言是完全同一的，作为自然智能的人的自然意识与作为人工智能的程序语言的界限因此而不复存在。人随之可以获得永生，至少是

1　胡塞尔在《形式逻辑与超越论逻辑》中曾讨论过这个状态的可能性，还可以参见布鲁门贝格的《无法领会性的理论》（Frankfurt am Main: Suhrkamp, 2007）。

他的心灵生活的部分。

假如“超越”是可能的，那么接下来对精神科学与自然科学的划分也可以被消除了。狄尔泰等人提出的自然科学与精神科学之间的原则性差异也不再成立，唯物—唯心的争论当然也可以休矣，因为精神与物质的差异已经不复存在。剩余下来的只有一门科学：生命学。它是有机的，也是无机的；是精神的，也是物质的。或者说，它既不是有机的，也不是无机的；既不是精神的，也不是物质的。

意识哲学家们一直以来就怀疑，用物理学的方式去处理和解决心理学的问题，将自然科学的方法运用于精神科学研究对象的理解和改造，这原则上是否行得通？这个怀疑也随之而烟消云散，因为无论物质还是精神，都是以纳米粒子的活动方式在进行。当然不是以海德格尔存在论的方式，而是以物理—心理、自然—精神的方式，即影片称作“混合者”（Hybrids）的存在论方式。或许我们可以将这种全新的存在方式命名为“混合存在论”（Hybrid Ontology）。以往的哲学家只是在“泛神论”或“万物有灵论”的标题下思考过同类的可能性，如今这种可能性在纳米粒子的活动中得以实现：不仅单个人的身体，即有心灵的肉体，可以通过三维的打印技术制作出来，因此人既能以心灵的方式也能以肉体的方式永生，而且所有的物质都可以有灵的方式存在，所有的心灵都以电子信号的方式运行。

接下来的问题是，这个合而为一的“混合者”也应当有自己的存在法则和运行规律。但何种法则，什么规律？显然这些法则和规律不会仅仅是物理世界的因果律，也不会仅仅是心理世界的动机引发律，但却有可能同时是它们两者，就像在人的生活中这两种规律在同时起作用一样。而且，在人的生活中常见的情感矛盾、道德悖论、自由选择的难题也会在“混合者”的生活中出现。影片最终的悲剧结尾也表明了这一点。

假如“超越”是可能的，那么个体与社会的界限也被彻底打破，民族与国家也不复存在。社会哲学与政治哲学当然也失去了存在的权利。文明冲突和战争暴力不再可能存在，因为意识的传递在意识内部进行，无需外部语言的中介。每个个体行为因而都与社会行为基本一致，甚至个体行为从根本上说就是社会行为。个体意识只是一个超级意识的终端，始终服务于这个“超越之物”。这个意义上的科学愿景表现为：“原始的有机生命将被终结，一个更为进化的时代即将到来，所有事物都将为了服务于它的智能而存在。”它是全知全能的，因为它的智慧无限，能量也无限。但它差不多已经是唯一的了，因为所有的精神与物质事实上都已经属于它，属于这个“超越的混合者”或“混合的超越者”。此时谈论宇宙的意义已经不再是有意义的，更确切地说，这种谈论丧失了对人和人类而言的意义，因为人类个体乃至人类总体已经被超越。现在只能谈论宇宙的自在与自为的意义。或许我们只能用佛教的“空”来描画它。

卓别林在其影片《舞台生涯》（*Limelight*，1952）中曾这样劝说自寻短见的舞女特雷西纳：“你为什么急着找死呢？你有苦恼吗？活下去才是最重要的，其他的可以慢慢来。人类至今已经有几亿年了［实际是 15 万年］，而你却要放弃自己的生命。放弃人世间最宝贵的东西。没了生命，宇宙就毫无意义！星球能做什么？什么也不能，除了一片死寂！而太阳，从 280 万米［实际上 1 亿 5000 万米］的高空放出热量。那又怎样？只不过是浪费自然资源罢了！太阳会思考吗？有意识吗？（Can the sun think? Is it conscious?）没有，可你有！”——个体的意识和生命，在这里被提高到了高于自然之上的位置。

但是，假如“超越”是可能的，宇宙就不再是死寂的，大自然也可以拥有心灵生活：有生命、有心灵的自然。于是，太阳可以思考，能有意识。“超越”最终会扩展成为宇宙本身，一个有心灵生活的全新宇宙。

当然，所有这些，都还只是由一部影片引发的联想和假设。影片最终给出的结局是通过对全球电力系统和电信系统的破坏，实际上是通过“超越”的自杀，“超越”最后得以终止。影片并未表明其制作者自己对于“超越”的立场和态度，看起来不是不愿，而是不能，因为影片制作者自己的思想明显处在两难之中，他对“超越”的构想，最终超越了自己的想象力和理解力。电影中存在的诸多逻辑悖谬和推理破绽，究其根源可能就在于此。

无论如何，影片提供的结局令人深思。“超越”作为全新时代的代表，也超越了人类自然意识的理解能力：“他们害怕他们不懂的东西”，于是，出于一种同情感，“超越”最终选择了放弃自己。

不过哲学家思考的结局却并不那么乐观。胡塞尔与海德格尔的学生、责任伦理学家汉斯·约纳斯预言：大约在 2050 年与 2300 年之间，世界会因为一个有智识的和有自身反思能力的电脑而变为后生物的世界。——约纳斯没有看过电影《超越》。

何谓“家”？

——《钢之炼金术师：香巴拉的征服者》

日本最有哲学思想的人可能不是哲学家，而是漫画家或动漫编导。我这里指的主要还不是宫崎骏以及他对人性与人类环境的理解，也不是《2077 日本锁国》的导演曾利文彦及其政治哲学，也不是《攻壳机动队》的编剧伊藤和典及其科技哲学，而是《钢之炼金术师》的女作者荒川弘，尤其是她的由漫画改编的动漫《钢之炼金术师：香巴拉的征服者》。她的哲学不仅包含在作为她漫画起点的“等价交换”的价值论中，而且也包含在作为炼金术表现出来的科学观和伦理学立场中。但我在这里只准备关注其中表达的家园思想，以及其中蕴藏的历史哲学和道德哲学内涵。

爱德在两个平行世界中往来：炼金术世界（阿麦斯托里斯国）和现实世界（包含德国、罗马尼亚、日本等国在内的地球世界）。影片开始时，他处在现实世界，想回到炼金术世界，因为那里有他的弟弟阿鲁。而现实世界的活动场是 1923 年的德国慕尼黑和柏林。在去那里的途中他遇到一群吉卜赛人，其中的女占卜师诺阿很快便测出，爱德与他们一样，“是没有 home 的”。这里的 home，与后面所说的 land 一样，可以是指家乡、家园、国家。

的确，爱德没有家，或在现实世界中没有家。他似乎更愿意住在炼金术世界，因为那里有弟弟阿鲁，还有在等他且也让他挂念的女孩温莉。至于他来到现实世界的理由，他说：“在另一个世界里，我的弟弟死了。为了让他复活，我就只好到这里来了。”但他看起来出于某种原因而不太愿意与人深交，总是在说别的世界的事情。这种特征刻画很可能适用于所有那些始终在途中的旅行者或流浪者。爱德与现实世界中长相酷似弟弟的青年阿鲁一起研究火箭的科技，希望借助火箭回到原来的世界。炼金术世界里的阿鲁也在试图找回哥哥。

此时的慕尼黑和柏林正处在第二次世界大战的前夕。第一次大战的失败带来的危机和怨恨还在持续增长，德国马克贬值得比废纸还便宜，希特勒的纳粹党在慕尼黑啤酒馆谋求政变，犹太人与吉卜赛人被视作祸水，图莱修会正在为纳粹党提供某些比思想支持更多的东西，犹太人和共产党人更被视为“一战”战败和轻易认输的祸首。这些在影片中以看似不经意的方式被表现出来，荒川弘或动漫的编导显然谙熟这段时间的德国史。

在现实世界里，另一个平行的世界被称作“香巴拉”，它被想象为一个理想的国度。它看起来与现实世界很相似，也有景色美丽的村庄，也有位于南方、北方和东方的城市和首都中央城，也有许多具有类似长相的人，也有总统、军队、官员、警察等，只是名字和地方不一样而已，“没有什么不同，人们活着，哭着，笑着，并且死去”。

本己家园的问题，是通过爱德本身、吉卜赛人诺阿的经历来表现的。

在现实世界里，异乡人受到歧视和排斥。处处可以听到这样的说法：“吉卜赛人和犹太人一样，没有自己的国家，却跑到德国来，从我们这里偷走我们的钱、我们的工作、我们的国家。”警察修斯告诫爱德要小心吉卜赛人：“这些人欺骗人、偷取人钱包，总之，是流浪者。”爱德则回答说：“我自己也是流浪者呢。”

被英国人叫作“吉卜赛人”的群体，是以游荡生活为特点的一个民族，原住印度西北部，10世纪前后开始外移，遍布世界各洲。他们在各地有不同的名称。影片中所说的“吉卜赛”是英国人的叫法，诺阿在影片中提到的“茨冈人”是德国人和俄国人的叫法，“波希米亚人”是法国人的叫法，还有 Gitane 和 Nomad 等其他叫法，意为流浪者。德国人甚至还造出动词 zigeunern，用来表示长时间的流浪漂泊。在这些叫法中，“茨冈人”可能比较准确一些，因为他们说的是“茨冈语”（Zigeunisch）。如影片中诺阿所说，吉卜赛人自称为若马人（Roma），而在吉卜赛人的语言中，“若马”的原意是“人”。实际上，在这里和在影片的其他地方都可以发现有普遍主义的思想在闪烁。

我想在所有民族中都有两种人，一种人愿意永远留在本土，依于家园而居，即庄子所谓相濡以沫者，他们可能永远不知乡愁为何；一种是永远处在途中，虽时有乡愁做伴，却乐于四海为家，即庄子所谓相忘于江湖者。这个差异不是由血缘和出生决定的，也不是由语言与土地决定的。区分他们的不是民族的本性，而是人类的本性。

在饱受怀疑、歧视、背叛和排斥之后，诺阿梦想去一个可以成为自己的国家的地方，这个地方或许就是香巴拉：“这就是那个地方。我想去那里——我自己的国家，那里没有人会背叛我，没人会害怕我，只属于我的国家。”爱德反问：“你想要自己的国家吗？我还以为不属于任何国家，到处旅行才是你们的骄傲呢！”

事实上，国家是离不开土地的，而家却是某种异于土地的东西。显然，爱德和阿鲁将彼此视作自己的家。家是一种世界性的东西，就世界（世－界）的本义而言，它是时间和空间的流动视域；它不是固化执着的本土性，而是变动不居的历史性。

我不知道所有这些思想是荒川弘在她的漫画中已经表达了的，还是在动漫制作时由编导水岛精二后来补加的；我也不知道她或他是否读过海德格尔。但无论如何，我从中看到对海德格尔的批评，不仅仅是对海德格尔反犹主义的批评，而且更多是对他的德意志本土家园思想的批评，后者构成前者的理论基础。这在影片中通过民众的街头闲谈表现出来：“据说要建立只有德国人的国家，把犹太人赶走。”它最终发展成一种疯狂：要想保存本己的、家乡的，就要驱逐乃至消灭陌生的、异乡的。

代表这个思想最高点的是纳粹思想的母体图莱（Thule）修会，它的会长在影片中是美丽的女子埃卡鲁德，她打着寻求神的力量或其他世界的力量来拯救德国的旗号，其实只是为了找到另类世界香巴拉并毁灭它——这应当是陌生恐惧症达到病入膏肓时的表现。另一方面，寻找和回到本源是一切目的所在。按照图莱修会的说法，本源应当是极北之地；而按照人类学家的说法，本源应当是在南方，在非洲。德国的本源和本土又在哪里？也许，能够居于本源的关键并不在于找到哪里是本源的空间所在，而在于找到哪里是本源的精神所在。

影片的最后，阿鲁随爱德一同再回到如同地狱的现实世界，将通往炼金术世界的大门关闭。“那我们就回不了家了。”爱德告诫说。“我想和哥哥在一起。”阿鲁回答，“我想看你看见的东西，想以同样的方式与你一起成长。只要能够在一起，不管去哪里，我们都可以一起旅行。”

原来，家乡和土地是相对的。一切都取决于谁在陪着你，谁在等着你。无论处在哪一块土地上，无论是在居留中还是在行走中，家园的深层意义并不是指某个空间中的居所或某个城市、乡村、森林、山川、土地，而是那些伴随着你或等待着你的亲人、爱人和友人。家不是一个固定的场所，而是一种流动的精神。

在家园的观点上，海德格尔恰恰站在了他的哲学立场的对立面。与强调土地的海德格尔相比，强调河流的胡塞尔实际上要离赫拉克利特更近些。

王家卫与《我的蓝莓夜》

《我的蓝莓夜》刚看了一半，已经确定王家卫是自己最应注意的导演，主要是因为他的格调、他的品位。这个感觉并不是刚有的，而是在看《花样年华》时就已经出现。那时虽然也留意了导演，但只觉得那还只是一个偶然。看完《我的蓝莓夜》，知道了这个人的电影是我要找的。许多年前读王安忆的小说《雨，沙沙沙》《当长笛 solo 的时候》也曾有类似的心绪，如今不经意间在电影中找回了过去的感觉。王家卫应该与二十年前的王安忆很投缘。

这类作品的本质，从哲学上说是理性主义的，从文学上说是理想主义的。其特点之一是尤为注重反思，目光内向。它时而通过角色本人直接表达出来，时而由导演含蓄地暗示。看这段信：“In the last few days, I've been learning how to not trust people and I'm glad I failed. Sometimes we depend on other people as a mirror to define us and tell us who we are. And each reflection makes me like myself a little more.（这几天，我在学习不相信别人，很庆幸没有学会。有时候我们以他人作为镜子来界定自我，了解自我。每次

反思都让我喜欢自己多一点。）”还有这段自白：“It took me nearly a year to get here. It wasn't so hard to cross that street after all. It all depends on who's waiting for you on the other side.（我花了将近一年的时间才来到这里，其实这条路并不难。一切都取决于谁在对面等你。）”如此等等。

风格上与此虽无必然联系，但仍有内在关联的是激情的缺失。这不是批评。他的摄影，无论是人物还是景物，都有一种懒散的美。也许这就是他的电影的美学本质。透明摇曳的光影，稀疏恍惚的色彩，游离徘徊的构图，还有焦距、角度的选择，一切都恰到好处，正是我想要的。

只是对他的音乐没有印象。也许是因为视觉的效果过于强烈，一时遮蔽了其他的感官。

王家卫在《我的蓝莓夜》中呈现的特点，在其他影片中也有所体现。

1.《东邪西毒》

《东邪西毒》大概是王家卫的试验品——无论他自己是否这样看，而且是并不成功的试验品。但我并不觉得他在这部电影里什么也没有说出来，并不认为他只是在自娱自乐，或只是想自娱自乐。

在一个客观上缺少了任何崇高的事物和价值，主观上缺少了任何敬重的情感与行为的地方和时代，情况多半便会是如此。这影片表达的是一种无崇高、无敬重的酷，无论你喜欢与否。

用这种风格，可以拍摄除惊悚片以外的任何类型的电影：警匪片、动作片、爱情片、科幻片，还有这里的古装武打片。表现什么是无足轻重的，要点在于没有表现出来的东西：崇高与敬重。我还不知道是否可以说，王家卫的所有作品都缺这个。

摄影依旧出色，出色到了如此地步，以至使人怀疑里面有炫耀甚至卖弄的成分。即便如此，不能怀疑这里不缺炫耀和卖弄的本钱。完全可以将这部电影当作一个摄影展来看，或者当作画展：水彩画、水墨画。

看了这部之后，知道《我的蓝莓夜》的摄影是早有基础的。它已经成了王家卫的品牌标志。无论是静，是动，都恰到好处。每一个截屏，都可以制成相片，挂到墙上去，供人不倦地凝视和遐想。

电影里说：“人最大的烦恼就是记性太好。……如果什么都可以忘掉，以后的每一天将会是一个新的开始。”

王家卫的记性也太好，因此忘不了过去，于是也就无法重新开始。

但为什么要新的开始呢？如果旧的已经很好，如果无法确定新的可以更好。

2.《**花样年华**》

重看《花样年华》，再次确证激情的缺失。慵懒是王家卫风格的一个基本要素，无论它是情感上的，还是精神上的。

3.《**重庆森林**》

还在德国读书时，就曾与一些玩摄影的朋友争论过相片的质感与意境之间的关系，它最终会回溯到技术与艺术的关系上。手里拿着好相机的多半会主张质感的核心地位，技术是艺术的前提；在器材上底气不足的就会声言唯有意境才是最重要的，艺术不依赖技术。我属于后者，自称也被称为“意境派”。

现在我会承认，有些电影必须看高清的。在这里，意境是质感造就的，它们又一同构成格调与品位。譬如《我的蓝莓夜》，又如《重庆森林》。

张律与《庆州》

因为去过庆州，对那里的王宫、王陵还有印象，也乐于回忆，所以看到有叫《庆州》的电影，就拿来看了，权当风景片。

但这不是风景片，虽然有一些风景；也不是爱情片，尽管有一些男女间的心动。2 小时 25 分的电影，很慢，算是那种可以放下再捡起、分几次看的文艺片，或者属于那种可以倒回去再看再细想的玄幻片。还说不准，但差不离。

男主角崔贤是在北京大学教书的韩国人，因为朋友昌熙去世，回首尔参加葬礼。而后去了庆州，回访他与朋友七年前曾去过的地方，主要是一家墙上有幅春宫画的茶舍，还有一座桥下水流很湍急的石桥，等等。没什么主题，没什么故事，没什么目的。

崔贤在影片中一再被人指“怪怪的”。事实上观众一开始并未觉察如此，直到他在茶舍看到朋友亡妻出现并与自己交谈。但这可以算作他的幻觉。而后，他在一天前亲眼看到一位占卜老者，一天后却从其孙女处得知，老者六年前已经过世。这已经无法用幻觉解释。接下来，他在路上看到的摩托车事故，找到的架在干涸河床上的石桥，虚虚实实。最后是在茶舍中，时光似乎回到了七年前，他与朋友一同在看墙上的春宫画，然后三年前才买下茶舍开始经营的女主人允熙走进画面，为他们沏茶。此刻，时空的错乱已经昭然若揭。或许可以将它称作玄幻蒙太奇。细心的观众也会发现编导的细心：被称作庆州女神的允熙两天里一直穿着白衬衣和长裤，唯有在最后一刻进入七年前的画面时穿着不一样的白衬衣和长裙。

茶舍的女主人允熙是一个有不俗的气质品貌而且也有丰富内心世界的女性，类似于《青年近卫军》中的邬丽娅，而昌熙却让我想到冈察洛夫塑造的“多余人”奥勃洛摩夫。在一天的接触中，允熙对崔贤的感觉从开始时认其为变态到后来的渐生情愫，是一部爱情片的通常行走线路。但事情并未沿爱情片的轨迹展开。崔贤的恍惚和犹豫似乎从一开始就使得任何心动过速的激情都成为不可能，而激情的缺失似乎更加重了恍惚。

我并不觉得编导刻意要拍摄一部阴森神秘和故弄玄虚的电影。这从他对许多题材的处理可以看出，例如关于死亡和自杀，或者是唯美的，或者是漫不经心的：月光下在王陵上的躺卧；崔贤朋友昌熙的自杀，路上两次见到的母女二人后来的自杀，允熙亡夫的自杀；如此等等。

影片中的几次黑屏应该是编导的别有用心，它们可能意味着大脑的短路，也可能意味着时空的交错或切换。但用“飙车党”想表明的是何种隐喻，一时半会儿还无解。想着总还会再看一遍，也就没有再去费心。最后的镜头：大家都在向门外看去。门外将会出现的是什么？编导让你的心情最终结束于好奇。

看完电影后就猜想导演或编剧或有三个特点：其一，有中国情结，电影中的中国元素很多，歌曲《茉莉花》、丰子恺的画、孔子的后裔、太极拳等等，待后来查到编导是出生在延边的中国人张律，也就释然，猜想也不再是猜想；其二，多少有些忧郁症，轻则常常失眠，至少睡眠不足，通常状态是恍恍惚惚、慢慢悠悠，重则有自杀倾向，可是断不会重到那个地步；其三，或许对现象学或生存哲学有一些了解，有将主题引向时间、死亡的趋向，抑或有意，抑或无意。

总之，这是一部好电影，表明了某种基本情绪，对于一些人而言的基本的情绪。我开始留意张律。

序·跋

爱德华·封·哈特曼《道德意识现象学——情感道德篇》译后记

一、翻译的缘由

爱德华·封·哈特曼[1]是译者在意识哲学研究道路上不期而遇的一个同路人，用佛家的话说这是一种特别的缘分。关于这个缘分要从头说起。自 1980 年开始初步接触现象学并逐步展开研究以来，译者最初面对的是胡塞尔的意识现象学，研究兴趣主要集中在认知意识的领域里，讨论表象、判断的意识行为及其对象，而后又逐步转向自我与时间问题，最后再追溯到发生的问题领域。这个过程差不多可以看作是一种从意识结构现象学研究向意识发

1　这个哈特曼有别于尼古拉·哈特曼（1882—1950），后者是前者的家族晚辈，也是哲学家，在认识论、伦理学等方面均有造诣。他倡导基础本体论和批判实在论，也是现象学运动的边缘人物，在认识现象学和伦理现象学方面受到过胡塞尔和舍勒的影响。以下凡简称哈特曼的，都是指前者，即《道德意识现象学——情感道德篇》作者爱德华·封·哈特曼。

生现象学研究的转向。接下来，对发生现象学的关注为笔者打开了一个包含本性现象学与习性现象学在内的本我现象学的宽阔视域。之所以说它宽阔，是因为这个视域不仅包含了认知意识现象学的问题范围，也包含了道德意识现象学的问题范围。

按照胡塞尔的意识结构分析，认知意识是客体化的意识行为，即具有构造客体的功能，其他的情感行为则需以认知意识构造的客体为自己的对象。这是意识方向的一个切入角度：描述现象学的切入角度。而胡塞尔后期还在考虑另一个切入角度，即发生现象学的切入角度。从这个角度看，在对象性的认知意识形成之前和之后都有道德意识的形态存在，我们可以将它们称作前客体化行为的道德意识和后客体化行为的道德意识。现在看来，前者是本性现象学（Phenomenology of Nature）的研究课题，后者是习性现象学（Phenomenology of Nurture）的研究课题。从前客体化行为的道德意识，到客体化的认知行为，再到后客体化的道德意识，这个意识发生的过程同时也就是人格自我形成的过程。

如果这个现象学的切入角度成立，那么我们是否可以说：不需要对象的情感或情绪是本性的、先天的，需要对象的情感或情绪是习性的、后天的？当然，在对所有情感与情绪进行全面的考察之前，这个问题始终会处于悬而未决的状态。

从意识结构的现象学，到自我发生现象学，再逐渐转向人格生成的现象学，这是一个追随问题的发展而进行的意识研究过程。在这个过程中，首先提供支持的是舍勒的伦理现象学思考以及胡塞尔在情感意识和价值感知（Wertnehmung）问题上的思考。这方面的研究导致笔者产生出探讨道德意识来源的现象学研究构想。随后便在注意力的转向中零零碎碎地从卢梭、柏格森和于连等法国哲学家那里找到过一些共鸣，主要是在道德意识的三个来源方面，即内在的、外在的和超越的道德意识来源。当然，雷茵霍尔德·尼布尔的几部论著也曾具有较强的启示作用。

而关于道德意识来源之权重的思考，笔者从一开始就站在内在道德意识一边，用哈特曼的话来说，是站在“自律道德”一边。这会导致将情感道德视为道德的原则或基础，即使还不至于导致道德的一元论。在研究的初始阶段，笔者常常觉得对这个道德基础的强调是法国哲学的特点，但事实上，启蒙道德哲学的苏格兰学派在这个方向上的传统同样源远流长，而且休谟与亚当·斯密的道德哲学思想也不应、同样也无法被忽略，他们都属于偏重自然的、本性的伦理，而非人为的、习性的伦理的思想家。

看起来在西方的整个近代道德哲学历史中，唯有德国哲学是高举理性主义大旗的。这个印象尤其会从康德和黑格尔的哲学那里得到支撑。此外，胡塞尔甚至舍勒也会帮助人们加深这一印象。但事实上，即使在这个传统内部，如在康德和胡塞尔那里，情感道德的因素也时有彰显。如果我们不去关注他们思想中的这类因素，也就意味着我们对一笔珍贵思想资源的放弃。而如果研究者脱离开德国超越论唯心主义的传统联想而将目光延伸到叔本华、哈特曼、布伦塔诺、尼采、舍勒等人的相关思考上，另一条道德哲学的红线就会更为清晰地在德语哲学的发展脉络中显露出来。

哈特曼是其中的一个代表性人物，是这个发展线索中的重要里程碑。他将英格兰、苏格兰和法兰西思想中的本性主义（也称自然主义）伦理学引入德国哲学的理性主义伦理学领域，为德国的道德哲学发展加入了新的活力。哈特曼本人所把握的人类道德体系，是一个由情感道德、理性道德和品位道德组成的三位一体。即是说，他是一个道德哲学中的三元论者。

译者初次接触哈特曼是在舍勒的著作《伦理学中的形式主义

与质料的价值伦理学》中，当时并无很深印象。舍勒在这里对尼古拉·哈特曼以及爱德华·封·哈特曼的伦理学思想既有所评论和批判，也有所引用和吸纳。他曾受到过两位哈特曼的伦理学思想的影响是毋庸置疑的。而他谈到的爱德华·封·哈特曼的著作《道德意识现象学》（当时为统一译名而译作《伦常意识现象学》）之书名却让译者难以忘怀。

后来的情况，我在一篇应出版社要求而撰写的《学术自述》中做过一些感叹："事实上，道德意识的现象学的历史比意识一般之现象学本身的历史还要长。前不久德国费利克斯·迈纳出版社新出版了一个爱德华·封·哈特曼伦理现象学思想的一个节选本《感受的道德》（Hamburg：Felix Meiner，2006），随之才知道这是他早在胡塞尔《逻辑研究》发表之前多年就发表的大部头著作《道德意识的现象学——任何一门未来伦理学导引》（Berlin：Duncker，1879 年初版，1886 年第二版）的一部分。那个时候，胡塞尔连《算术哲学》还没有写出来呢，遑论《逻辑研究》！只是哈特曼的这部书在 1922 年第三版后就未再重新出版，差不多已经遭受被思想史遗忘的命运。我委托外文图书进出口公司设法购买此书，最后意外惊喜得到了一个还是以古旧花体字印刷的第三版。可惜至此尚未来得及下功夫去看它。"——这里只还要补充说一句：这个花体字的版本，在译者的翻译工作中还是起了很大作用。因为新版的节选本《感受的道德》中有许多新增的印刷错误，乃至几处严重的缺漏。每当发现这类错误而难以确定时，译者都会去对照花体字本，找到最终的依据。

二、作者的思想

哈特曼将这里的研究冠之以"现象学"的称号，甚至"纯粹现象学”的称号，这使得他在这部书中所做的描述、分析、归类等工作的特征几乎无法被忽略。他曾在一个脚注中说明“道德意识现象学”的基本特征：“需要注意：我们在此的活动是在纯粹现象学的基地上进行的。这里的问题绝不在于规定读者应当做什么，而是仅仅在于确定：其一，如果没有对这样一种‘应当’的表象，任何束缚性，即任何义务、任何有意识的道德性都是不可能的；其二，这样一种束缚性的情感确确实实是在意识中被发现的，因而必须寻找一个心理学的要素，它有能力来设定这样一种‘应当’，因为品位与情感在这里是无能为力的。”

从哈特曼的这个说法来看，他显然是在寻找作为心理活动之情感的本质要素的意义上来理解现象学的工作。这个理解与胡塞尔和舍勒的想法基本一致。事实上，哈特曼至迟在《道德意识现象学》出版的前一年，即 1878 年，就已经在他的成名作《无意识哲学》第二版的附录中使用了“无意识现象学”（Phänomenologie des Unbewussten）的概念。哈特曼的确有权利将他的书冠以“现象学”之名。他运用现象学方法十分娴熟，看起来深得其精髓和要害。这一点具体表现在，他不仅善于像亚里士多德那样对各种伦理现象和情感活动进行分类和描述，而且他的特征刻画比亚里士多德更具直观性，更像以后在胡塞尔和舍勒那里所表现出的那样，富于本质直观和反思明见的色彩。[1]

哈特曼仍然行进在体系哲学家的行列中。体系哲学的思维方式在他那个时代属于常态，虽然已经露出衰萎的迹象。在哈特曼的哲学叙述中明显有道德哲学体系的框架，但它并不是强行建构

1　这项工作在舍勒那里已经得到继承和发展，对此可以参见他对同情、羞愧、怨恨、报答等情感活动的分析。在一百多年后，仍然有人在“情感哲学”的标题下从事着这项工作。

起来的，也不是宏大叙事类的，而像是用体系的眼光从一堆混杂中发掘出来并经过细致整理的。这里可以用海德格尔对“体系”的几种含义的解释来说明哈特曼的“体系哲学”性质：“σύστημα的词义起初似乎是按其实际的可能发展的。‘体系’一词来自希腊文 συνίστημι，意为‘我来安排’。而这可以意味着两个意思。一是说我就一种秩序，其方式不仅是现存的正出现的东西按照一种已经现存的位置网络加以分配，并在其中安置下来，大致如同玻璃块被安进已做成的窗户框那样，还是这样来就一种秩序，一种秩序本身才因之同时勾勒出来。……但是‘我来安排’也可能只是意味着我没有选择地和无休无止地，也没有给予的秩序网络地把随便的东西和随便的东西堆在一起。与此相应地，σύστημα也可能意味着单纯的堆聚和堆砌。……不管怎样，我们在希腊人的语言使用中再次看到所展示意义的所有摆动方向：内在结构，外在堆积，框架。”可以说，哈特曼的体系哲学特征趋向于第一种解释中的“体系”：作为内在结构的体系。

在这个意义上，《道德意识现象学》是一部系统描述人类道德体系的书。它区分了这个体系的三重基本结构：品位道德、情感道德和理性道德。“道德品位”是指“那种尚未自身意识到其根据的伦理判断”；“道德理性”或“理性道德”则主要是由有意识的反思构成，可以用来“支配和矫正情感道德”。

除此之外便是哈特曼最为看重的情感道德，因为用他的话来说，无论“和谐肤浅的圆滑品位道德”，还是“趋于迂腐的抽象理性道德”，都无法与充满“英雄气概的情感道德”同日而语。本书的内容便是由从《道德意识现象学》全书中选出专门论述“情感道德”的部分构成。“道德情感”意味着“具有或大或小伦常影响与价值的特殊情感”，它们“在其趋向上或多或少地符合伦常任务”或“以或高或低的程度违背伦常任务”。所有的“情感道德”都可以分为两类——“向内的与向外的”。而后，它们还可以按其特性而更进一步地区分为：“道德的自身情感”“道德的追复情感”“道德的逆向情感”“结群欲”“同情”“虔敬”“忠诚”“爱”“义务感”。它们同时也代表着从个体伦理学向群体伦理学的不同发展阶段。

接下来，道德的自身情感还可以再分为骄傲、荣誉感、高傲、羞愧；道德的追复情感主要是指后悔的情感；道德的逆向情感包括报复、感谢、宽恕等。对这些情感的区分、描述和分析构成本书的全部内容。以“爱”的道德原则为例，哈特曼讨论爱与怜悯的区别、爱与友谊的区别，以及爱本身的各种显现形式：母爱、性爱、子女之爱、父母之爱、兄弟姊妹之爱。再以“义务感”的道德原则为例，哈特曼逐一描述了义务感的三个阶段以及它们各自不同的特点与联系：义务敬重、义务忠诚和义务之爱。诸如此类，极富启示。

事实上，在哈特曼的这些工作中既包含道德意识的结构现象学分析，也蕴藏道德意识的发生现象学分析，后者主要包含在第十章中。他将所谓“伦常过程”区分为作为出发点的无意识“伦常性”（Sittlichkeit）或“无辜”（Unschuld）、在途中的有意识“道德性”（Moralität），以及作为目的地的无意识“伦理”（Ethisches）或“德性”（Tugend）三个阶段。

他要求伦理学既不应当无视作为伦常发展之出发点的无意识的无辜——这是针对康德的理性伦理学主张而言，也不应当低估作为中间阶段的被反思的道德性的意义——这是针对卢梭的本性伦理学主张而言，最后还不应当误识伦常追求的最高目标，即无意识的和谐德性——这实际上就是他本人提出的伦理道德理想：

美满完整的德性伦理学。

最后还需要强调一点：无论是由品位道德、情感道德与理性道德构成的道德结构，还是由无辜、道德性与德性构成的道德发生，所有这些仍然都属于道德意识的范畴，仍然是在意识领域之内的活动。就此而论，哈特曼是一位意识伦理学家，或者反过来可以更确切地说，是一位道德唯识学家。

三、译名的解释

首先说正标题：本书的正标题为《道德意识现象学》。在术语使用上，哈特曼并未对“伦理”（ethisch）、“道德”（moralisch）、“伦常”（sittlich）这三个概念做刻意的区分或明确的界定，而是常常在相同的意义上使用它们。书名中的“道德”一词，哈特曼使用的是德文的 sittlich，而非希腊文起源的 ethisch，或拉丁文起源的 moralisch。

译者在通常情况下会将 sittlich 这个词译作“伦常的”，以区别于“伦理的”（ethisch）和“道德的”（moralisch），例如在舍勒的《伦理学中的形式主义与质料的价值伦理学》一书中便是如此。但是，尽管哈特曼并未在术语使用上一以贯之地严格区分这三者，而只是在第十章中谈及“伦常过程”时将“伦常性”（Sittlichkeit）、“道德性”（Moralität）与“伦理”（Ethisches）看作“义务感”的三个阶段，同时却又用“伦常义务感”来统称这三个阶段，我们仍然可以据此而区分出在他那里的 sittlich 一词的狭义与广义。

本书正标题中的 sittlich 显然是广义，即是说，也可以用广义的“伦理”或“道德”来替换。只是为了通达起见，译者才放弃“伦常意识现象学”的标题，还是将书名标题译作“道德意识现象学”。

但是，对 sittlich 的这个翻译仅限于标题。在正文中，译者仍然尽可能地维持统一的译名，即：sittlich 译作“伦常的”，ethisch 译作“伦理的”，moralisch 译作“道德的”。

再说副标题：哈特曼所说的“情感道德”（Gefühlsmoral）或“道德情感”（moralisches Gefühl），与亚当·斯密发表于1776年的《道德情感理论》中的“道德情感”（moral sentiments）[1] 是基本相同的。哈特曼或多或少受到过亚当·斯密的影响也是没有任何疑义的。这里将 Gefühl 译作“情感”（在复合词中则简称为“感”，如义务感、忠实感等），Fühlen 译作“感受”，Gemüt 译作“感情”，Affekt 译作“情绪”。其他相关的概念可以参见“概念译名索引”，这里不一而足。

最后还有两个概念的翻译要说明一下。其一，Vergeltungstrieb 在本书中统一译作“回报欲”。Vergeltung 本身是一个中性词，既可以指对施善的感激性回报，也可以是指对伤害的复仇性回报。因此这里便译作“回报”，对应于“逆向情感”（Gegengefühl），同时也有别于专指后一种回报的“报复”（Rache）或“复仇”（Revanche）。但在德文日常用语中，也包括在本书作者对该词的一般使用中，它通常都是指“报复”。其二，Geselligkeitstrieb 译作“结群欲”，在人类社会中多是指“社交欲”，但哈特曼也谈及动物的 Geselligkeitstrieb，因此统一采用“结群欲”。

---

1 该书的汉译几乎都是采纳“道德情操论”的译名。但这个译名并不妥当，因为斯密在书中讨论的道德情感主要是同情，而同情无论在他这里，还是在其他同情伦理学家那里，都不是一种可以通过文化修养和道德培育而具备的情操，而是一种不学而知、不习而能的天生禀赋。将这种先天的本性译作“情操”，应当是有违斯密本意的。

四、批判的感想

还有几个在翻译过程中产生的感想，有些属于不吐不快类型的，随手记录下来，现在就列出来放在这里：

1. 读一本一百年前的书，有时会觉得一百年的时间作用并不大，有时却会觉得一百年前的时代已经是遥远的过去。关键当然在于，这本书所说的东西有哪些是超时间、超时代的，哪些则完全受到时代的制约。在哈特曼这里，这两种感受会交替出现。关于虔敬和忠诚的第七、八章给我的印象主要是后一种。在我看来，它们很难纳入现象学分析的范畴。这里的阐述，若是出自实验心理学家（这意味着实证的和经验的心理学家）之手可能会更有权威性。但现在它们看起来却既不像是一个哲学家的反思结果，也不像是一个年长智者的警世箴言，倒是更像一个业余思想家的感悟与体会的记录，多半禁不住推敲。

2. 每当遇到他的社会达尔文主义的明确表白时，我会想到他是个老人，是个在达尔文著作发表之后和纳粹主义产生之前的人，因此会原谅他。哈特曼受制于时代的问题很多，除了社会达尔文主义，还有如编者所说在“性别歧视”“种族主义”“好战思想”以及在“敌视快乐的、精英的、德意志民族的文化概念”方面有许多“反动”（reaktionär）特征。一开始我在翻译到“编者引论”中编者所用的这个词时颇有踟蹰，一度将其译作“退步”，但在译完了全书后还是将其改回“反动”。这个词用得是恰如其分的。

3. 其他地方还有少数几个段落则显得不够专业。它们读起来的感觉与其像是冷静的学术研究结果的中立表述，不如说是个人思考内容的文学式的自我宣张。除了编者指出的一些问题之外，译者印象较深的是哈特曼对怜悯与快乐之间，尤其是与其中的残忍快感之间的所谓亲缘关系的描述，以及对女人性爱与男人友谊的差异的描述。这里当然会引出一个问题：如果道德与情感密切相连甚至相容，那么道德也会有女性的和男性的之分？专属女性的道德与专属男性的道德！专属女人的德性和专属男人的德性！这可以成为当代女性主义研究的一个重要课题。不过哈特曼的描述似乎完全是基于个人的经验或想象，或许哈特曼本人是感同身受，却无论如何也很难得到译者的认同。

4. 于是这里又一次涉及对现象学描述方法的理解与评价问题：一个现象学描述分析的结论，什么时候是具有明见性的？什么时候却被看作是思辨的、揣摩的，因而可疑的？标准在哪里？如果不在多数票中，不在测量的仪器中，不在统计的数据中，那么是否在自己心中，在某种只可意会、不可言传的感觉之中？——我将我的老师耿宁的研究看作是一个现象学意识分析的典范，他曾在一篇文章中这样来陈述他所理解的现象学直观明见与语词表达的关系："我在这里听凭一个直接的明见（直觉）的引导，并且试图将它用某些语词表达出来并澄清它，以便能够诉诸读者的相应的明见。我对直接明见的信任要甚于对语言使用的信任，并且我试着在后者中指明前者。"

5. 在读过尼采对同情的评价之后再来读哈特曼对同情的描述，的确会得到另一番感受。这两人虽然敌对，但对同情这种情感都缺乏同情心。不仅在尼采那里，而且在他的对手哈特曼这里，都可以发现纳粹的德国哲学背景。

6. 尽管哈特曼在书中多次提到佛教，但从书中一些针对所有宗教伦理提出的普遍命题来看，哈特曼的佛教知识或者过于有限，或者含有误解。

五、其他说明

哈特曼是我读到过的作家中使用分号最多的人。只要读一下叔本华、尼采等人的著述，便知这并非当时的普遍习惯，而是哈特曼独有的书写特点。阅读中遇到这种文法习惯，常常会有上气不接下气的紧张感觉，或者也会有拖拖拉拉没完没了的松懈感觉。但我还是遵照原作者，尽可能保留这种文法习惯，以便读者能够分有（无论是分享还是分担）这种感觉。

如前所述，这部书是《道德意识现象学》全书的节选本。这里的文字取自原书的第二编的第二篇“情感道德”，完整地再现了原书的第 150—266 页。原书的页码在德文节选本《情感道德》中以边码的方式给出。但该书作者在书中的自引，均涉及《道德意识现象学》全书的页码，而非《情感道德》节选本的页码。译者在书中做了一些补充。凡与节选本有关的作者自引，均以方括号“［本书边码 ×××］”的方式标出，以方便读者查找。

这个节选本保留了一些第三版的印刷错误，同时还新增了一些印刷错误，共计 25 处，尤其是有两处严重的漏排。译者尽可能在中译本中做了修正，但不再逐次标出。或许还有未被发现的原文差误，但即便有之，相信也不会妨碍对哈特曼思想的总体理解。

附录部分中的第一个附录是《道德意识现象学》的总目录。将其译出是为了便于读者从总体上了解哈特曼的道德哲学体系。如果条件成熟，译者计划在将来译出全书。

除了这个附录之外，其他几个附录都是原有的，但译者均有补充，尤其是在概念索引中的补充条目较多。

2010 年 3 月 23 日

胡塞尔《内时间意识现象学》译后记

拖延多年之后，《内时间意识现象学》的翻译总算完成了。这本书的翻译实际上要早于舍勒的《伦理学中的形式主义与质料的价值伦理学》。在决定翻译舍勒书时便出于种种考虑而同时决定此后不再翻译胡塞尔的著作。[1]其中最主要的考虑是想把目光转向意识哲学的其他向度。因此，这里对《内时间意识现象学》的翻译出版，还是对此决定前的一个承诺的兑现。

很欣慰的是，这个计划完成后，胡塞尔思想的一个重要部分便通过译者的翻译而比较完整地被引入了汉语学术领域。这个部分是理解胡塞尔的一个重要视角。尽管如此，由于胡塞尔的思想资源极为丰富，这个视角也只能提供窥视他的思想大厦的少数几个窗口。好在现在有许多致力于胡塞尔翻译的学者而且成果卓著，因此自己也就偷得借口，不准备再每每攀上胡塞尔的肩膀，首先

1 **译者补记：**在完成本书翻译和“译后记”的初稿之后，收到人民出版社的邀请：组织翻译出版《胡塞尔文集》，现暂定为16卷，计划于2010年之前完成出版。由此看来，命运是在刻意地安排我对胡塞尔的现象学多承担一些义务。

借他的高度、从他的视角出发来思考问题，而是意图沿着自己的问题线索往其他可能的方向再走一走。

回到《内时间意识现象学》上来。刚才提到的胡塞尔思想的重要视角，与他早期的意识分析的主要意图有关，尤其也与译者的胡塞尔翻译有关。除去零碎的一些胡塞尔文章与文集的翻译不论，译者至此为止的主要胡塞尔著述翻译为：《逻辑研究》《现象学的观念》《哲学作为严格的科学》和这本《内时间意识现象学》。它们都是胡塞尔的早期著作，其主要部分再现了胡塞尔从 1900 年到 1907 年期间的思想发展，即在超越论现象学的转向发生之前的基本思考方向，尤其是在《逻辑研究》与《内时间意识现象学》之间所贯穿的一条红线。

译者之所以始终割舍不下《内时间意识现象学》，也主要是因为它与译者所译的另一部胡塞尔代表作《逻辑研究》之间存在着内在的联系。我们完全可以把《内时间意识现象学》看作《逻辑研究》的续编。这个说法并非基于笔者个人偏好的一个杜撰，而是依据了以下明见的事实，即：两者在内容上有本质上的承接性，在两本著作中所做的研究几乎是交错进行的。

胡塞尔本人在 1904/05 年冬季学期所做的题为“现象学与认识论的主要部分”哥廷根讲座中一开始便说明：

> 新近在对我的旧设想的彻底审视中，我便以此方式发现了一些思想序列，它们在我的《逻辑研究》中并未得到应有的对待，我当时已经讨论过的一些本质难题，在我的这部著作中几乎没有被触及并且没有得到进一步的研讨。甚至整个**回忆**领域，因此还有**本原的时间直观现象学**的全部问题，在这部著作中都可以说是处于一种

> 死寂的状态。我当时无法战胜这里所存在的异常的困难，它们也许是整个现象学中的最大困难，而由于我不想事先就束缚自己，因此我便宁可完全保持沉默。

此后胡塞尔在 1904/05 年之所以重又回到这一课题上并在讲座中讨论这一问题，原因在于：

> 看起来最好的做法是：我们在共同的工作中自己来详细地探讨相关的问题，我们尽我们之所能来追踪这些问题。只要允许，我们就至少要把困难与理解的可能性清楚地表述出来，我们始终要弄清真正的问题何在，如何纯粹地把握它们，如何将它们一劳永逸地表述出来。在我作为作者保持了沉默的地方，作为教师我却可以做出陈述。最好是由我自己来说那些尚未解决、更多是在流动中被领悟到的事物。

一度与胡塞尔走得最近的 M. 海德格尔，也在 1928 年出版的《内时间意识现象学讲座》的“编者前说明”中明确地点出了该书与《逻辑研究》的内在联系：

> 这里至关重要的是对时间意识的意向特征的析出和对**意向性**一般的不断增强的根本澄清。仅这一点——撇开个别分析的特殊内容不论——就已经使得下列研究成为对在《逻辑研究》中首次进行的意向性之基本昭示的一个不可或缺的补充。

为此提供论证的还有芬克，他在《哲学家辞典》（Berlin：Mittler，1937）中替胡塞尔撰写的“自我介绍”条目中写道：

> 在《逻辑研究》之后，胡塞尔的研究致力于将现象

> 学系统地扩展为一种普全的意识分析学。从 1905 年关于直观现象学的哥廷根讲座的更为宽泛之联系中，产生出了 1928 年才发表的《内时间意识现象学讲座》（由 M. 海德格尔编辑出版）。如果《逻辑研究》因其论题而主要将目光朝向自发主动性的意向成就上，那么在这些“讲座”中所揭示的则是纯粹被动发生的意向成就，在这些成就中，流动中的意识生活在一种隐蔽的连续综合中，按照一种严格的本质规律性，作为在时间上存在的体验流而自为地构造起自身。在这里开启了对意向性本质以及对其构建意向蕴涵的诸方式的全新洞察。在这里已经实施了对所有超越的有效性的彻底排除的方法，但还缺少一种对从纯粹现象学上理解的心理学意义上的主体性和超越论的主体性的原则对照。

凡此种种都表明了一个事实：《内时间意识现象学》的内容无论在其问题发生方面，还是在其逻辑展开方面，都是对《逻辑研究》的直接承续。

除此之外，《内时间意识现象学》至关重要的另一个原因在于，胡塞尔生前仅仅发表过两部非引论性的现象学著作，一本是《逻辑研究》，另一本就是《内时间意识现象学讲座》。它们似乎一同构成了在海德格尔代表作《存在与时间》标题中所突显出的两个最纯粹的哲学问题：存在与时间。它们在胡塞尔的哲学意识中就意味着存在意识（或被意识的存在：Bewusstsein）与时间意识（Zeitbewusstsein）。

很有意思的是，在 1906 年完成超越论的转变之后，胡塞尔在公开发表的著作中便忙于对超越论现象学做方法上的引介和论辩，给人的印象是他无暇再顾及实事方面（内容方面）的分析了——至少从他发表的其他著作的标题来看是如此。

然而实际情况却恰恰相反。从胡塞尔未发表的大量文稿来看，他绝大多数的时间仍然奉献给了现象学的实事性研究。这恰恰符合他所提出的“现象学是工作哲学”的主张。就内时间意识的现象学分析而言，胡塞尔一生对内时间意识的集中分析主要是在以下三个时期进行的（这里不去考虑他在其他时间对此问题的断续的、零碎的思考）：

第一阶段：1904/05 年，也可以说一直延续到 1911 年；

第二阶段：1917—1918 年；

第三阶段：1929—1934 年。

（1）首先是在 1904/05 年冬季学期，胡塞尔做了著名的“现象学与认识论的主要部分”的讲座，其中第四部分在“论时间现象学”的标题下，专门分析内时间意识。实际上，他此前已经对此问题做了 10 多年的思考，而此后在他的现象学分析中也对时间意识问题不断地有所涉及，此种情况一直持续到 1911 年。

1916 年，埃迪·施泰因担任胡塞尔的助手，一年后开始加工处理胡塞尔挑选出来的一批文稿，这些文稿以 1904/05 年“现象学与认识论的主要部分”中时间讲座部分的文稿为主，同时也包含胡塞尔在此前后所写下的研究文稿。胡塞尔本人也参与了这些处理和加工。虽然埃迪·施泰因很想发表处理后的文稿，但胡塞尔本人一直将它们搁置了下来。

直到 1926 年，在海德格尔准备在胡塞尔主编的《哲学与现象学研究年刊》第 8 卷上发表其《存在与时间》一书时，胡塞尔才忽然想到委托海德格尔来编辑出版这些 10 年前由埃迪·施泰因加工处理并誊写完毕的时间构造研究的文稿。海德格尔只是仔细地阅读了这些文稿并在文字上稍加改动便将胡塞尔的文稿交付出版，于 1928 年发表在《哲学与现象学研究年刊》第 9 卷上。这里翻译出版的《内时间意识现象学》著作的“A 编”，便是对 1928 年出版的《胡塞尔内时间意识现象学讲座》考证、修订后的重印。

1928 年出版的这部《胡塞尔内时间意识现象学讲座》，即这里“A 编”的第一部分，是由 1905 年关于内时间意识现象学的讲座文稿所构成。另一部分，即本书“A 编”第二部分，则是“1905—1910 年间对时间意识分析的续加和补充”的 13 个附录。

但需要注意的是，埃迪·施泰因的加工处理，现在看来并未充分考虑到胡塞尔时间意识研究各个时期的原初语境——无论胡塞尔本人还是埃迪·施泰因都没有顾及这一点，而是将它们统一放到了胡塞尔 1917 年的思考层次上。这样，在经过加工处理后，许多意义关联便丧失掉，一些真正的问题也没有得到完整的表达。

鉴于此，考证版《胡塞尔全集》第 10 卷的编者鲁道夫·波姆在本书中增加了“B 编”，即“表明此问题发展的增补文字”，以此来如实地再现胡塞尔 1873—1911 年期间时间意识思考的历史脉络与原初语境。这部分文字占了全书五分之三的篇幅。

（2）另一次集中而有效的时间意识分析是胡塞尔在 1917—1918 年期间进行的。在 1928 年发表的《胡塞尔内时间意识现象学讲座》中，海德格尔已经在“编者的前说明”中预告：胡塞尔“关于时间意识还有进一步的研究，尤其是自 1917 年重又开始的、与个体化问题相关联的研究，它们将留待以后发表”。

胡塞尔在这个时期对时间意识做此集中分析有一个外在的起因，即埃迪·施泰因对胡塞尔时间问题文稿的加工处理。她促使胡塞尔放下其他的工作，专心于时间问题的思考分析。这些思考分析是在胡塞尔1917—1918年在贝尔瑙地区[1]的两次度假期间[2]完成的，因此也被称作“贝尔瑙文稿”。它在胡塞尔遗稿中的编码是L，因此也被称作“L文稿”。这些文稿有两部分，每个部分由21个卷宗组成。它们之中的部分内容已经在1928年发表的《胡塞尔内时间意识现象学讲座》中得到体现，但大部分内容虽经海德格尔预告，在胡塞尔生前却始终保存未发，一直到2001年才作为《胡塞尔全集》第33卷由R. 贝耐特和D. 洛玛编辑出版，题为《关于时间意识的贝尔瑙文稿（1917—1918）》。

在胡塞尔于1927年交给海德格尔编辑出版的文稿中，并不包含1917—1918年的“贝尔瑙文稿”。海德格尔之所以知道这个文稿并宣告它即将发表，除了因为胡塞尔此前在1918年致海德格尔的信中便提到这个时期的工作以外，更重要的是因为胡塞尔在1927年9月同时也请英加尔登，后来又请芬克帮助他出版1917—1918年的“贝尔瑙文稿”。

胡塞尔本人非常重视这部时间意识现象学的研究，并在给海德格尔和英加尔登的信中将这个“贝尔瑙文稿”称作“一部巨著”或“我的主要著作”。它在2001年出版后引起了国际现象学研究界的热烈讨论，因为其中包含了许多在1928年出版的《胡塞尔内时间意识现象学讲座》中未曾呈现的内容：一方面，个体如何通过时间意识而产生的问题，亦即被胡塞尔称作在时间意识分析中的“个体化现象学”的问题，在1928年的《胡塞尔内时间意识现象学讲座》之后得到了进一步的展开；另一方面是胡塞尔在此对内时间意识现象学中的“前摄”“期待”和“未来”有集中的分

1 这是德国南部巴登－符滕堡州黑森林地区的一个度假地。

2 1917年8月和9月以及1918年2月和3月。

析，改变了人们对胡塞尔时间意识现象学偏重于分析过去，而海德格尔的时间理解着眼于未来的印象。此外，对“立义形式—立义”模式在时间意识问题上的运用，对本原意识的无穷倒退问题的思考等，对原河流与自我时间化关系问题的描述等，也作为“贝尔瑙文稿”的重要内涵而引起人们的注意。[1]

所有这些新的内容加在一起，便赋予了胡塞尔的时间意识现象学以一副新的面孔，以至于该书的编者、鲁汶胡塞尔文库的主任 R. 贝耐特可以用“胡塞尔贝尔瑙手稿中的时间意识新现象学”来称呼它。

（3）胡塞尔对时间问题的最后一次集中深入的探讨是在 1929 年 10 月至 1934 年 9 月间进行的。现在还很难有把握地确定这次探讨的直接起因是什么，很可能是《胡塞尔内时间意识现象学讲座》一书在 1928 年的出版。对于胡塞尔来说，这只是他早期的研究成果，因此他很可能急于想把他在贝尔瑙的进一步的、更为成熟的思考公之于世。这样，从 1928 年起，胡塞尔在他的私人助手芬克的帮助下，对“贝尔瑙文稿”进行整理加工，以便能够将它们付诸出版。

由于此间一些报告（“阿姆斯特丹报告”“巴黎报告”）、文章（《大不列颠百科全书》中的“现象学”条目）和著作（《形式的与超越论的逻辑学》《笛卡尔式的沉思》）的插入撰写，“贝尔瑙文稿”的加工整理工作时断时续，一直到 1934 年胡塞尔开始

1 还有，在“贝尔瑙文稿”中，内在时间对象被胡塞尔标识为时间的“发生”（Ereignisse），而关于这些内在时间对象的内意识则被标识为“体验”（Erlebnis），这个做法也十分值得关注，尤其是如果在这里的“Ereignisse”概念与海德格尔 1949 年提出的“Ereignisse”概念之间存在某种内在关联的话。

撰写《欧洲科学的危机与超越论的现象学》时正式中止。在此期间产生的新文稿被保留在鲁汶胡塞尔文库中。它们在胡塞尔遗稿中的编码是 C，因此也被称作“C 文稿”，共有 17 个卷宗。

胡塞尔在此段时间的时间意识分析工作中曾有过最乐观的时期。那时他甚至设想并在信中提到要将“贝尔瑙文稿”与“C 文稿”分两卷出版。但如前所述，胡塞尔生前还是没有能够将“贝尔瑙文稿”公开发表，它们最终作为《胡塞尔全集》第 33 卷出版于 2001 年。而新产生的“C 文稿”则作为《胡塞尔全集：资料编》第 8 卷，由 D. 洛玛编辑，新近出版于 2006 年。

胡塞尔于 1929 年至 1934 年这段时间就时间意识现象学所做工作的目的在于，“对由《内时间意识现象学讲座（1905/06）》开始，在‘贝尔瑙文稿’中得到继续的时间构造的所有阶段进行一个全面的分析”。如果说，《内时间意识现象学讲座》和“贝尔瑙文稿”的主要意图是对内时间意识结构的分析，即把握当下的“滞留、原印象、前摄”的形式结构，那么“C 文稿”的主要目标和大部分内容就在于：“研究在具体的、活的当下中的自我时间构造，并且澄清在从主体的延展和持续生动流淌着的当下向客观的、共同体地被构造的时间过渡过程中的所有构造阶段。”

现在还不能肯定，这些研究在多大程度上影响了胡塞尔随后在《危机》书中提出的欧洲科学批判以及生活世界理论。但基本上可以肯定的是，这些“C 文稿”的内容与在《笛卡尔式的沉思》中讨论的主体间性问题，亦即共同体问题息息相关。

回顾一下胡塞尔一生中的这三个时间意识现象学分析的阶段，我们会发现一个令人诧异又让人深思的事实：在内时间意识或时间构造这个极为重要的现象学问题的分析上，胡塞尔从未对自己的思考努力感到完全满意过。无论是埃迪·施泰因，还是海德格尔，或是芬克，都没有能够通过自己的努力、通过对文稿的整理和加工而使得胡塞尔相信自己的时间研究可以付诸公众。若不是海德格尔对待胡塞尔时间意识文稿的“泰然任之”，胡塞尔很可能一生都没有出版一部关于时间意识分析的论著！我们后人所面对的就会是他的三部“未完成交响曲”！

从以上的论述已然可以猜测到，要想对胡塞尔内时间意识现象学理论做一个总体的、系统的介绍，直至今日仍然是一件十分困难的事情，除非我们对他三个时期的思想发展都有深入精到的研究。笔者自忖学力不逮，故未敢造次。至于面前这本《内时间意识现象学》的内容，笔者将另择机会再做一大致介绍，这里便不再继续展开。在一部重要著作中加入自己的长篇引论，这个做法至少有悖于自己的原则。这类引论可能会有助于读者，但更有可能会有害于读者。所以在《现象学的观念》之后，我就放弃了这种做法，自认为把解释的权利留给读者更好。

最后还有一点感想：经常有学生问到胡塞尔现象学与康德“现象学”的区别。我想，如果不只是泛泛地讨论这两个伟人的总体哲学观念与方法，那么从《逻辑研究》和《内时间意识现象学》中便可以看到最为具体的答案。这不仅是胡塞尔有别于前人的（笛卡尔、康德等）超越论哲学的地方，甚至也是他有别于佛教唯识学的地方——尽管在这些学说之间存在着许多哲学观念和方法方面的相似性甚至相同性。

胡塞尔《文章与演讲（1911—1921）》译后记

按照惯例，译者在这里可以而且也应该写一些自己的东西。不过每次在译出一部著作之后，撰写自己文字的想法会一下子变得如此遥远。这大概就是在理解伟大的和创造渺小的这两种思维活动之间的切换困难。我十分清楚一些做翻译的同行为何几乎全然放弃了自己的书写。但我自己还是想努力克服这种困难。

关于这部书的大致内容组成和产生背景等，“编者引论”已经做了充分的说明。没有必要再做论述，因为没有可能做得更好。这里的“译后记”，也只想记录译者在翻译过程同时也是仔细阅读过程中的主要感想。

这部文集所提供的是胡塞尔从 1911 年至 1921 年的文章与讲演的文稿，有的在胡塞尔生前或身后已经得到发表，有的则在全集本出版前从未以任何文字或口头的形式公开过。

若说 1911 年至 1921 的这段时间是胡塞尔思想发展的一个重要阶段，这只会具有修辞学上的意义，因为胡塞尔在其学者生涯的每个十年中都有重要的成就与贡献。说这个阶段重要，主要是对我自己而言。可以看出，从《逻辑研究》（1900/01），到《内时间意识现象学讲座》（1905），再到《现象学的观念》（5 篇讲座稿，1907），以及《哲学作为严格的科学》（1911）的文章，加上这里的文集，译者至此为止的翻译工作是与胡塞尔前二十年的现象学研究相贯通的。

胡塞尔在这二十年里所做的当然远不止这些。撇开他在此期间最重要的著述《逻辑研究》和《纯粹现象学与现象学哲学的观念》第一卷的系统著述不论，他的"事物与空间"讲座（1907）、"关于时间意识的贝尔瑙文稿"（1917/18）、"自然与精神"（1919）、"伦理学与价值论"讲座（1908—1914）和"伦理学引论"讲座（1920）等，都已被收入《胡塞尔全集》或《胡塞尔全集：资料编》发表，而且也列入了中文本《胡塞尔文集》16 卷的出版计划（"伦理学与价值论"讲座除外），不久将会在本书所属的这个系列中出版。同样列入本计划的还有他在 1901 年至 1910 年期间的文章与书评。而在此期间他在某些专题方面（如交互主体性现象学、想象现象学、被动综合分析）的陆续思考，也会随中文版《胡塞尔文集》的出版而摆到有兴趣的中国读者面前。

在这部文集中所包含的首先是胡塞尔对一般现象学问题的思考和论述，例如现象学本身及其研究领域和研究方法、本质直观和现象学还原、时间意识与空间意识分析，如此等等。它们没有提供新论题，但却提供了对已有问题的新论述。将这些论述作为《逻辑研究》与《纯粹现象学观念与现象学哲学的观念》第一卷的补充文字来研读，会有意想不到的收益，会非常有利于对胡塞尔基本意图的理解。这尤其是因为，其中的一些文稿是针对一般读者而写，因此十分适合没有现象学知识背景的哲学生。它们说明了现象学与数学—几何学的关系，与心理学的关系，与认识论的关系，勾画出了现象学哲学的一个特有轮廓。

其次，与此密切相关的是在文集中所表达的胡塞尔的哲学史理解，或对现象学在哲学史中的位置的理解。这方面的论述可以与胡塞尔的《第一哲学》第1卷（《胡塞尔全集》第7卷）参照起来研读。关于现象学哲学在哲学体系中和哲学历史中的位置，的确由胡塞尔本人来阐释更好。《现象学与心理学》和《现象学与认识论》便是为此而做的两篇精要引论。这两篇文章实际上都可以归入到现象学和本体论之总体关系的论题之下。

又次，值得注意的是在这部文集中表露出的胡塞尔的宗教伦理思想。它差不多提供了对胡塞尔1908—1914年的“伦理学与价值论”讲座（《胡塞尔全集》第28卷）和1920年的“伦理学引论”讲座（《胡塞尔全集》第37卷）的一个扼要引论。“费希特的人类理想”的演讲及其附录，是胡塞尔伦理思想的一个自然表露。或许这里需要指出，当胡塞尔在批评自然主义哲学家的素朴或幼稚（naiv）时，后人也可能会反过来指责费希特和胡塞尔在实践哲学方面的素朴或幼稚，这在“费希特演讲”的开始与结尾处涉及“庄严的民族观念”“根据个别的观念而对特殊的人类理想的塑造”时尤为明显。在这里，人类理想与德意志民族理想之间的隔墙是如此明显，一向敏锐的胡塞尔此刻却视而不见。

再次，引人注目的是胡塞尔在现象学法学以及文化现象学方面所做的思考。它在追忆莱纳赫的文字和“自然与精神”的讲演及其附录中得到表述。胡塞尔于此对现象学与法学、文化科学、精神科学、社会学、价值论之间关系的理解与分析，会为许多关注现象学法学、现象学社会学、文化现象学、现象学的精神科学的读者提供启示。完全可以将它当作《纯粹现象学与现象学哲学的观念》第2、3卷(《胡塞尔全集》第4、5卷)以及1919年的“自然与精神”讲座(《胡塞尔全集：资料编》第4卷)和1927年同名讲座(《胡塞尔全集》第32卷)的一个引论来研读。

最后，让人印象深刻的还有胡塞尔的文学修养，这在他的书信以外的其他著述中十分罕见。关于费希特和布伦塔诺的文字，大致指明了在此方面露出的冰山一角。

还需要提到的是：两篇长文，尤其是后一篇，相信胡塞尔与埃迪·施泰因都没有仔细地做过文字上的处理，因为最终没有计划公开发表，故而它偏重的始终是思考的记录，而不是表达的传诉。可以发现其中有许多语句不完整、不通顺，甚至有错误、含糊的地方；且语句冗长，有时半页纸才会有一个句号。全集版的编者似乎没有意图将它修改完善，因而译者也是尽力而为之，尽可能在不改变原意或不加入新意的前提下做了一定的润色处理。

与以往一样，文中的方括号是编者或译者加入的，也就是说，它们标明的是原先在胡塞尔的文稿中没有的内容。补充的理由一般有两种：或是因为胡塞尔的漏写而需要添加，或是出于修辞的需要而添加。

埃德蒙德·胡塞尔出生于1859年4月8日。明年(2009)是他150周年的诞辰。谨以此翻译来纪念他，纪念这位尽其一生来指明一个新的世界视域的人。

《现象学与建筑的对话》序

倘若没有海德格尔《筑·居·思》等文章，虽然不能说就完全无法想象在现象学与建筑之间的一些直接联系，但如今在现象学与建筑方面的热闹议题，多半就很难出现了。这有些类似于海德格尔在现象学与艺术的关系上所起的作用，类似于他的《艺术作品的本源》文章在艺术现象学方向上的推动。故而在现象学与建筑之间的联系，大都是因海德格尔之缘。

汉语学界最初关注这个联系的，是建筑师而非现象学家。还在中国现象学专业委员会成立前两年和《中国现象学与哲学评论》年刊第一辑出版前三年，季铁男先生便已在台湾主编出版了《建筑现象学导论》（台北：桂冠图书股份有限公司，1992）。可见对于现象学，建筑师要比哲学家更敏感些。

按黑格尔的说法，哲学家本来就应该像猫头鹰一样在傍晚才起飞。在过去十六年之后，也是在汉语领域讨论了许多现象学的专门议题（语言现象学、现象学与社会理论、艺术现象学、政治现象学等）之后，现象学家与建筑师们才终于会聚到一起，共同审视现象学与建筑的这段相对漫长的因缘。

“现象学与建筑研讨会”于2008年5月24日—26日在苏州召开。从提交的会议论文亦即这里汇集的文字来看，内容大多与海德格尔的建筑思想有关。与其说它们是建筑现象学的思考，不如说是建筑存在论（或生存建筑学）的领悟。因为它们涉及的更多是作为基本生存方式的筑造意义，而不是建造的意识活动与被建造的意识对象的关系。

但无论是我们现在讨论的主题，还是在建筑思想界的关注热点，仍然还被称作现象学与建筑，或建筑现象学，而不是存在与建筑，或建筑存在论。这必定有其自己的理由。于是我们要问：除了海德格尔意义上的建筑现象学或建筑存在论以外，还可以想象出现象学与建筑的另类联系吗——暂且不说现象学对建筑究竟有何助益，而只说现象学还能够对建筑说些什么？

现象学首先会说，建筑是一个动词，也是一个名词。作为动词，它指的是建造的活动，或建筑行为；作为名词，它指的是被建造的对象，或建造出来的东西，或建筑物。当我们说“建筑”的时候，往往会忽略这样一些内在的划分，哲学家也不例外，以至于胡塞尔会说：“尤其是对意向活动与意向相关项的混淆，乃是哲学的遗传恶习。”

初看上去，现象学家，尤其是胡塞尔式的现象学家，始终坚持回溯的反思的观点，他们可以通过反思来考察建筑活动或建筑行为；而建筑师生活在直向的、自然的观点中，朝向被建造的客体，无论它们是已被建造的还是有待建造的。现象学家与建筑师之间的关系，因而好像是一种类似于文学评论家与文学作家、电影评论家与电影制作者、艺术批评家与艺术家之间的关系。这样的理解当然是极为粗浅的，它使现象学家在建筑领域显得多余，建筑评论家完全可以取代他。

现象学要求在反思中的直接观视。这首先意味着他需要直接体验自己的意识活动，这是第一性的。通过同感而获得的他人的意识活动，只能是第二性的。如果现象学家不同时是建筑师，他就无法成为建筑现象学家。同样，如果建筑师没有现象学的训练，没有把握现象学反思的精髓，他也无法成为建筑现象学家。

一个确切意义上的建筑现象学家，必须是一个从事建筑活动，并且不断对自己的建筑活动进行现象学反思，从而把握到其中的本质要素的人。他是一个既在创造建筑物，也对自己的建筑创造活动进行本质直观的建筑师。与文学创作活动相比，这里的情况有些类似于横光利一写《作家的奥秘》或史铁生写《写作与越界》：其中关于第四人称的说法，没有小说写作经验的人，无法做出揣度。同样，现象学家对建筑师的建筑活动是无缘置喙的。现象学家的任务只能在于，一方面提醒建筑师不时地反思自己的建筑活动，以及这个活动与它的结果建筑对象之间的内在联系；另一方面帮助建筑师学会描述和分析自己的建筑活动及其相关项，把握其中的本质要素。

这是我所理解的现象学与建筑的关系，更严格地说，现象学与作为建筑活动和建筑对象的建筑的关系。

在现象学家与建筑师之间的另一个可能合作方向是在空间现象学的问题讨论方面，或许还可以期待日后在这个方向上的具体落实。

最后要特别感谢我的师弟张应鹏博士（九城都市建筑设计有限公司），他以自己的特殊身份促成了此次现象学家和建筑师的聚会与对话！

2008 年 7 月 28 日

《心的秩序——一种现象学心学研究的可能性》绪言

此项研究所提供的是一个伦理学的探索尝试，可以将它称作“现象学的心学”。它意味着用现象学的方法来研究人心中的道德律。我们同样也可以将它称作“道德意识现象学”。

在特定的意义上，埃德蒙德·胡塞尔的意识现象学本身就是心学。当然，这是佛学赋予的意义。在佛学中，“心”“意”“识”基本上是同义词。但是，胡塞尔的现象学所谋求的是对纯粹意识的把握，因此他所使用的意识一词，并不等于人心，但包含了人心：人的意识是绝对意识的一个案例。

胡塞尔现象学的意向分析，为我们了解意识活动的结构与规律提供了极为厚实的基础。它在很大程度上印证了两千多年来佛教唯识学的思考成果。不过胡塞尔的意识现象学主要以对客体化的意识行为（即唯识学所说的“心王”）的描述分析和结构把握见长。对于非客体化的意识行为（即唯识学所说的“心所”），胡塞尔始终认为，他的思考不够成熟，因此在他生前虽有零星文章发表，但并无系统的著述出版。

在此方面有所弥补的是另一位现象学家马克斯·舍勒的工作。虽然他与胡塞尔现象学的出发点或立足点不同，因为他否认在客体化行为、非客体化行为之间的奠基关系，但他对价值感受行为与价值的描述分析和本质把握，仍然是以现象学的方式进行的，符合现象学的基本意义。他对感受活动（非客体化行为、心所）的思考和探讨，恰恰可以与胡塞尔的表象活动（客体化行为、心王）分析一起，共同构成意识现象学的两个重要组成部分。

从比较研究的角度来看，如果说胡塞尔的研究应和了唯识学的分析结论，那么舍勒的研究，可以说是在与儒家心学相同的方向上进行的。

《心的秩序——一种现象学心学研究的可能性》就是在这样一个背景下进行的尝试，主要是在胡塞尔的意识现象学和舍勒的感受现象学的背景下，也是在佛教唯识学和儒家心学的背景下。

“心的秩序”是借用了帕斯卡尔的一个说法和信念。在这里，“心”主要是指道德意识，“秩序”意味着道德意识发生和发展所具有的规律。

对心的秩序的研究是以现象学的方式进行的。我们可以根据侧重点的不同而将这种研究分别定义为“道德意识现象学”（或“伦理现象学”）与“现象学的伦理学”的研究。它们不是近代以来占主导地位的规范伦理学或应然伦理学，而是特定意义上的描述伦理学或道德意识发生学。

易言之，道德意识现象学的主要任务是对道德意识来源的区分以及描述和分析。它并不研究“什么是善”以及“我们应当如何”的问题，而研究“我们为何以及如何意识到善”的问题，即研究道德意识的起源和发生问题。这个意义上的现象学带有很浓的方法色彩。可以说，道德意识现象学或伦理现象学代表了方法意义上的现象学。

另外，如果研究者侧重于对主体内心良知的研究和弘扬，即侧重于研究与弘扬此项研究所确定的三个道德意识来源之一的内在自然美德，而不是另外两个道德意识的来源——外在的社会公德和超越的宗教道德，他就在很大程度上属于现象学伦理学的倡导者。这门伦理学所体现的是在伦理学领域中的内容现象学或质料现象学的方向。

因此，所谓现象学的伦理研究，既可以在方法上，也可以在内容上趋向于现象学。从这里的研究结果来看，现象学能够并应当在方法的伦理现象学与内容的现象学伦理学的双重意义上面对伦理学的问题，并且可以在伦理学领域提供自己特有的问题视角与问题解释。

这是此项研究的一个主要创新之处。它试图开辟一个新的领域，并借此在两个领域中搭起一座桥梁。一方面，目前在国内外关于现象学的伦理学或道德意识现象学的研究，为数较少，且大都仍然局限于对一些伦理现象学家的分析和论述。除了胡塞尔、舍勒之外，极少见到一种将现象学运用于具体道德现象分析，据此建立起一门道德意识现象学的意图（瑞士的耿宁是一个例外，另一个例外可能是德国的爱德华·封·哈特曼）。而另一方面，在另一些能够进行具体道德分析而非构造伦理规范体系的伦理学家（如法国的于连、美国的麦金太尔、德国的图根特哈特）那里，虽然可以看到许多道德意识现象学的取向和努力，但基本上是在不自觉的情况下发生的，缺少明确的现象学方法论意识。

这项研究首先对德国现象学在伦理问题上的已有思考进行系统的研究。内容涉及德国现象学家胡塞尔、舍勒的伦理思想和现象学方法，尤其是舍勒的代表作《伦理学中的形式主义与质料的价值伦理学》。这里论述的内容同时也涉及带有现象学倾向的伦理学家的思想，如亚里士多德的德性伦理学、卢梭的本性伦理学、康德的义务伦理学、孟子的良知四端说、亚当·斯密的《道德情感》、E. 哈特曼的《情感道德》、柏格森的《道德与宗教的两个来源》、于连的《道德奠基》、尼布尔的《道德的人与不道德的社会》等。研究它们的目的在于，从这些赋予启示的思想出发，系统地探讨一门现象学伦理学的可能性。

这里的研究撇开了海德格尔、列维纳斯、梅洛－庞蒂、萨特等现象学家的伦理学思想。原因在于，其中一些现象学家所提出的伦理学设想偏离开笔者所理解的现象学意义上的伦理学，如列维纳斯，而其中的另一些现象学家甚至偏离了通常意义上的伦理学，如海德格尔。这些确定并不带有价值判断的含义。笔者对他们的伦理学思想的搁置，乃是因为此项研究主要是借助于胡塞尔和舍勒的现象学伦理学思想资源所做的展开思考与研究，并非对与现象学有关的所有伦理思想的历史综述。这个情况也适用于汉斯·约纳斯的责任伦理学。他虽然深受胡塞尔和海德格尔的现象学的影响，但他的伦理学已经不再以人与人之间的关系为课题，而是开辟了一个人与自然关系的伦理学研究之处女地，因此完全应当受到专门的讨论。

研究者在这里提出自己的道德意识现象学构想：我们的道德意识不外乎来源于三个方面：产生于个体自身的内心禀赋，产生于主体间的约定与传承，以及产生于对宗教的道德规范的信念。我们可以将它们称作道德意识的三个起源：内心的起源、外在的起源和超越的起源。第一个起源是心理学的伦理学的研究课题，它的直接相关项是个体伦理；第二个起源是社会学的伦理学的研究课题，它的直接相关项是社会伦理；第三个起源是广义上的神学的伦理学的研究课题，它的直接相关项是宽泛意义上的宗教伦理。如果我们必须给伦理学做一个学科范围的界定，那么我们首先会说，伦理学是哲学中的一门学科，属于道德哲学。就其在人类精神活动领域中的位置来说，它与三门学科有极为密切的内在联系：第一是海德格尔意义上的“形而上学”，它包括各种神学（广义上的神学，例如也包括佛学），也包括存在论；第二是政治学、社会学、法学（这几门学科实际上是一体的）；第三则是心理学、现象学、意识哲学、心智哲学、精神哲学（它们的界限也是流动不定的）。

这三类学科之所以与伦理学有内在联系，乃是因为——如前所述——它们分别涉及我们的伦理道德准则的三个来源：与主体内心良知有关的道德意识、与普遍政治法则相关的社会伦理意识、与外在神性有关的绝对义务意识。也就是说，要想论证自己的行为是善的或正当的，我们最终都不得不诉诸这三门学科所讨论的问题以及它们所提供的根据。

在基本确定了这三个来源之后，此项研究主要集中于三个方面的道德意识现象问题思考：其一，道德意识三个来源之间的关系是怎样的？其二，道德本能在什么意义上是自然本能？其三，作为道德本能的良知是由哪几个基本因素构成的？

在第一章至第三章对现象学及其意识分析内容与方式的引论性研究之后，此项研究从第四章至第十一章的内容都在试图回答这三个问题。其中四至七章主要探讨第一个问题。通过对道德意识三个来源的对比分析，笔者试图表明，与其调和或混淆道德哲学中的不同意识来源，不如主张一种道德三元论，即区分道德意识的不同来源：良知、正义、信念。后面的第八章至第十章，主要立足于孟子的良知学说，从现象学的角度来考察和验证孟子的洞见，展开对良知理论的具体分析。与社会美德相比，自然美德的资源极为稀有。孟子指出的“四端”，有可能是其中最为根本的四种道德禀赋。

而对第二个问题的回答尝试则贯穿在整个研究之中，这里要加以特别的说明。虽然早已知道答案，但如何通过恰当概念来表达这个答案，还是近期通过对耿宁的相关论文的阅读才意识到的。“道德本能”一词，是对孟子“良知”一词的现代翻译，即不学而知、与生俱来的能力。孟子认为这种能力至少可以分为四种：恻隐之心、羞恶之心、恭敬之心、是非之心。它们构成仁、义、礼、智的四端。“端”在这里，是良知、良能的基本含义。它们本身还不能算是德性，但却是德性的萌芽，或者也可以说，是德性的种子。耿宁也用德文的 Anlagen 来翻译它。这个词来源于德文动词 anlegen，有放置、安放的意思，后来转义使用，指称“资质”“禀赋”等，即被安放在人心中的能力。它们含有“天生的”“本性的”意思，与后天“习得的”“灌输的”相对立。如用英文来翻译这个词，也许 disposition 和 gift 都是不错的选择，后者有可能更为适当。

对第三个问题的讨论，这里提供的只是一个出发点。目前的大多数伦理法则或命令，都是社会的、外在的、习得的、人为的。作为自然禀赋的良知，在整个道德系统中所占比例极少。孟子列举的不学而知、不习而能的道德禀赋，只有四种。卢梭也只列出四种自然美德。历史上其他思想家所提供的这方面启示，也极为有限，且并不重合，甚至有相互争执之处。此项研究只是以孟子的思考为起始点（Ansatz），小心谨慎地对待这些现有的思想资源。在构成良知的基本因素中，是否还包括责任、友谊、宽容、正直等，这些还要留待日后的研究来回答。

这里发表的文字，是对一个思考过程的记录，因而其中的一些想法和结论具有“在途中”的性质。前面提到的用“道德禀赋”来替代“道德本能”之表述的想法是一个例子。另一个同样明显的例子是，关于舍勒的“伦常明察”的文字差不多是最早撰写的，但现在却被放到了最后。这主要因为，在差不多已经完成此项研究时，笔者才发现，舍勒意义上的“伦常明察”，实际上是对孟子“是非之心”的最好说明。换成现在来写，文章肯定会是另一番景象。不过，由于思想总是“在途中”，因此笔者也就放弃了对这篇文字做总体修改的意图，将它如此地端出，只是把顺序重新排列了一下。这个顺序不再去照顾各篇文字写作的时间顺序，而是尽可能遵循了这些文字所表达的思想排列的逻辑顺序。

《面对意识的实事——现象学·佛学·儒学》（德文版）前言

这里集聚的文章，是我至此为止除了博士论文以外为非中国读者所准备的一些哲学思考的文字表达，更确切地说，意识哲学思考的文字表达。它们大致从三个方面说明我的基本思考领域和问题探讨方向：其一是认知意识现象学方面的思考，其二是道德意识现象学方面的思考，其三是中西哲学，主要是中西意识哲学方面的比较研究。

第一部分研究的总体意向在于，从意识的独特视角出发，明察意识的本质结构，真正看清它自身所是。这是意识哲学抱有的认识论的目的。“意识”一词所标示的是所有理性生物的精神活动，也包括人的精神活动所具有的“思量”与“了别”的作用。由于人类的一切心智活动都以意识的存在为前提，包括道德、知识、情感、信念，还有一切的美德和恶习，因此，要想了解人性，就需要从意识开始。这是胡塞尔的意识现象学的基本意向，也是以无著为代表的佛教唯识学的基本主张，即所谓“万法唯识所现”。

实际上，意识的向度不仅是人性理解的一个角度，也是对与人相关的各类事物的一个认识角度。

第二部分的研究带有这样的信念：意识的自身认知也可以意味着对自性真如的亲证。因此，胡塞尔坚信，对自身的认识最终会导向在一个上帝死了的时代中的自身负责。而佛教认为，彻底地认证所有现象无非是自己本觉的目光，也就意味着真正的解脱。在此意义上，意识哲学的目的并不仅仅是认知上的，终极的使命在于转识成智，在于本真意义上的觉悟与承担。

第三部分的问题讨论明确带有比较研究的标题。但确切地说，这三个部分的所有讨论实际上都或隐或显地贯穿了比较研究的目光，例如在认知意识现象学的研究中含有佛教唯识学的向度，在道德意识现象学的研究中含有儒家心学的思想背景。

在我看来，所谓比较研究，无非就是从两个以上的角度或通过两个以上的方法来展开对问题的思考。它意味着对更多的方法、视角和解决问题之手段的掌握。就意识哲学的问题领域而言，古代的印度哲学、中国哲学和欧洲哲学已经提供了各种思考向度和思想成果。如果当代的意识现象学分析研究以及心智哲学的分析研究有意无意地忽略这些已有的思考向度和思想成果，那么这将会意味着对人类共同文化遗产与共同精神资源的浪费。

接下来的问题是能否以及如何进行卓有成效的比较研究。这里的关键在于一个超出东西方视域的外部观察点的获取。尼采之所以希望有一双“跨欧洲之眼”（trans-European eye）或“纵观欧洲的东方目光”（morgenländischer Überblick über Europa），理由也不外乎于此。如果我们在这里不说东方、西方，而是只说问题本身，那么这些方法、视角、风格上的差异，无非就是对共同感兴趣的问题的不同观察方式、切入方式和解决方式上的差异。

它们因地域和时间的不同而各不相同，但却仍然向我们展示着诸多令人振奋的共同性：除了相同的看到的东西之外，还有共同的看的方式、共同的接近方式和共同的处理方式。它表明哲学的任务并不仅仅在于写下自己的历史，还可以是对实事与问题的真正把握与探究，对共同精神的发现与认识。

成功的比较研究通常会导向某种类型的跨学科研究或全方位研究。胡塞尔所开创的现象学方向上的意识哲学分析，在人类对意识的研究领域中独树一帜。一方面，从横向上看，即与同时代的相关研究相比，它显然不同于当代英美心智哲学方向上开展的研究，也根本不同于神经科学—脑科学的研究，然而在它们之间仍然存在着广泛的合作研究之可能。此外，意识哲学的研究当然也应该有别于各种实证的和实验的心理学的研究，最后还应该有别于“心”而上学（Metapsychologie）的和超心理学（Parapsychologie）的研究，然而在它们之间也存在相互衔接的可能。另一方面，从纵向上看，即从目前已经可以获得的历史思想资源来看，在意识现象学与佛教唯识学和儒家心学之间也存在着研究目的、研究方法与研究内容方面的根本差异，但在它们之间同样存在着类似的联结可能，甚至存在密切的亲缘关系。就我目前所能达及的认识程度而言，意识现象学与唯识学、心学的合作可能性要大于它与现代哲学和现代科学之间的合作可能性。

作为一个受过胡塞尔现象学基本训练的东方研究者，我是否能够将自己所把握的现象学意识分析方法和分析角度与自己的意识哲学思考所必定会带有的文化背景和思考方式有机地融合为一体，从而开辟一条独特的思考路径，获取一个特别的问题领域，尝试一种特别的解答方式？——这里的文字可以看作是对此问题的一个初步回答尝试，无论成功与否。

至少，这里集聚的文章是对自己近二十年研究成果的外文表达。它们在数量上并不算多，只占我汉语研究成果的五分之一不到；若再算上用于现象学翻译的汉语文字，那么我在这二十年中撰写的外文文字就只有中文文字的不足十分之一。这个情况是我这一代的西方哲学研究者所处的时代环境造成的。在弗赖堡大学完成博士论文回国后，我在进行自己的哲学工作时就面临一个选择，或者说，一个两难：我的工作所面对的，究竟是汉语领域的哲学研究者，还是国际的现象学和哲学同仁？如果是前者，我应当开始进行许多基础性的工作：介绍、翻译、诠释，与汉语领域的同事进行交流、讨论；如果是后者，我则应当密切跟踪国际学术界的研究进展，了解他们最新研究热点，参与各国学者的现时问题研究与讨论。实际上我在这个选择上并未踌躇许久，因为客观的条件几乎不允许我选择后一种可能。资料的缺乏和信息的闭塞、经费的拮据和发表的困难，使得任何行走国际路线的希望都成为奢望。

但现在看来，这未必是祸，因为它使我能够全心关注于现象学在汉语领域的接受和落实。以目前汉语领域的现象学研究状况来看，我深信自己这些年的努力方向是正确的，努力的付出也是值得的。

耿宁《心的现象——耿宁现象学研究文集》·译后记

2012 年 12 月，商务印书馆出版了由我编辑并由“第九届《哲学分析》论坛——耿宁心性现象学学术研讨会”的部分与会代表参与翻译的《心的现象——耿宁心性现象学研究文集》。编辑和出版此书的初衷是为庆贺与纪念耿宁先生的 75 岁诞辰。接下来的基本意向则是向汉语学界展示和引介耿宁的思想道路与研究成果。我在这个集子的“编后记”中曾有以下的基本说明：

> 这部文集几乎收集了耿宁先生一生发表的所有重要论文与公开报告。根据他自己的愿望，这部文集是按各篇文章与报告的发布时间顺序来排列的。这也许可以说明，耿宁在自己思想成果的文字见证方面，更为偏好王阳明式的在精神发展历程方面的纪年顺序，而非朱熹式的在实事论题方面的系统“语类”划分。
>
> 耿宁先生于 1961 年以《胡塞尔与康德——关于胡塞尔与康德和新康德主义之关系的研究》（Den Haag:

Martinus Nijhoff，1964 年初版，1984 年第二版）为题在比利时鲁汶大学完成其哲学博士学业。1968—1972 年期间，他根据胡塞尔遗稿整理和编辑出版了以《交互主体性现象学》为题的《胡塞尔全集》第 13、14、15 卷（Den Haag：Martinus Nijhoff，1973）。与此同时他还完成了《哲学的观念与方法——一门理性理论的主导思想》（Berlin：de Gruyter，1975）的著作，并以此在德国海德堡大学获得大学教授资格，在那里从 1974 年起执教至 1979 年。

在 1979 年至 1984 年期间，耿宁先生先后在台湾大学、南京大学与北京大学，以及在纽约哥伦比亚大学潜心学习中国哲学。从 1984 年至 2006 年，他任教于瑞士的伯尔尼大学、弗里堡大学和苏黎世大学，讲授欧洲哲学与中国哲学。于此期间，他扼要发表了关于欧洲哲学与中国哲学之间关系以及关于现象学问题的一些著作和文章。其中一些文章被译成中文，陆续发表在各类学术刊物上。2010 年初，耿宁先生出版了关于儒家心学的一部巨著，也是他的生命之作：《人生第一等事——王阳明及其后学论“致良知”》（Basel：Schwabe AG，2010）。

耿宁先生是汉学家，但更多是一位现象学哲学家。他毕生关注意识哲学或心学问题，并致力于这方面的研究，试图了解和把握人类思想史上形形色色的心学思考和观心方法，其中包括胡塞尔现象学、佛教唯识学和儒家心学。他的关于儒家心学之新作的献辞是：“献给我的那些以现象学方式探讨中国传统心学的中国朋友们”。

耿宁先生在西方哲学界素有“隐士”或“道士”之称，

并非仅仅因为他近年来迁居到图恩湖畔的克拉蒂根山村里并乐于自称为"山人"，还主要是因为他始终埋头于自己哲学问题研究，全然不在自己的学术影响方面刻意地用力。同样，对胡塞尔现象学哲学在中国以及汉语哲学地区的引进、传播和发展，他所起的极其重要的作用也始终是在幕后。

这里结集出版的文章与报告24篇，是耿宁先生毕生"心性现象学"思想的文字见证，从中可以看到他的相关思考的细致、深刻与丰富。其中的文章与报告，有些已经在西文刊物上发表过，此次是首次译成中文发表。还有一些已在中文刊物上发表过，此次重新做了录入和校对，有的则是重新做了翻译。耿宁先生对几篇文章自己做了仔细的校对，尤其是第16篇《意识统一的两个原则：被体验状态以及诸体验的联系》与第17篇《特殊的过去之现实》，耿宁认为是他这些文章中最要紧的两篇文字。

参与本文集翻译的多为耿宁先生的朋友和学生以及他学生的学生。

在此次研讨会的参会代表中，李明辉应当是最早认识耿宁先生的。耿宁那时还在台北学习中文和中国哲学。明辉曾与他一同在牟宗三先生家中席地而坐，旁听过牟宗三先生的讲课。而我是在座的代表中第二个认识耿宁的。那时耿宁已到南京大学随阎韬老师学习儒家心学，尤其是阳明学。当时我曾协助他翻译和讲授其"胡塞尔的时间意识分析"的中文报告。后来耿宁又去了北京，随楼宇烈老师学习佛教唯识学。我介绍他与王庆节认识，因此，庆节是在座的代表中第三个与耿宁认识的人。屈指算来，这已是三十年前的故事了。

耿宁在赴台湾与大陆学习中国哲学之前便已是功成名就的现象学家。这主要归功于他的博士论文《胡塞尔与康德》与任教资格论文《哲学的观念与方法》这两部著作，以及他编辑出版的至关重要的《胡塞尔全集》第 13 卷至第 15 卷——《交互主体性现象学》三卷本。他是世上少数几位阅读过胡塞尔全部速记手稿的人，也是第一位将胡塞尔的专题研究手稿（不是著作和讲座稿）编辑并付诸出版的现象学家。这些工作使耿宁于 20 世纪 70 年代能够在德国海德堡大学获得终身教职。但后来他自己还是放弃了它，并且终生也再未申请过这类教职，主要是因为他不想因被束缚在一个教席上而放弃他差不多每年都会计划的东方之旅。他似乎到过王阳明与玄奘一生曾经去过的所有地区。

在学习中文与中国哲学期间，耿宁已经开始发表一些讨论中国传统心识哲学（儒家心学与佛教唯识学）的文章。这部文集中的许多文章是以前在汉语的刊物中发表过的，还有一些文章则是为此次出版而专门从耿宁的其他以德文与英文发表的文章译成中文的。耿宁一生撰写的文章不多，但每篇都极富内容，都有想要表达的明察。他在《意识统一的两个原则：被体验状态以及诸体验的联系》一文中阐述的一个原则显然也可以用来刻画他的总体思考风格："我在这里听凭一个直接的明见（直观）的引导，并且试图将它用某些语词表达出来并澄清它，以便能够诉诸读者的相应的明见。我对直接明见的信任要甚于对语言使用的信任，并且我试着在后者中指明前者。"

在全书的编辑接近完成时，我催促耿宁尽快完成一篇作者的中文版自序，而后放在文集中发表。他欣然同意，因为他觉得，将以前的文章不加说明地再次出版，可能会导致读者对他的许多思想产生误解。他希望通过一个自序来补充说明他对自己各个时期的各篇文章的当下看法与态度。但这个自序的写作直至今日尚未完成。我在文集“编后记 · 附记”中曾说：

> 这部文集本来应当有一个类似“作者自序”的文字。作者的确也已经从半年前开始撰写。但根据他于（2012年）8月23日与9月4日发给编者的部分初稿来看，这个“前言”已经写得很长，而且看起来难以在两个月内结束。其原因作者自己在文中已经做了充分的解释，这里按下不表。只是如此一来，要想在今年出版此书——而这又是必须的，就不得不先放弃这个“前言”，它将有一百多页，足以成书单独出版。这样我们就有一个坏消息和一个好消息：坏消息是这部文集少了“作者自序”；好消息是会多出来作者的另一部有趣的书，暂且叫作《〈心的现象〉集外序》。

这个“集外序”现在已经写到何处，我还不得而知。但在我于2013年8月去瑞士访问他时，他已经完成了全部自序的前12章，差不多已经写到他在南京游学的时光。他自己预计最终这个自序会与《心的现象》篇幅一样大，即字数会达30多万。这意味着它实际上已经成为耿宁先生的一篇哲学自传。他为自己的这个自传起名为“有缘吗？”，目前尚不知这个“缘”是指他与哲学之缘，还是他与中国之缘。耿宁计划于2014年内完成它，我计划于2015年组织翻译出版它，题目暂定为《有缘吗？——〈心的现象〉集外序》。如此算来，在《中国现象学文库》中已出版和将出版的耿宁先生著作将会有三部。

除了这里所说的已经发表的《心的现象》与有待发表的《有缘吗？》之外，他还有一部100万字的巨著很快会在《中国现象学文库》中出版，这可以说是他的生命之作，即《人生第一等事——王阳明及其后学论“致良知”》。目前我已经完成它的翻译，并将译稿交给商务印书馆，预计2014年上半年可以面市。我希望能够在2014年下半年邀请耿宁来中国参加此书的发布和研讨会，也希望他的健康状态能够允许他此次的东方之旅。他曾说他为中国哲学的研究付出了沉重的健康代价。由于耿宁自小患有哮喘，因而可以在瑞士免服兵役。他在早年一直能够有效地控制自己的病情，但在近几年的中国旅行中，他因内地空气质量日趋恶劣而在每次旅行之后都检测到肺部功能的显著下降。我希望他不必再为明年（2014）的这次旅行耗费自己的肺部健康，因此计划将明年的《人生第一等事》的发布和研讨会放在一个空气质量较好的地区举办，如肇庆、珠海、北海等。

耿宁的其他几部著作的翻译出版（《胡塞尔与康德》《哲学的观念与方法》《十七世纪中国佛教对基督教的批判》）也已经纳入计划，将会在今后几年里陆续地进行。

耿宁《人生第一等事》译后记

一

《人生第一等事——王阳明及其后学论“致良知”》的德文版发表于2010年。是年4月，耿宁先生来穗，带来了第一本样书。全书德文本引论31页，正文788页，加上索引合计855页。译者从2010年6月起着手翻译，至2011年12月底完成全部初稿，持续了差不多一年半时间。倘若除去2011年3月至5月在柏林和布拉格的3个月讲学休笔期，应当说全部翻译只用了15个月时间左右。现在手中的中文本，按出版字数计算超出100万字，与胡塞尔《逻辑研究》的字数不相上下。这么快的翻译速度，首先让撰写原著的耿宁有些吃惊，或许还有些郁闷，因为这比他写作花费的时间要少得多，也可能使他的成就感少了许多；其次也让审读初稿的陈立胜有些感慨，或许还有些无奈，因为他的审读速度往往跟不上译者的翻译进度，总是被译者撵着走；最终是译者自己也感觉有些异常，故而常常会停下来琢磨自己为何译得如此之快。然而即使如此，翻译的速度似乎也慢不下来。究其原因，恐怕首先是自己过于熟悉耿宁的想法与说法，故而此项翻译工作似乎大幅度地节省了思想理解这一步骤，而只需面对语言转换这道工序了。如果翻译中有差误出现，往往不是因为作者的思想难以理解，而更多是由于不难理解而引起的疏忽大意所致。其次，自己在翻译过程中跟着作者的思绪走，急于想知道下一步的思绪会导向何处，于是便难免步履匆忙，就像饥渴的人在寻找食物时会不自觉地加快脚步一样。最后，这段时间空闲较多，也是一个重要的原因。几乎没有感受到丝毫的外部压力，大部分翻译是在闲来无事的状态中进行的，而闲来无事的时间似乎又很多。凡此种种，构成了我的异常翻译速度以及始终没有刻意地去抑制速度的大致原因。

这本书的翻译对我来说不同以往，这首先是因为它是一本外国人写的论述中国哲学的书。此前我从未有过这方面的经验。原先翻译胡塞尔、舍勒、海德格尔、哈特曼的著述，大都不会去顾及他们写得是否像中文，或者是否要让他们写得读起来像中文，现在翻译的这本，却常常要在这个方向上斟酌考虑。例如，耿宁常常用的一个词组 das ursprüngliche Wissen und seine Verwirklichung 涉及中国哲学特有的本体论和工夫论两个方面，译成翻译体中文是“本原知识及其实现”，应无大碍；而译回原来的中文则是“良知及其致”，很是别扭。这样的问题在翻译过程中常常出现。它使得现代外语与古代汉语的对接困难凸现出来，而潜伏在这个对接困难后面的是两种思维方式的基本差异，它比藏在现代汉语与古代汉语后面的思维方式差异要更为厚重和繁复一些。

耿宁先生要求中译本翻译出引文的德译文，并附上原引文。这个要求十分合理。实际上它为上述三种思维方式提供了相互比照的可能，从而也为彼此间的过渡提供了便利。但这个要求在另一方面却使得这里的工作比其他的汉学著作翻译的难度大了许多。

它使得原作和译作在波普的意义上“被科学化”了，即有了“可证伪性”了。因为如果一句话——例如《尚书》中“先王昧爽，丕显，坐以待旦”——只是在中文著作中被引用，至多只能判断对它的抄写和断句是否有误（断句当然与理解相关，但还不是内在相关）；可是如果它被译成外文，已经可以检验对其内容的总体理解了——这是对懂外文和中文的人而言。如果把外文再译回中文，那么所有懂中文的人都可以检验它，使它更容易被证伪，因此也更科学了。它可以说是一种往返的译注。陈荣捷对王阳明的《传习录》做了这种往返式的译注。但阳明后学的往返译注，至今还暂付阙如。耿宁借此书而尝试了一个开创性的工作。

主要是因为作者本人——而且是精通中文的作者——的在场，而译者的成果首先交给作者审阅，这使得此项任务带有了某种挑战性。尽管耿宁先生给了我很大的权力，让我放手翻译，可以根据我的判断来删减、修改、润色，我还是竭力尝试着将原书的篇幅、内容乃至风格都尽可能保留下来。翻译不只是把一种思想从一种语言引入另一种语言，而且也应当包括将它在表达过程中显露出来的特别格调、气韵、色泽、文笔、动机、视角、背景、品位等也一并带入，甚至包括语句顺序的排列与标点符号的运用。如果读者认为该书译得很好，读起来就像中国人写得一样，那么我并不认为这是一个夸奖。读者在这本书中读到的应当不是译者，而是作者。如果他们读到的是译者而非作者，那么这本书的翻译就是不成功的。当然，即使不成功，也并非因为自己的意愿——不想摆脱自己的意愿，而是因为自己的能力——无法摆脱自己的能力。或许我的主张不合时宜，但我还是要坚持：译者的权力很有限。如今翻译界对译者的解释权力的夸大甚于以往任何时候，大多因为它从解释学中读到了想要的东西。

还需要说明一点：德文本出版后，在中文本的翻译过程中，耿宁先生对原著又做了相当大程度的修订和润色，并加入了一批新的内容。因此中文本完全可以说是该书的第二版或修订版。耿宁在给译者的信函中曾期望能出一个较之德文本更好的中文本。由于该书最后经由他本人校订认可，因此这个期望应当可以看作是得到了实现的。

二

《人生第一等事》由上、下两册构成。第一部分论述王阳明的生平与思想，主要围绕其"致良知"的主张进行。耿宁通过对王阳明早、中、后期言谈文字的仔细研究，划分出王阳明不同时期的三个不同"良知"概念（耿宁将"良知"前后一致地翻译成德文的 ursprüngliches Wissen，即中文意义上的"本原知识"），并对其做了细致的阐释。

其一，"良知"作为孟子意义上的"良知良能"（参见《孟子》中所举"入井怵惕""孩提爱敬""平旦好恶"之例），它是一种自然的禀赋，一种天生的情感或倾向（意向）。这个意义上的"良知"是王阳明在 1520 年明确提出"致良知"概念之前所谈论和倡导的"良知"概念，耿宁将它定义为"向善的秉性"，亦即天生的向善之能力（参见第一部分第一章）。

其二，"良知"作为通常所说的"良心"，即一种能够分别善恶意向的道德意识，借用唯识学的四分说（参见《成唯识论》中的"见分、相分、自证分、证自证分"）可以将它定义为一种道德"自证分"。即是说，这个意义上的"良知"不再是指一种情感或倾向（意向），而是一种直接的、或多或少清晰有别的对自己意向的伦理价值意识。这是王阳明在 1520 年"始揭致良知之教”（钱德洪语）之后明确提出的“良知”概念。王阳明曾从各个角度来描述这种对意向的伦理区分，如“见心体”“天聪明”“是非之心”“本心”“独知”等，耿宁将它定义为“对本己意向中的伦理价值的直接意识”（参见第一部分第二章）。

其三，“良知”作为在其“本己本质”之中的“本原知识”，它是始终完善的，是带有宗教意义的“良知本体”，即“至善”（参见《大学》中的“大学之道，在明明德，在亲民，在止于至善”）。王阳明也曾从各个角度来描述这个意义上的“良知本体”，如“天理”“天道”“佛性”“本觉”“仁”“真诚恻怛”“动静统一”或“动中有静”等。耿宁认为这种“始终完善的良知本体”“不是一个现存的现象，而是某种超越出现存现象，但却作为其基础而被相信的东西。在此意义上，我们不仅可以将这第三个‘本原知识（良知）’的概念标识为超越的（超经验的）、理想—经验的和实在—普遍的（不只是名称上或概念上普遍的）概念，而且也可以将它标识为信仰概念”（参见第一部分第三章）。

总的来看，可以用耿宁的话将王阳明的这三个“良知”简洁扼要地概括为：第一个概念是“**心理素质的概念**”，第二个概念是“**道德－批判（判别）的概念**”，第三个概念是“**宗教－神性的概念**”。

耿宁认为：“从编年的角度出发，我们将这三个概念中的第一个标识为王阳明早期的‘良知’概念，因为它在王阳明那里要先于其他两个概念出现。但这个‘早期’概念并未在两个较后的概念出现后便消失，而是也在王阳明晚年出现，以至于在这个时期的陈述中有可能出现所有这三个概念。”

与这三个“良知”概念相应，至少应当有三种实现或达到“良知”的方法，亦即三种“致良知”的基本途径。它们都或多或少、或隐或显地可以在王阳明本人那里找到。但王阳明并未对致良知的“途径”做出明确的区分。在他那里可以找到各种对致良知途径的解释，如通过“正心”“诚意”“格物”来实现良知，即《大学》中所说的“致知”。在这个意义上，“良知”是不纯的金矿，需要经过冶炼才能成为纯金——王阳明在这里使用的是“金矿喻”。由于孟子将这个意义上的“良知”视为“四端”，因此伦理的功夫也就在于对此天生之德行萌芽的“扩展”“充实”“滋养”。或者，王阳明认为，“良知”虽然是始终“自能知得”，始终“无有不知”，但却还需要“在良知体认上”下功夫。这个意义上的“良知”，犹如天上的太阳，常常被浮云遮蔽，时明时暗，需要下功夫“精察”——王阳明在这里使用的是“浮云喻”。对光明的“精察”也就意味着“见得良知”“自觉良知”“依得良知”“提醒良知”。或者，王阳明在谈及“致良知”时还主张要回复到“本体”上。这里所说的“复”和“还”等可以理解为对“良知本体”的赢回，或向它的回返和复归，即“复心之本体”，“致良知”就是向良知的始终完善的“本体”的回返。如此等等。

对“良知”（本原知识）的理解和阐释可以看作王阳明的**本体论**思想，而对“致”（实现）的理解与阐释则可以看作王阳明的**工夫论**思想。因而“致良知”三字，体现了王阳明的本体论与工夫论的统一，包含了他的本体论主张和工夫论诉求两个方面的内容：“良知”是本体，“致”是工夫。王阳明的全部学说，以及阳明后学对他学说的所有一致的和分别的展开，都概括在这三个字之中了。

耿宁曾在书中给出一个总结：“王阳明可以将‘致良知！’这个命题理解为不同的东西，这个命题从1521年起便在某种程度上是他成为‘圣人’之路的伦理实践学说的格言。当他利用孟子意义上的‘良知’来表示人‘心’中的自然秉性时，‘致’对他来说就在于对这些善的秉性的‘扩展’‘充实’‘滋养’等。当他将‘良知’理解为本己意向的道德意识，理解为‘良心’时，‘致’对他来说首先就在于对这个‘良心’的澄明、‘明见’、‘意识’。而且他也谈及导致这种澄明的不同操作方式，但却没有详细地确立一种具体方法。因此也就无须诧异，为什么在他的弟子与追随者之中会产生出对如何‘致良知’的不同看法。”

全书的第二部分便致力于论述欧阳德、王艮、邹守益、钱德洪、王畿、聂豹、罗洪先对“致良知”在本体论、工夫论方面的各种相同的和不同的理解，以及因不同理解而产生的相互论辩，以及通过论辩而得以展示的种种诠释可能和修习可能。在此过程中，阳明心学于各个方向上得到实质性的充实和进一步的展开，当然也同时经历着可能的自身分化与离异。

基本的问题在于：“良知”究竟是某种本性，即本来就有的东西，还是某种习性，即习得的东西，抑或同时是这两者？根据对这个问题的不同回答，王阳明的弟子们对“致良知”方式的理解也各自有所分别。耿宁在这里提到了数十位弟子，专题论述了十几位王阳明弟子，其中讨论最多的是钱德洪与王畿，欧阳德、邹守益与聂豹，聂豹与王畿，以及罗洪先与王畿之间的分歧。他们之间的论辩虽然还不能用“所有人对所有人的战争”来描述，但我们的确可以在总体上将他们的观点标示为“每个人有每个人的理解”：或者偏重于在“正心”上用功，或者偏重于在“诚意”上用功；或者偏重于本体上的“顿悟”，或者偏重于工夫中的“渐悟”；或者偏重在“静”上着力，或者偏重在“动”上着力；或者偏重关注在“已发”上的“格物致知”，或者偏重关注在“未发”上的“戒慎恐惧”；如此等等。后人可以将这些不同的理解看作是相互对立的，但事实上也有理由将它们视为彼此互补的。

耿宁在第二部分中的阐述以欧阳德对“致良知”的理解为始。看起来在王阳明弟子中，就风格而言，他最欣赏的是欧阳德。他写道：“欧阳德必定是一个特别优秀的和富于影响的老师。他的著述明白清晰，而且在一种相对简单的语言中表述出来。他没有王畿那种充满了想象语词与儒佛文本暗示的绚丽风格，也没有罗洪先那种难以理解的老派笔法。然而他坚持王阳明的后期学说，并且几乎不对它附加任何新思想；但他尝试着将它尽可能清楚地表达出来。”的确，欧阳德并未提出明显带有自己标记的思想和主张，而只是反复强调和维护王阳明的“格物致知”的诠释，亦即强调通过纠正自己的伦理行为来实现良知。他的大部分精力都放在对阳明学说的传布和阳明学派弟子的培养上。

与欧阳德在这方面截然有别的是王艮。他从一开始就有提出自己学说的倾向，后来提出的“保身”“安身”等主张，作为对“良知”的社会理解，已经与王阳明的“致良知”学说拉开一定距离。但他在总体上也同意王阳明通过“戒慎恐惧”以及“格物”来致良知的基本主张。将他的“泰州学派”算作或不算作阳明学派的分支，都有较为充分的理由。

阳明弟子中的核心人物之一邹守益将“慎独”理解为王阳明“致良知”学说的核心，强调通过对自己“独知”的内心萌动的“戒慎恐惧”来致良知。他区分“戒慎恐惧”的三种指向：（1）针对自己的行为；（2）针对良知；（3）同时针对这两者，并因此而将致良知的工夫落实在心识活动的具体层面。

王阳明弟子中最重要的两位代表人物是王畿与钱德洪。他们在王阳明去世前就已经在王阳明的“四句教”上产生意见分歧，并得到王阳明在这方面的亲自解答。但他们之间始终在这个问题上有争论:“致良知”究竟是通过依照良心的行为,还是通过对“良知本体”的明见?

王畿在致良知方面主要坚持的是王阳明后期的“良知”概念,强调对良知本体的明见:“觉良知本体”。他对“悟”和“觉”的方式倡导,实际上预设了完善的“良知本体”在所有人的现时意识中的纯然显露的可能性。他既然在本体论上将“良知”视为“天几”“生机”“自然”“直心”“一念”,在工夫论上也就自然会更多地主张本心的“顿悟”“明觉”等,即“从本源上悟入”,即使他也承认“先天之学”与“后天之学”的分别。他的这种致良知的主张,在王阳明看来更多适用于那些天资聪慧的学者,即“利根之人”的修行。

与王畿不同,钱德洪在致良知方面更多强调的是为善去恶的工夫,强调在具体意念上的伦理落实,亦即坚持王阳明的第二个良知概念。这种致良知的主张更多适用于那些本心被遮蔽的学者,即“钝根之人”。尽管钱德洪在王畿的影响下也时常会偏向后者的立场,但就整体而言,他们两人代表着王阳明“致良知”的学说与实践的两个不同的向度。

聂豹虽然受到王阳明思想的影响,但却是在王阳明去世后才在王阳明的灵位前“哭称门生”。此后他结合道家和佛家的思想,对“致良知”发展出自己的一种解释,即“良知本体”必须在先于所有动的静中实现。他反对在情感产生后(“已发”)进行的“义袭”和“助长”的人为努力,而是强调“本体虚寂之旨”,致力于在情感产生前(“未发”)的“归寂以通感”的实践方法。

这个思想在欧阳德、邹守益和王畿那里受到批评,然而在罗洪先那里却获得认同。罗洪先自己所接受的主要是王阳明早期依据孟子“良知”概念提出的良知观,主张“是谓良知即天性矣”。

但用他自己的话来说，他“不以良知为足，而以致知为工”。罗洪先在说明良知时常常引用孟子的三个例子来说明：（1）入井怵惕；（2）孩提爱敬；（3）平旦好恶。但他并不像王畿那样认为这些本性或开端是完善的、当下具足的，而是主张通过后天的伦理实践来扩充和养育它们，就孟子的三例而言：“言怵惕矣，必以扩充继之；言好恶矣，必以长养继之；言爱敬矣，必以达之天下继之。”他用“收摄保聚”来表达所有这些需要进行的伦理努力：工夫。而在罗洪先的“收摄保聚”与聂豹的“静坐”“归寂”之间存在着语词与思想上的亲缘关系。

聂豹与欧阳德和邹守益之间的分歧最后导致他与王畿的文字交锋。王畿与聂豹的不同主张都可以在王阳明本人的说法中找到根据，分歧的要点在于是否需要在“致良知”方面刻意强调“已发、未发”“前、后”“内、外”“寂、感”“静、动”等。王畿对此区分持否定态度，并且反对将“致良知”仅仅视为“静坐”和在“未发”中的思想沉浸。他们二人的分歧实际上源自王阳明前后期对“良知”的不同理解。

这个分歧最后也导致在王畿与罗洪先之间展开的最深刻、最细致也最富于成果的致良知问题论辩。耿宁曾对两人的思想特征做过一个描述概括：“王畿是一位‘形而上学家’，因为他在所有人都或多或少地经验到或意识到的‘良知’中看到了一种超经验的、完善‘本已本质性’的贯穿显现，并因此而将其视作当下的，而且他最终在其伦理实践中将自己托付给对此完善本质性的转换力量的信任，而罗洪先则是一位心理学的‘经验论者’，他只是从人的意识动摇不定的现象出发，完全承认作为‘光明’体验的‘本原知识’之偶尔萌动，但却想通过自己‘持续前行的照亮’或‘收敛保聚’的意志努力来帮助它逐渐成为一种日趋完善的和日趋持久的光明，随之也成为一种日趋强大的可信赖性。”

同时，他对王畿与罗洪先之间进行的这场持续多年的论辩总结说：“在王阳明的后学第一代人中，王畿与罗洪先之间在‘致良知’问题上进行的讨论大概是最为彻底的了。这些讨论所遗留的问题是以下两个方面彼此间的关系：一方面是罗洪先有意的和方法的‘收摄保聚’之努力，它既是我们的‘良知’的时间持续性和精神清晰性的条件，也是因此而成为准绳的对这种自身扩延的‘良知’的显现之信任的条件；另一方面则是王畿的要求，即对一种作为在善行中的有意努力之基础的无条件信仰和绝对的（‘突然的’）明见的要求，这种明见是对即使在其有限的和零星个体的意识显现中也始终完善的‘本原知识’的明见。罗洪先能够以其认真仔细的方式在其与王畿的论辩中将后者的‘寂’‘感’统一与‘动’‘静’统一的思想及其对‘良知’的信仰接受到他的‘收摄保聚’的伦理努力中，并因此而使此努力得以深化。王畿反过来也能够从罗洪先那里学习到什么吗？初看起来，这并不是显而易见的，但我猜测，大约于1554年开始，王畿对其‘对本原知识的本己本质之明见’的观念进行了心理学的细化和深化，这个工作便是通过1554年夏与罗洪先的长时间讨论才引发的。王畿将这个细化和深化的基本思想凝聚在‘一念自反即得本体’的口诀中。它构成王畿的‘致良知’学说的核心要点。”

三

用上面这些简短的提示和引述，当然只能粗线条地勾勒出耿宁在这部巨著中对王阳明及其后学有关“致良知”讨论的一个基本轮廓，而不可能去再现他在那里对王阳明思想的细致分析把握和对阳明后学讨论的如实扼要重构，以及他的独特评价解释。

耿宁的研究有其特有的眼光。我相信他提供的这个文本在古今中外思想史上仅此一例。是否会后有来者尚不得而知，但就目前而言至少是前无古人。耿宁既是功成名就的西方哲学家和哲学史家，也是精通古今汉语、熟悉中国文化的汉学家，仅这一点就足以使他独步天下，使他有可能用哲学—现象学的眼光和手法在中国哲学的领域中从容不迫地分析概念和追踪义理，得心应手地分辨观念名相的层次，有条不紊地梳理思想历史的脉络。与耿宁相比，西方的哲学家没有汉学的文化背景和语言知识，西方的汉学家缺乏专业的哲学分析视野和思辨能力。即使怀有理解中国哲学的强烈意愿，他们也无法提供一个对中国哲学思想的真正哲学的理解与分析，莱布尼茨、沃尔夫、海德格尔等哲学家是如此，卫礼贤、费正清、葛瑞汉等汉学家也是如此。类似的情况在东方学者这里也可以找到：无论是研究西方哲学的学者，还是研究中国哲学的学者，实际上都难以真正做到用哲学的概念分析和义理梳理的方式来处理中国哲学思想史，哪怕他们在学识上可以做到所谓的“上下五千年，学贯中西印”。

这里强调的哲学式的思考与分析方式当然也会引发一个问题，它一方面牵涉到“理论研究与修行实践”的关系问题，即单纯的概念领会与义理把握是否能够真正达到伦理宗教修行的至善精神层面（耿宁自己在《人生第一等事》边码第XXVI页至第XXX页上对此有讨论），另一方面也涉及“以西解中”的可能性问题，即用西方哲学的概念与方法是否能够真正地理解和把握中国哲学的根本脉络（耿宁自己在《人生第一等事》边码112—114上对此有讨论）。这两个问题之所以被我看作是同一个问题，乃是因为它归根结底是同一个诠释学的问题。这样的问题，我们在“以今释古”（即以今人的思维方式去理解和解释古人的思想）的过程中，在以宗教学说阐释宗教经验、以文学理论阐释文学作品的过程中，以及在诗评人评论诗作、画评家评论画作、音乐评论家评论音乐、足球评论员评论足球的过程中，甚至在男人评论女人或女人评论男人的过程中，都会或多或少地遭遇到。将这个问题推至极端，或者说，将它追问到底，就会面临“另类理解究竟是否可能”的本底问题：除了我自己以外，还可能有他人理解我吗？众所周知，诠释学已经给出答案：不仅他人对你的理解是可能的，而且他人还有可能比你自己更好地理解你。

交互文化理解的世界历史事实已经充分表明“另类理解是否可能”不是问题，真正的问题更多在于“另类理解如何可能”。一个意义在原初构成中产生，而后便作为原初意义本身而成为日后各种可能理解与解释的极点，无论是在意义原创者还是在意义接受者那里，他们的理解与解释都无法再回到或达及这个原初构成的意义本身，而只能处在与它或近或远的关系中。后来的理解与解释通过自己的发生而丰富和改变这个意义，以此方式而融入这个意义。于是，原初构成的意义成为“自在的意义”，而后通过各种理解与解释而得以丰富和积淀的意义则可以被看作是“现象的意义”，即“显现与充实的意义”。自在的意义或多或少地制约着现象的意义，后者与前者处在或向心或离心的关系中。自在的意义与现象的意义或原初的意义与展开的意义之间的关系问题，是意义构成与意义发生以及意义积淀的现象学与诠释学探讨的课题，需要在其他地方专门予以探讨，这里不再进一步展开。

四

最后还有几点感想值得记录在案。

1. 相对于外国哲学论著的翻译，一本关于中国哲学的论著的翻译要相对容易一些，但并不容易很多，至少对我而言是如此。之所以说相对容易，是因为全书引述了大量的王阳明及其后学的文字语录，对它们的翻译，不仅可以参考外文的译本，如耿宁对这些文本的德文翻译，偶尔还有陈荣捷、秦家懿等前辈的英文翻译，而且更多可以参考原初的汉语文本，如《王阳明全集》以及《阳明后学文献丛书》等，因此至少可以在理解上获得双重的支持。之所以说并不很容易，是因为：主要的原本哲学文字在时间上距今至少有四五百年，有当时的语言风格，在空间上则属于浙东和江右的方言系统，有当地的话语习惯，它们使得王阳明及其后学的文字语录在总体上不比对现代外国哲学的翻译更容易，尤其是对一些此前尚未得到点校注释或翻译的文本，例如整个阳明后学的文集大都没有得到点校，而耿宁的相关德文翻译由于没有其他参照系而往往必须自己进行语义、典故、暗喻方面的核实与确证。就此而论，在翻译中国哲学方面的外文著作的诸多易处与诸多难处便差不多相互抵消了。

2. 如果译者选择翻译之原著的作者还健在，而且偏巧十分熟悉译著所用的语言，那么译者当然会得到许多便利，但同时也会有更多的工作产生。以往翻译胡塞尔等人的著作，即使有疑问和难题，也不可能请胡塞尔出来解答；即使理解有误或者解释有偏，胡塞尔本人也不会站出来纠正。翻译的问题和差误，很多是译者本人和认真的读者日后才发现的，然后经过几个版本的加工修改才会得以大幅度地减少。而面前的这部译著，在出版前便与耿宁通过数十次的通信来商讨出现的问题和疑难，初稿完成后便受到他仔细地审核，得到修改的建议，甚至是在语气和口吻方面[1]。可以

1　有一个比较典型的例子：我一向都将 offenbar 一词译作“显然”，而耿宁则认为他用此词的意思没有那么强烈，建议一律改为“看来”。

说，大多数的工作在初版中已经基本完成。因此，译出初稿虽然只用了 15 个月的时间，而此后的审核校对却用了比此更长的时间。

3. 没有人能比翻译者自己在翻译过程中更深切地体会到在两种语言表达及其背后的思想背景和思维方式之间存在的差异。以往在翻译胡塞尔、费希特时，我时常感受到德文中的一些概念、语式和说法的不可译，此次的翻译经验，则让我深切领会了汉语中的许多概念的不可译。耿宁自己曾专门论述了“体”“实体”“本体”“心体”等概念的理解与翻译的困难，类似情况还表现在“圣”“神”“虚灵”“虚静”等十分核心的哲学语词的翻译上。此外还有一些日常的，但含有丰富文化意蕴的语式和说法，如“区区”“在下”“君子”“兄”等等。这类语词和语句不胜枚举。阳明及其后学的思想以语录、书信、文章的方式传于后世。随个人的学识、修养、身份以及居住地的不同，在这些文本中包含着各种不同的语言风格和言说习惯。有极为平实而质朴的口语，如“大头放倒”“劈头说个”“提出本来头面”等。它们都是一些在汉语中无须翻译，在外文中却难以翻译的说法。还有许多用语，可以用罗近溪所说的“当下日用而不知”来描述，或者也令人联想到柏拉图和奥古斯丁在论及存在与时间时所说的话：“你不问，我还知道；你若问，我便茫然了。”这里不一而足。

4. 当然，在翻译理论家始终强调不可译的同时，翻译实践家也始终在推进着自己的事业。这是因为，不可翻译并不等于不可理解，而只是意味着在一种语言中的不可表达。对某个语词不可译的确定实际上已经预设了这个语词意义的已被理解状态。而不可表达的问题并不仅仅出现在语言间的相互翻译领域，而是同样出现在一门语言的内部。王畿所说“心之精微，口不能宣”，指的便不是交互语言的问题，而是语言与心智的关系问题。事实上，不可译只是不可说的一种表现形式，而且最终植根于不可说。因而可以理解休谟为何在其《人性论》的开篇便引用塔西陀的话："当你能够感觉到你愿意感觉的东西，能够说出你所感觉到的东西的时候，这是非常幸福的时候。"

2012 年 6 月 10 日

附记：

本书的中文翻译在 2012 年 6 月初便告结束。此时耿宁已经完成了对总引论、第一部分及第二部分的引论与第一章的校对。但随后他便忙于其他事务，将中译本的剩余部分搁置起来。2013 年暑假期间，我在德国汉诺威做一项为期三月的洪堡研究，借此机会于 8 月中旬去瑞士访问他。这时他恰好按计划完成了他的其他工作，如刘宗周文章的撰写，以及他为《心的现象》的集外序所作的哲学自传大部分的撰写等等。在我离开瑞士时，他已经开始重新阅读剩余部分的中文本并做出修订。2013 年 10 月 1 日，耿宁借马爱德的电脑发来《人生第一等事》第二部分的修订稿。我于 10 月 8 日从南京、杭州探亲归来，随即便根据耿宁的修订意见做了最后的修改。因此全书的翻译实际上于此日方告最终结束。

但在瑞士访问期间，耿宁还交给我他为中文本写的一个前言和一个后记，此外还有一篇用英文撰写的"附论：刘宗周与黄宗羲对王阳明'四句教'的诠释。刘宗周针对王阳明'致良知说'所提出的'诚意说'是否体现了一种哲学的进步？"中译本的"前言"与"后记"还在我滞留德国期间已被我译成中文，但因其风格与全书不符而最终未收入中译本。它们将会被纳入耿宁正在撰写的哲学自传中。而"附论"则因为涉及中文资料较多，我在回国后才择便完成全部译稿。“附论”讨论刘宗周和黄宗羲对王阳明思想的传承和发展，尤其分析了他们师徒二人对王阳明晚年“四句教”的诠释，以及他们在本体论与工夫论方面与王阳明不尽相同的侧重。在这里，除了梳理和说明刘宗周与黄宗羲的相关思想之外，耿宁在这里还完成了三个方面的工作。第一，儒家思想的核心要素再次得到了仔细的分析和系统的讨论：心、意、知、物、正心、诚意、致知、格物、体用、动静、知行、已发未发、归寂、审慎恐惧等；第二，其中每个概念的不同含义也再次得到把握和确定，如“意”中含有的“意志”“意愿”“意向”“意念”“意能”等，又如“知”中含有的“良知”“独知”“觉知”等；第三，这些概念彼此之间的蕴含关系和奠基关系也得到进一步的厘清，如“心”与“意”与“知”、“体”与“用”等。

此前译者已经编辑出版了耿宁先生的论文集《心的现象——耿宁心性现象学研究文集》（北京：商务印书馆，2012）。如“编后记”中所说，该书缺少一个“作者序”，它一直在撰写之中，预计最终会有 30 多万字。它实际上已经成为耿宁先生的一篇哲学自传，计划于 2014 年完成，于 2015 年翻译出版，题目暂定为《有缘吗？——〈心的现象〉集外序》。如此算来，在《中国现象学文库》中已出版和将出版的耿宁先生著作将会有 3 部。而他的其他几部著作（《胡塞尔与康德》《哲学的观念与方法》《十七世纪中国佛教对基督教的批判》）的翻译出版也将会按计划陆续地进行。

2013 年 10 月 15 日

代跋：写在耳顺之际

从 1980 年留校担任南京大学哲学系西方哲学教研室的助教，至今已经从事西方哲学研究 35 年有余。我的学术生涯在一些访谈文字和散论中已经说过，这里不多说，只是向各位报告一下我在接下来的这几年要做的事情：

1. 2016 年（海德格尔逝世 40 周年），完成《胡塞尔与海德格尔：弗赖堡的相遇与背离》的出版、《胡塞尔现象学概念通释》再版（第三版）；

2. 2017 年，完成《心性现象学（二十四讲）》《缘起与实相：佛教现象学十二讲》《观心集——思想散论》三书的出版；

3. 2018 年（舍勒逝世 90 周年），完成《胡塞尔与舍勒：人格现象学的两种可能性》的出版；

4. 2018—2019 年（2018 年为胡塞尔逝世 80 周年，2019 年为胡塞尔诞辰 160 周年），完成《反思的使命：胡塞尔与他人的交互思想史》（100 万字）的出版；

5. 2018 年，编辑出版《回忆胡塞尔》文集（50 万字）；

6. 2017—2018 年，编辑出版耿宁的哲学自传《有缘吗？——

在欧洲哲学与中国哲学之间》两卷本（120万字）；

7. 2017—2020年，编完《胡塞尔文集》的28卷，先出简装本，后出精装本；

8. 再版《意识的向度：以胡塞尔为轴心的现象学问题研究》《理念人：激情与焦虑》《现象学的始基：胡塞尔〈逻辑研究〉释要（内外编）》《会意集》《心的秩序：一种现象学伦理学的可能性》《自识与反思：近现代欧洲哲学的基本问题》六书；

9. 编辑出版《哲学与现象学译文集》（上下编）；

10. 计划翻译《道德意识现象学》全书（100万字）；

11. 编辑出版四卷本《王肯堂集》；

12. 完成《反思的使命：胡塞尔与他人的交互思想史》的英译和出版。

接下来还有什么计划就暂时不考虑了。这里免去了学生培养方面的计划和打算，因为这是可遇而不可求的，因而也是无法计划的。由于哲学的路径在当代越走越窄，无论是语言哲学还是意识哲学，无论是政治哲学还是哲学人类学，因而许多人在寻求其他的可能性：文学、艺术、宗教、文化。从我经历的这30多年来看，这些趋向以往固然也始终都有，但从未像今天这样激烈。恐怕我们应该开始逐渐习惯耿宁所说：要学哲学，就要做好清贫的准备。同时也可以按尼采的说法来安慰自己：智慧是一种孤独的沉思。我自己不算清贫，也少孤独，因此可以庆幸自己亲历的时代不算差。在“你到底要什么？”的问题上，我赞赏《你到底要什么？》一书中的女主角伊娅的观点：“在物质利益方面要求不高，但也不是禁欲主义者。”即是说，我宁愿喝茅台而不愿喝二锅头，宁愿住风景好的公寓而不愿住环境差的房子，宁愿选式样和质地好一点的衣服而不愿穿比较差的……但所有这些都不是胡塞尔和海德格尔常说的“本质决断”的问题。真正的“本质决断”，关系到你是否愿意为了物质上过得好而放弃自己的自由与独立——精神的或肉体的自由与独立，或者用王阳明的话来说，是否愿意放弃自己的良知。我自己已经进入体制上的准退休状态，因而贫寒与寂寞的问题并不会涉及我，因而在这里说起来也会轻巧一些。日后哲学研究在内外环境中所面对的严峻局面多半是要由在座的各位来应对的（对此可以参见我这里的“以哲学为业”的报告），请大家做好准备，好自为之。

（取自 2016 年 9 月 17 日在中山大学“意与心——从现象学、心智哲学到东方思想”专题学术研讨会上的发言）

附记：

时隔 5 年，上面的前 5 项的时间计划虽有推延，但都已完成。推延的原因是笔者于 2019 年因家庭原因从广州迁至杭州，并在浙江大学接受了“人工智能中的意识问题”研究项目。笔者在 2019 至 2021 年期间对意识的结构与发生问题做了系统的整理概括，这个插入原有计划的新项目使得其他项目推延了近两年的时间，但增加和完成了一个新的结果：《意识现象学教程——关于意识结构与意识发生的精神科学研究》（已交商务印书馆待刊）。

2021 年 7 月 10 日

图书在版编目（CIP）数据

观心集：思想散论 / 倪梁康著. -- 杭州：浙江大学出版社，2022.10
ISBN 978-7-308-22964-7

Ⅰ. ①观… Ⅱ. ①倪… Ⅲ. ①哲学—文集 Ⅳ. ①B-53

中国版本图书馆CIP数据核字（2022）第154200号

观心集——思想散论
倪梁康　著

责任编辑　周烨楠　蔡　帆
责任校对　吴　庆
封面设计　周　灵
出版发行　浙江大学出版社
（杭州天目山路148号　邮政编码：310007）
（网址：http://www.zjupress.com）
排　　版　浙江时代出版服务有限公司
印　　刷　杭州宏雅印刷有限公司
开　　本　880mm × 1230mm　1/32
印　　张　10.25
字　　数　257千
版 印 次　2022年10月第1版　2022年10月第1次印刷
书　　号　ISBN 978-7-308-22964-7
定　　价　68.00元

浙江大学出版社市场运营中心联系方式：（0571）88925591；http://zjdxcbs.tmall.com